国家骨干高职院校建设项目成果

# 金融基本职业技能

刘双红　陈明华　主　编
王珺勤　邹玲玲　副主编

经济科学出版社

**图书在版编目（CIP）数据**

金融基本职业技能／刘双红，陈明华主编．—北京：
经济科学出版社，2012.12（2017.1 重印）
ISBN 978 - 7 - 5141 - 2857 - 4

Ⅰ. ①金…　Ⅱ. ①刘…②陈…　Ⅲ. ①金融学 - 高等
职业教育 - 教材　Ⅳ. ①F830

中国版本图书馆 CIP 数据核字（2012）第 308974 号

责任编辑：侯晓霞
责任校对：刘　昕
责任印制：李　鹏

**金融基本职业技能**
刘双红　陈明华　主编
王珺勤　邹玲玲　副主编
经济科学出版社出版、发行　新华书店经销
社址：北京市海淀区阜成路甲 28 号　邮编：100142
教材分社电话：88191345　发行部电话：88191537
网址：www. esp. com. cn
电子邮件：houxiaoxia@ esp. com. cn
北京密兴印刷有限公司印装
787 × 1092　16 开　14.25 印张　340000 字
2012 年 12 月第 1 版　2017 年 1 月第 3 次印刷
ISBN 978 - 7 - 5141 - 2857 - 4　定价：29.00 元

# 前　言

本教材在对金融行业企业进行广泛调研的基础上，严格遵循高职教育的特点，按照"理实一体化"理念，坚持"理论适度、注重实践"和"教、学、做"相结合等原则，结合金融从业岗位对专业人才的知识要求、技能要求，参考银行和证券公司行业企业专家的建议，将《金融基本职业技能》学习领域概括为七大项目，即数字书写技能、人民币鉴别技能、外币初识与鉴别技能、票币清点技术、文字及数字录入技术、珠算技能和证券分析软件基本应用技能等。

本教材在每个项目前设计了导航栏，对项目进行总体性描述，每个项目里面设若干任务，每项任务又由若干项活动构成，每项活动里面又通过活动目标、基本知识、案例分析、模拟演练、知识拓展和技能训练等多种手段来组织，运用大量图片、表格等多种载体来增加内容的直观性和仿真性，这不仅有利于强化理论与实际的结合，还有利于丰富知识，活跃课堂气氛，激发学生学习兴趣。它们既是教材的有效组成部分，本身又是相对完整而又开放的单元，便于组织教与学。

本教材在编写过程中，得到了九江市农商银行、交通银行九江市分行、中国工商银行九江分行、九江银行和世纪证券等单位多名专家的业务指导；同时本教材还参考和引用了有关作者的研究成果和文献资料，在此一并表示衷心的感谢！

本教材由江西财经职业学院的刘双红教授和九江市农商银行的陈明华担任主编，由江西财经职业学院的王珺勤和交通银行九江市分行的邹玲玲担任副主编。其中项目一、项目二由刘双红和交通银行九江市分行的邹玲玲共同编写，项目三由江西财经职业学院的刘佳和九江银行的徐丽共同编写，项目四由王珺勤和九江银行的黄静共同编写，项目五由王珺勤和中国工商银行九江分行的徐育红共同编写，项目六由九江市农商银行的陈明华编写，项目七由江西财经职业学院的方勇华、黄赞平和世纪证券的吴健刚共同编写，附录材料由刘双红搜集整理，江西财经职业学院的刘佳和王怡然参与了书稿的校对工作。主编刘双红提出编写大纲和编写体例，并最后总纂定稿。

由于参编人员水平有限，再加上编写时间紧迫，疏漏和不足之处在所难免，敬请各位专家、同仁和广大读者不吝赐教！

**编　者**
2013 年 1 月

# 目 录

# 数字书写规范及练习

| 项目描述 | 数字书写规范是从事金融行业工作最为常用的技能之一。本项目讲述数字书写规范、提供书写示范并配套书写练习，使学生充分了解数字书写规范的重要性，并牢固掌握数字书写技能。 | |
|---|---|---|
| 项目目标 | 知识目标 | ◇ 了解数字书写规范化的重要性<br>◇ 熟悉阿拉伯数字书写规范<br>◇ 熟悉汉字大写数字书写规范<br>◇ 熟悉银行票据书写规范 |
| | 技能目标 | ◇ 能规范书写阿拉伯数字<br>◇ 能规范书写汉字大写数字<br>◇ 能规范填制银行票据 |
| 项目任务 | | **任务1　数字书写规范化的重要性**<br>**任务2　阿拉伯数字书写规范及训练**<br>　活动1　阿拉伯数字书写规范<br>　活动2　账表凭证上的阿拉伯数字书写规范<br>　活动3　阿拉伯数字书写的错误订正<br>　活动4　阿拉伯数字书写训练<br>**任务3　汉字大写数字书写规范及训练**<br>　活动1　汉字大写数字书写规范<br>　活动2　汉字大写数字书写训练<br>**任务4　银行票据书写规范及训练**<br>　活动1　银行票据书写规范<br>　活动2　银行票据书写训练 |
| 建议学时 | | 6学时 |

# 任务1　数字书写规范化的重要性

【任务描述】目前，金融行业的工作中常用的数字有两种：一种是中文大写数字；另一种是阿拉伯数字书写。本任务的学习目标是通过案例的讲解让学生了解实际工作中数字书写规范化的重要性。

➤ **活动目标**

　　了解实际工作中数字书写规范化的重要性。

　　了解两类数字书写的适用情况。

➤ **基本知识**

　　在金融行业的日常工作中，时常需要接触数据信息，在中国用于计算数量和金额的常用数字书写方式有两种：一种是中文大写数字，主要用于填写需要防止涂改的信用凭证、支票等有价单据；另一种是阿拉伯数字书写，主要用于凭证、账簿、报表的书写。

　　数字的书写是金融行业的从业者必备的一项基本技能，书写是否规范将直接影响到业务工作的效率和质量。因此，书写数字的时候应当遵循四个原则：正确、整齐、清楚以及规范化。

　　为了加强金融行业工作的规范性和安全性，应当正确地书写数字信息。在实际生活和工作中，由于数字书写的不规范极容易造成不必要的麻烦和经济损失。

**案例1-1**

## 数字书写不规范　孰是孰非起争端

　　2003年4月16日，萧山区人民法院受理了原告周某诉被告吴某民间借贷纠纷一案。

　　原告周某诉称，2002年1月22日，被告吴某向原告借款15 000元，约定月利率为1分，借期一年，被告当即出具了借条一份。借款到期后，被告未按约还本付息。2003年1月25日，原告遂上门向被告催讨，被告当场归还了原告5 500元，原告出具5 500元收据一份给被告。余款经原告多次催讨，被告一直未还，故起诉，要求被告立即归还借款9 500元，支付利息1 500元。

　　被告吴某辩称，2002年1月22日向原告借款15 000元，约定月息1分是事实，2003年1月25日，原告上门向我催讨时，我已经归还了原告借款15 000元，支付了利息500元，由原告亲笔书写的15 500元的收据一份予以证实，现我只欠原告利息1 000元，我同意支付原告1 000元，请求法庭驳回原告的其余诉讼请求。

　　在庭审中，双方就2003年1月25日被告到底是归还了5 500元还是15 500元的问题发生激烈的争执，原告周某称在1月25日只收到了被告的5 500元借款，被告提供的15 500元的收条中"5 500元"前面的"1"字是被告吴某事后添加上去的，而被告吴某则坚持当天已经归还了原告15 500元，原告书写了15 500元的收条，现只欠原告利息1 000元。双方为此争执，互相指责对方不讲诚信。原告周某提出对收条进行笔迹鉴定，案件延期审理。后原告周某在获悉按照现有的技术，通过笔迹鉴定难下结论的情况下，周某撤回了笔迹鉴定的申请。2003 年 5 月 15 日，在被告吴某支付了 1 000 元后，原告周某撤回了起诉。

资料来源：萧山日报，http：//xsrb. xsnet. cn/xsdaily/gb/content/2003 - 06/04/content_ 31528. htm。

案例总结：本案中，被告吴某在 2003 年 1 月 25 日到底是归还了原告周某 5 500 元还是15 500 元，只有当事人心知肚明了。如果当时周某在写收条时能够注意数字书写的规范，完全可以避免此类事件。例如：金额书写时采用大小写兼用的方式，大写金额前加"人民币"字样，然后后面再书写上小写数字，小写数字前加注"￥"。

➤ **模拟演练**

甲向乙借款 2 000 元，承诺 1 个月后归还，甲写下借条如下：

借　条

今向乙借款 2 000 元，1 个月后归还。

甲<br>×年×月×日

借条书写有何不妥？如何修改方能防止可能出现的道德风险。

# 任务 2　阿拉伯数字书写规范及训练

## 活动 1　阿拉伯数字书写规范

➤ **活动目标**

掌握财经类阿拉伯数字的标准写法，做到书写规范、清晰、流畅。

➤ **书写规范**

## 一、书写基本要求

1. 每个数字要大小匀称，笔画流畅；每个数码独立有形，使人一目了然，不能连笔书写。

2. 书写排列有序且字体要自右上方向左下方倾斜地写（数字与底线通常成 60 度的倾斜）。

3. 书写的每个数字要贴紧底线，但上不可顶格。一般每个格内数字占 1/2 的位置，要为更正数字留有余地。

4. 阿拉伯数码书写时，应从左至右，笔画顺序是自上而下，先左后右，防止写倒笔字。

5. 同行的相邻数字之间要空出半个阿拉伯数字的位置，但也不可预留间隔（以不能增加数字为好）。

6. 除"4"、"5"以外数字，必须一笔写成，不能人为地增加数字的笔画。

7. "6"字要比一般数字向右上方长出 1/4，"6"的竖划应偏左，"4"、"7"、"9"的竖划应偏右，此外"6"的竖划应上提为一般数字的 1/4；"7"、"9"的竖划可下拉出格至一般数字的 1/4，"7"和"9"字要向左下方（过底线）长出 1/4。

8. 对于易混淆且笔顺相近的数字，在书写时，尽可能地按标准字体书写，区分笔顺，避免混同，以防涂改。例如："1"不可写得过短，要保持倾斜度，将格子占满，这样可防止改写为"4"、"6"、"7"、"9"；书写"6"时要顶满格子，下圆要明显，以防止改写为"8"；"7"、"9"两字的落笔可延伸到底线下面；"6"、"8"、"9"、"0"的圆必须封口；"8"有两种笔顺，都起笔于右上角，结束于右上角，写"8"时，上边要稍小，下边稍大，可以斜"S"起笔也可直笔起笔，终笔与起笔交接处应成菱角，以防止将"3"改为"8"。

9. 阿拉伯金额数字前面应当书写货币币种符号或者货币名称简写和币种符号。币种符号与阿拉伯金额数字之间不得留有空白。凡阿拉伯数字前写有币种符号的，数字后面不再写货币单位；所有以元为单位（其他货币种类为货币基本单位）的阿拉伯数字，除表示单价等情况外，一律填写到角分；无角分的，角位和分位可写 00，或符号"—"；有角无分的，分位应写 0，不得用符号"—"代替。

---

阿拉伯数字书写口诀：

　　"1"字对角线；"2"字有弧角；"3、5"下角圆；

　　"4"字须开口；"6"字向上升；"7、9"均出格；

　　"0、8"要封口。

---

## 二、书写与数位相结合

写数时，每一个数字都要占有一个位置，每一个位置表示各种不同的单位。数字所在位置表示的单位，称为"数位"。数位按个、十、百、千、万的顺序，是由小到大，从右到左排列的，但写数和读数的习惯顺序，都是由大到小，从左到右的。我国的数位排列如表 1-2-1 所示。

表 1-2-1　　　　　　　　　　　　数位排列如表

| 数位 | 万万万位 | 千万万位 | 百万万位 | 十万万位 | 万万位 | 千万位 | 百万位 | 十万位 | 万位 | 千位 | 百位 | 十位 | 个位 | 十分位 | 百分位 | 千分位 | 万分位 | 十万分位 | 百万分位 |
|---|---|---|---|---|---|---|---|---|---|---|---|---|---|---|---|---|---|---|---|
| 读法 | 兆 | 千亿 | 百亿 | 十亿 | 亿 | 千万 | 百万 | 十万 | 万 | 千 | 百 | 十 | 个 | 分 | 厘 | 毫 | 丝 | 忽 | 微 |

阿拉伯数字在书写时，是与数位结合在一起的。书写的顺序是由高位到低位，从左到右依次写出各位数字。例如：柒佰玖拾壹应写为：791。

## 三、采用三位分节制

使用分节号能够较容易地辨认数的数位，有利于数字的书写、阅读和计算工作。

数的整数部分，采用国际通用的"三位分节制"，从个位向左每三位数用分节号"，"分开。例如：

| 千万位 | 百万位 | 十万位 | 万位 | 千位 | 百位 | 十位 | 个位 |
|---|---|---|---|---|---|---|---|
| 6 | 3, | 5 | 6 | 6, | 8 | 0 | 0 |

带小数点的数，应将小数点记在个位与十分位之间的下方。

| 千位 | 百位 | 十位 | 个位 | 十分位 | 百分位 |
|---|---|---|---|---|---|
| 2, | 4 | 0 | 7. | 8 | 7 |

一般账表凭证的金额栏印有分位格，元位前每三位印一粗线代表分节号，元位与角位之间的粗线则代表小数点，记数时不要再另加分节号或小数点。

## 活动2 账表凭证上的阿拉伯数字书写规范

➤ **活动目标**

掌握账表凭证上的阿拉伯数字书写规范。

➤ **书写规范**

在有金额分位格的账表凭证上，主要是在账簿上，阿拉伯数字的书写，结合记账规则的需要，有其特定的要求。

## 一、规范化写法

账表凭证上的数字书写规范示范例如表1-2-2所示。

**表1-2-2** **账表凭证上的数字书写规范化示例**

| 凭证账表的小写金额栏 | | | | | | | 原始凭证上的大写金额栏 |
|---|---|---|---|---|---|---|---|
| 没有数位分割线 | 有数位分割线 | | | | | | |
| | 万 | 千 | 百 | 十 | 元 | 角 | 分 | |
| ￥0.08 | | | | | | | 8 | 人民币：捌分 |
| ￥0.60 | | | | | | 6 | 0 | 人民币：×万×仟×佰×拾×元陆角零分 |
| ￥2.00 | | | | | 2 | 0 | 0 | 人民币：×万×仟×佰×拾贰元整 |

续表

| 凭证账表的小写金额栏 | | | | | | | 原始凭证上的大写金额栏 |
|---|---|---|---|---|---|---|---|
| 没有数位分割线 | 有数位分割线 | | | | | | |
| | 万 | 千 | 百 | 十 | 元 | 角 | 分 |
| ¥17.08 | | | | 1 | 7 | 0 | 8 | 人民币：×万×仟×佰×壹拾柒元零捌分 |
| ¥630.06 | | | 6 | 3 | 0 | 0 | 6 | 人民币：×万×仟陆佰叁拾零元零角陆分 |
| ¥4 020.70 | | 4 | 0 | 2 | 0 | 7 | 0 | 人民币：肆仟零贰拾元柒角整 |
| ¥15 006.09 | 1 | 5 | 0 | 0 | 6 | 0 | 9 | 人民币：壹万伍仟零陆元零玖分 |
| ¥13 000.40 | 1 | 3 | 0 | 0 | 0 | 4 | 0 | 人民币：壹万叁仟零佰零拾零元肆角零分 |

## 二、书写要求

1. 数字书写是自上而下，先左后右，要一个一个认真书写，书写时，弯笔要柔软，直笔要有劲，字迹要清晰，位次要整齐，数字之间不能连笔。

2. 数字要有一定的向右倾斜度，与底边构成的倾斜角为55~60度，字形要一致，流利美观。

3. 高度以账表格的1/2为准。

4. 除"7"和"9"上低下半格的1/4，下伸次行上半格的1/4外，其他数字都要靠在底线上；"6"字竖上伸至上半格的1/4处；"0"字不要有缺口，更不能带尾巴；"4"字顶即不封口。

5. 从最高位起，以后各格必须写完，没有数字用"0"添位。如人民币捌仟陆佰元整，应写成：

| 万万 | 千万 | 百万 | 十万 | 万 | 千 | 百 | 十 | 元 | 角 | 分 |
|---|---|---|---|---|---|---|---|---|---|---|
| | | | | | 8 | 6 | 0 | 0 | 0 | 0 |

6. 书写阿拉伯数字时，要特别注意分清小数点和分节号的写法。分节号手写时用逗号"，"如同"八"字的左撇；小数点手写时用一个圆点"．"，如同"八"字的右捺，两者不能混淆，小数点向右点，分节号向左撇，小数点右无论有多少位都不准用分节号。

## 三、人民币符号"￥"的使用

在填制凭证时，小写金额前一般均冠以人民币符号"￥"，"￥"是拼音文字"YUAN"元的缩写，"￥"既代表了人民币的币制，又表示了人民币"元"的单位。所以小写金额前填写"￥"以后，数字后就不要再写"元"了，例如：￥8 200.05就已经表示了人民币捌仟贰佰元零伍分。书写时在"￥"与数字之间，不能有空位，以防止金额数字被人涂改。

**提示：** 在登记账簿、编制报表时，不能使用"￥"符号，因为账簿、报表上，一般情况下，不存在金额数字被涂改而造成损失的情况。在账簿或报表上如果使用"￥"符号，反而会增加错误的可能性。

## 活动 3　阿拉伯数字书写的错误订正

➢ **活动目标**

掌握阿拉伯数字书写的错误订正书写规范。

➢ **书写规范**

登记账簿，必须用蓝黑色钢笔或黑色碳素笔认真填写，不得草率。除复写以外，不许用圆珠笔或铅笔。复写时需保证最后一页也清晰可认，就要求学生要勤学苦练，掌握好基本功，增强认真负责的态度，专心细致，防止产生差错。

账簿上数字书写发生错误时，应用画线订正法订正。即在错误数字的所有字码中划红色横线完全划掉表示注销，并加盖订正人的印章，以示负责，再将正确数字写在被注销数字上方。订正方法如下：

不正确订正法

| 5 | 6 | 7 | 8 | 1 |
|---|---|---|---|---|
| 5 | 6 | 7 | 8 | 6 |
| 3 | 5 | 8 | 5 | 8 |
| 3 | 5 | 3 | 3 | 8 |

正确订正法

| 5 | 6 | 7 | 8 | 1 |
|---|---|---|---|---|
| 5 | 6 | 7 | 8 | 6 |
| 3 | 5 | 8 | 5 | 8 |
| 3 | 5 | 3 | 3 | 8 |

➢ **知识拓展**

阿拉伯数字是印度人创造的。8 世纪传入阿拉伯后又传到欧洲，因此，习惯称"阿拉伯数字"。由于它笔画简单，字数少，不用数位词就可以表示大小不同的数字，人们乐于使用它，很快传遍了世界各地，后来人们称阿拉伯数字为"公用数字"公元十三四世纪传入中国。

数字是计算的前提，一切计算的过程和结果都要通过数字表示和反映，也就是说任何一次计算都是通过数字符号作为载体传递计算信息的，没有数字，计算就无法进行。而且数字书写正确与否是计算工作得出正确结果的前提，是一切计算结果的保证，它直接影响计算资料的准确性和反映情况的真实性。数字书写是计算工作的重要组成部分，同时也是经济工作者，特别是财会，计统和企管工作人员的一项基本技能，数字书写的正确与否将直接影响工作效率的准确度。

因此，作为金融从业人员更要认真地练好数字书写，使其字体写得正确、整齐、清晰、流畅、大方。

## 活动 4　阿拉伯数字书写训练

➢ **活动目标**

通过练习熟练掌握阿拉伯数字的书写规范。

➢ 书写练习

一、用"数字练习用纸"或账页进行阿拉伯数字书写练习（见表1-2-3）

表1-2-3

| 0 1 2 3 4 5 6 7 8 9 0 1 2 3 4 5 6 7 8 9 0 1 2 3 4 5 6 7 8 9 0 |
| 0 1 2 3 4 5 6 7 8 9 0 1 2 3 4 5 6 7 8 9 0 1 2 3 4 5 6 7 8 9 0 |
| 0 1 2 3 4 5 6 7 8 9 0 1 2 3 4 5 6 7 8 9 0 1 2 3 4 5 6 7 8 9 0 |
| 0 1 2 3 4 5 6 7 8 9 0 1 2 3 4 5 6 7 8 9 0 1 2 3 4 5 6 7 8 9 0 |
| 0 1 2 3 4 5 6 7 8 9 0 1 2 3 4 5 6 7 8 9 0 1 2 3 4 5 6 7 8 9 0 |
| 0 1 2 3 4 5 6 7 8 9 0 1 2 3 4 5 6 7 8 9 0 1 2 3 4 5 6 7 8 9 0 |

二、练习没有数位线的小写金额的书写（见表1-2-4）

表1-2-4

| ¥ 93 637.94 | ¥ 8 306.92 | ¥ 69 218.00 | ¥ 6 835.47 | ¥ 35 284.90 |
|---|---|---|---|---|
|  |  |  |  |  |
|  |  |  |  |  |
|  |  |  |  |  |
|  |  |  |  |  |
|  |  |  |  |  |
|  |  |  |  |  |
|  |  |  |  |  |
|  |  |  |  |  |

# 任务3　汉字大写数字书写规范及训练

【任务描述】汉字大写数字庄重，笔画繁多，可防篡改，有利于避免混乱和经济损失。由此，汉字大写数字更多地应用于需要防止涂改的信用凭证的填制，例如：支票、汇票、合同书等。本任务旨在通过汉字大写数字书写规范讲述以及相关训练，使学生熟练掌握此项技能。

## 活动1　汉字大写数字书写规范

➤ 活动目标

掌握汉字大写数字的标准写法，做到内容简明扼要、准确；字迹工整、清晰；书写规范、流畅。

➤ 书写规范

### 一、认识中文大写数字

中文大写与读数一致，是由数字和数位词组成的。

数字有：零、壹、贰、叁、肆、伍、陆、柒、捌、玖。

数位词：拾、佰、仟、万、亿、角、分、元等。

中文大写数字的特点是，笔画多，写起来费时又费事，但不易涂改。主要用于填写需要防止涂改的收据、借据、发货票、支票、合同书等。

### 二、中文大写数字书写的有关规定

1. 中文大写数字要以正楷或行书字体书写，不得连笔写，字体要各自成形，大小匀称，排列整齐，字迹要工整、清晰。

2. 不允许使用未经国务院公布的简化字或谐音字。大写数字一律用"壹、贰、叁、肆、伍、陆、柒、捌、玖、拾、佰、仟、万、亿、元、角、分、零、整"等。不得任意自造简化字，不能用"毛"代替"角"、"另"代替"零"。

3. 大写金额货币前须冠货币或实物的名称，紧接着写上数字，数字间不能留空位。有固定格式的重要单证，大写金额栏一般都印有"人民币"字样，数字应紧接在"人民币"后面书写。大写金额栏没有印好"人民币"字样的，应加填"人民币"三字。若为外币须冠外币名称，如美元、欧元、日元等。如￥58.16写作人民币伍拾捌元壹角陆分。

4. 大写数字不能漏写或错写，一笔金额无论写错一个或几个字，都不能在原来的数字上更改，必须重新填写，且大写金额数字："壹、贰、叁、肆、伍、陆、柒、捌、玖、拾、佰、仟、万、亿、元、角、分、零、整"、不可用："一、二、三、四、五、六、七、八、九、十、廿、册、另、正"等代替。

## 三、大小写转换方法

### （一）"整"字的用法

整数收尾，数字末尾以下没有角分时，要写一个"整"字收尾。"整"字笔划较多，在书写数字时，常常将"整"字写"正"字。在中文大写金额数字的书写方面这两个字的作用是一样的。如￥480.00写作人民币肆佰捌拾元整（正）。大写金额有"分"的，"分"后面不写"整"字。如：12 000.00应写为：人民币壹万贰仟元整；再如：48 651.80可写为：人民币肆万捌仟陆佰伍拾壹元捌角整；而486.56应写为：人民币肆佰捌拾陆元伍角陆分。

### （二）有关"零"字的用法

数字中有"0"时，中文大写金额应怎样写？这要看"0"所在的位置，中文大写应按照汉语语言规律、金额数字构成和防止涂改的要求进行书写，具体如下：

1. 数字中间有"0"时，中文大写金额要写"零"字。如￥308.79中文大写金额应写为人民币叁佰零捌元柒角玖分。

2. 数字中间有连续几个"0"时，中文大写金额可以只写一个"零"字，读时也只读一个零。如：￥40 008.56中文大写为人民币肆万零捌元伍角陆分。

3. 数字金额角位是"0"，而分位不是"0"时，中文大写金额元字后面应写"零"字，如：￥79.06中文大写为人民币柒拾玖元零陆分。

4. 数字万位或元位是"0"，或者数字中间连续有几个"0"，万位、元位也是"0"，但是千位、角位不是"0"时，中文大写金额可以写一个零字，也可以不写"零"字。如：￥32 560.24中文大写为人民币叁万贰仟伍佰陆拾元贰角肆分，或者大写为人民币叁万贰仟伍佰陆拾元零贰角肆分；又如：￥6 907 321.00中文大写为人民币陆佰玖拾万柒仟叁佰贰拾壹元整，或者大写为人民币陆佰玖拾万零柒仟叁佰贰拾壹元整。

### （三）有关"壹"字的用法

关于壹拾几的"壹"字，在书写中文大写金额数字时不能遗漏。平时口语习惯说"拾几"、"拾几万"，但"拾"字在中文大写时只代表数位，不是数字。根据中文大写要求每笔金额必须由数字和数位两要素组成，将"壹"字去掉就意味着带有"壹"字这笔金额出现错误。如￥18.00正确书写人民币壹拾捌元整。如果丢掉壹字只写拾捌元整，这是不正确的，很容易被涂改，再如：￥150 000正确书写人民币壹拾伍万元整。大小写转换正误写法对照表如表1-3-1所示。

表1-3-1　　　　　　　　　大小写转换正误写法对照表

| 小写金额 | 大写金额 | | |
| --- | --- | --- | --- |
| | 正确写法 | 错误写法 | 错误原因 |
| ￥100.00 | 人民币壹佰元整 | 人民币：壹佰元整 | 人民币后面多了个冒号 |
| ￥3 720.70 | 人民币叁仟柒佰贰拾元柒角整 | 人民币叁仟柒佰贰拾柒角整 | 漏写"元"字 |
| ￥103 200.00 | 人民币壹拾万零叁仟贰佰元整 | 人民币拾万零叁仟贰佰元整 | 漏写"壹"字 |
| ￥130 002.00 | 人民币壹拾叁万零贰元整 | 人民币壹拾叁万另贰元整 | 将"零"字错写成"另"字 |

## 活动 2　汉字大写数字书写训练

➤ **活动目标**

掌握汉字大写数字的书写规范。

➤ **模拟演练**

## 一、汉字大写数字书写

对照表 1 - 3 - 2 中的文字分别用楷体和行楷练习中文大写数字的书写，从零到拾书写 10 遍。试试看 5 分钟以内你写完了吗？是否正确、清晰、整齐、流畅、标准、规范和美观？

**表 1 - 3 - 2**　　　　　　　　　　　　**中文大写数字书写练习**

| 零 | | | | | | 零 | | | | | |
|---|---|---|---|---|---|---|---|---|---|---|---|
| 壹 | | | | | | 壹 | | | | | |
| 贰 | | | | | | 贰 | | | | | |
| 叁 | | | | | | 叁 | | | | | |
| 肆 | | | | | | 肆 | | | | | |
| 伍 | | | | | | 伍 | | | | | |
| 陆 | | | | | | 陆 | | | | | |
| 柒 | | | | | | 柒 | | | | | |
| 捌 | | | | | | 捌 | | | | | |
| 玖 | | | | | | 玖 | | | | | |
| 拾 | | | | | | 拾 | | | | | |
| 佰 | | | | | | 佰 | | | | | |
| 仟 | | | | | | 仟 | | | | | |
| 万 | | | | | | 万 | | | | | |
| 亿 | | | | | | 亿 | | | | | |
| 元 | | | | | | 元 | | | | | |
| 角 | | | | | | 角 | | | | | |
| 分 | | | | | | 分 | | | | | |
| 整 | | | | | | 整 | | | | | |

## 二、阿拉伯数字转换汉字大写数字

（1）￥28 703.49　　　应写成＿＿＿＿＿＿＿＿＿＿＿＿＿＿＿＿＿＿＿

（2）￥160 000.00　　　应写成＿＿＿＿＿＿＿＿＿＿＿＿＿＿＿＿＿＿＿

　　（3）￥580.20　　　　　应写成＿＿＿＿＿＿＿＿＿＿＿＿＿

　　（4）￥3 000 070.10　　应写成＿＿＿＿＿＿＿＿＿＿＿＿＿

　　（5）￥60 104.09　　　应写成＿＿＿＿＿＿＿＿＿＿＿＿＿

　　（6）￥109 080.80　　　应写成＿＿＿＿＿＿＿＿＿＿＿＿＿

　　（7）￥206 054.03　　　应写成＿＿＿＿＿＿＿＿＿＿＿＿＿

　　（8）￥80 001.20　　　应写成＿＿＿＿＿＿＿＿＿＿＿＿＿

　　（9）￥76 003 000.00　应写成＿＿＿＿＿＿＿＿＿＿＿＿＿

　　（10）￥96 274.58　　应写成＿＿＿＿＿＿＿＿＿＿＿＿＿

## 三、汉字大写数字转换阿拉伯数字

　　1. 人民币肆拾捌万柒仟玖佰元整

　　2. 人民币伍拾伍亿零叁元四角整

　　3. 人民币玖万捌仟陆佰肆拾伍元叁角壹分

　　4. 人民币陆元零叁分

## 四、根据下表提示，完成表1-3-3

表1-3-3

| 金　额 | 错误写法 | 正确写法 | 说明错误原因 |
|---|---|---|---|
| ￥500.00 | 人民币：伍佰元整 | | |
| ￥7 360.30 | 人民币柒仟叁佰陆拾零元叁角 | | |
| ￥13 004.00 | 人民币壹万叁仟另肆元整 | | |
| ￥180 500.00 | 人民币拾捌万伍佰元整 | | |
| ￥15.06 | 人民币拾伍元陆分 | | |
| ￥60 072 000.00 | 人民币陆仟万零柒万贰仟元整 | | |
| ￥8 500 000.07 | 人民币捌佰伍拾万零柒分 | | |
| 日期：1月30日 | 壹月叁拾日 | | |

# 任务4　银行票据书写规范及训练

　　【任务描述】金融行业内的各种票据以及结算单据是办理支付结算和现金收付的重要依据，直接关系到支付结算的准确性、及时性和安全性。通过本任务的训练，使学生掌握银行票据书写的基本规范，为日后的工作打好基础。

## 活动 1　银行票据书写规范

➢ **活动目标**

掌握票据出票日期书写的标准写法，做到内容简明扼要、准确；字迹工整、清晰；书写规范、流畅。

➢ **书写基本要求**

### 一、填写月、日时的特别规定

根据《支付结算办法》的规定："票据的出票日期必须使用中文大写。"为防止变造票据的出票日期，在填写月、日时，月为壹、贰和壹拾的，日为壹至玖和壹拾、贰拾和叁拾的，应在其前加"零"；日为拾壹至拾玖的，应在其前加"壹"。如 1 月 15 日，应写成零壹月壹拾伍日。再如 10 月 20 日，应写成零壹拾月零贰拾日。

票据出票日期使用小写填写的，银行不予受理。大写日期未按要求规范填写的，银行可予受理，但由此造成损失的，由出票人自行承担。

### 二、票据出票日期为"壹月"的，不能写成"元月"

按照《支付结算办法》规定，为防止变造票据的出票日期，票据的出票日期必须使用中文大写，票据出票日期为"壹月"时，应写成"零壹月"。出票人将"壹月"写成"元月"属于不规范的写法。根据中国人民银行的有关规定，从 1998 年 1 月 1 日起，票据上将"壹月"写成"元月"的，银行应不予受理。

### 三、票据的出票日期书写不规范的，银行应作退票处理

票据的"出票日期"未按《支付结算办法》要求填写的，银行柜台人员应不予受理，并应向客户做好解释工作；如果是通过票据交换系统提入的票据，银行不应退票，但由此造成损失的，由出票人自行承担。

票据和结算凭证金额以中文大写和阿拉伯数码同时记载的，二者必须一致，否则票据无效，银行不予受理。

中文大写数字是用于填写需要防止涂改的销货发票、银行结算凭证、收据等，因此，在书写时不能写错。一旦出现错误或漏写，必须重新填写，写错的凭证随即注销作废，但不要随便丢弃，应当妥善保管。票据和结算凭证上金额、出票或者签发日期、收款人名称不得更改，更改的票据一律无效。

### 四、审查结算凭证应注意的几点问题

中文大写金额数字，各企业及银行主要在日常业务填写凭证时使用。尤其各企业开户单位向银行提交的各种结算凭证及支票，是银行为国民经济各部门各单位办理资金划拨，现金存取的重要依据也是记录经济业务和明确经济责任的书面证明。因此，银行在审查各种结算凭证时，在大、小写金额数字方面，还需注意以下几个问题：

1. 中文大写金额数字，规定不得自造简化字。
2. 必须按照正确的书写要求认真填写有关凭证，银行要认真审查。
3. 票据出票日期使用小写填写的、大写日期未按要求规范填写的，银行不受理。
4. 填写票据和结算凭证时，必须做到标准化、规范化、要素齐全、数字正确、字迹清楚、不错漏、不潦草、防止涂改。

## 活动2　银行票据书写训练

### ➤ 活动目标

通过训练，掌握银行票据书写规范。

### ➤ 模拟演练

## 一、请写出下列出票日期的中文大写写法

（1）2007 年 12 月 30 日
（2）2008 年 1 月 10 日
（3）2009 年 2 月 21 日
（4）2010 年 11 月 20 日
（5）2011 年 1 月 1 日
（6）2012 年 3 月 15 日

## 二、根据案例中的内容填写银行承兑汇票

**案例 1-2**

2012 年 5 月 18 日，深圳市宏泰电子科技股份有限公司（账号：313584000416）购买深圳市诺信电子有限公司（账号：40002271920017）货物，货款 170 409.50 元。诺信电子有限公司对宏泰电子科技股份有限公司的资信情况还不甚了解，因此要求以银行承兑汇票进行结算。双方签订交易合同时，在合同中注明采用银行承兑汇票进行结算。

2012 年 5 月 20 日，深圳市宏泰电子科技股份有限公司按合同规定签发银行承兑汇票，付款期限 6 个月，并经开户行深圳平安银行深圳高新技术区支行（行号：041210001）承兑（承兑协议编号：36466312）。宏泰电子科技股份有限公司将经过承兑的银行承兑汇票交予诺信电子有限公司。诺信电子有限公司在汇票到期日当天委托自己的开户行深圳市工行福永支行（行号：09872231）收取款项。根据以上内容填写图 1-4-1 中的银行承兑汇票。

## 📇 项目小结

在金融行业的日常工作中，时常需要接触数据信息，在中国用于计算数量和金额的常用数字书写方式有两种：一种是中文大写数字，主要用于填写需要防止涂改的信用凭证、支票等有价单据；另一种是阿拉伯数字书写，主要用于凭证、账簿、报表的书写。

数字的书写是金融行业的从业者必备的一项基本技能，书写是否规范将直接影响到业务工作的效率和质量，因此，书写数字的时候应当遵循四个原则：正确、整齐、清楚以及规

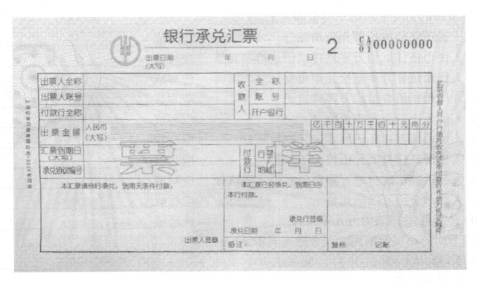

**图1－4－1 银行承兑汇票**

范化。

汉字大写数字庄重，笔画繁多，可防篡改，有利于避免混乱和经济损失。因此，汉字大写数字更多地应用于需要防止涂改的信用凭证的填制，例如：支票、汇票、合同书等。

金融行业内的各种票据以及结算单据是办理支付结算和现金收付的重要依据，直接关系到支付结算的准确性、及时性和安全性。通过本任务的训练，使学生掌握银行票据书写的基本规范，为日后的工作打好基础。

🏆 **知识考核**

1. 金融从业人员应掌握的基本业务技能有哪些？
2. 金融从业人员书写规范有哪些？

🖐 **技能训练**

1. 0~9十个阿拉伯数字反复书写30遍，且符合标准。要求财会专业达到三级标准，非财会专业达到四级标准。试试看你达到了几级？

一级2.5分钟以内完成；二级3分钟以内完成；

三级3.5分钟以内完成；四级4分钟以内完成。

2. 请参照以下凭证格式练习相关数字的书写。

| 12年 | | 凭证 | | 摘 要 | 借 方 | | | | | | | | 贷 方 | | | | | | | | 借或贷 | 余 额 | | | | | | | |
|---|---|---|---|---|---|---|---|---|---|---|---|---|---|---|---|---|---|---|---|---|---|---|---|---|---|---|---|---|---|
| 月 | 日 | 字 | 号 | | 十万 | 千 | 百 | 十 | 元 | 角 | 分 | | 十万 | 千 | 百 | 十 | 元 | 角 | 分 | | | 十万 | 千 | 百 | 十 | 元 | 角 | 分 |
| 1 | 10 | | 5 | 承前页 | | | | | | | | | | | | | | | | 借 | | 8 | 0 | 0 | 0 | 0 | 0 | 0 |
| 1 | 12 | | 7 | 现金 | | 5 | 6 | 0 | 0 | 0 | 0 | | | | | | | | | 借 | | 8 | 5 | 6 | 0 | 0 | 0 | 0 |
| 1 | 15 | | 9 | 收回货款 | | | | | | | | | | 3 | 0 | 0 | 0 | 0 | 0 | 0 | 借 | | 5 | 5 | 6 | 0 | 0 | 0 | 0 |
| 1 | 20 | | 10 | 收回货款 | | | | | | | | | | 1 | 5 | 0 | 0 | 0 | 0 | 0 | 借 | | 4 | 0 | 6 | 0 | 0 | 0 | 0 |

3. 将下面的大写金额用小写金额表示。

（1）人民币陆佰贰拾肆元伍角肆分　　　　应写成＿＿＿＿＿＿＿＿＿＿＿＿

（2）人民币伍仟贰佰万零玖仟玖佰柒拾叁元整　应写成＿＿＿＿＿＿＿＿＿＿＿＿

（3）人民币伍仟万零贰拾元柒角捌分　　　　应写成＿＿＿＿＿＿＿＿＿＿＿＿

（4）人民币贰佰壹拾玖万零贰拾元整　　　　应写成＿＿＿＿＿＿＿＿＿＿＿＿

（5）人民币壹拾壹元玖角捌分　　　　　　　应写成＿＿＿＿＿＿＿＿＿＿＿＿

（6）人民币柒万肆仟伍佰零贰元捌角陆分　　应写成＿＿＿＿＿＿＿＿＿＿＿＿

（7）人民币玖仟叁佰元伍拾零伍角整　　　　应写成＿＿＿＿＿＿＿＿＿＿＿＿

（8）人民币捌佰贰拾肆万零捌佰零壹元零玖分　应写成＿＿＿＿＿＿＿＿＿＿＿＿

（9）人民币壹拾万陆佰元整　　　　　　　　应写成＿＿＿＿＿＿＿＿＿＿＿＿

（10）人民币叁仟陆佰万元零柒分　　　　　应写成＿＿＿＿＿＿＿＿＿＿＿＿

4. 将下面的小写金额用大写金额来表示。

（1）￥148 753.89　　　应写成＿＿＿＿＿＿＿＿＿＿＿＿＿＿＿＿＿＿＿

（2）￥10 020.00　　　　应写成＿＿＿＿＿＿＿＿＿＿＿＿＿＿＿＿＿＿＿

（3）￥2 380.20　　　　　应写成＿＿＿＿＿＿＿＿＿＿＿＿＿＿＿＿＿＿＿

（4）￥3 560 230.50　　　应写成＿＿＿＿＿＿＿＿＿＿＿＿＿＿＿＿＿＿＿

（5）￥1 160 753.29　　　应写成＿＿＿＿＿＿＿＿＿＿＿＿＿＿＿＿＿＿＿

（6）￥121 080.56　　　　应写成＿＿＿＿＿＿＿＿＿＿＿＿＿＿＿＿＿＿＿

（7）￥4 206 754.21　　　应写成＿＿＿＿＿＿＿＿＿＿＿＿＿＿＿＿＿＿＿

（8）￥2 432 013.20　　　应写成＿＿＿＿＿＿＿＿＿＿＿＿＿＿＿＿＿＿＿

（9）￥1 176 003 330.00　应写成＿＿＿＿＿＿＿＿＿＿＿＿＿＿＿＿＿＿＿

（10）￥284.03　　　　　应写成＿＿＿＿＿＿＿＿＿＿＿＿＿＿＿＿＿＿＿

# 人民币知识及鉴别方法

| 项目描述 | 金融行业的日常工作和货币的关系是密不可分的，由此学生有必要对货币的知识有更全面更系统的了解。本项目旨在让学生了解货币现钞的相关知识、我国人民币的发展历程以及现行的第五套人民币使用的防伪技术和鉴别方法。 | |
|---|---|---|
| 项目目标 | 知识目标 | ◇ 了解货币现钞的相关知识<br>◇ 熟悉各套人民币的相关知识 |
| | 技能目标 | ◇ 掌握人民币的防伪技术<br>◇ 掌握人民币的鉴别方法 |
| 项目任务 | | **任务1　货币相关知识**<br>　　活动1　货币的起源及演变<br>　　活动2　货币现钞知识<br>**任务2　人民币的发展历程**<br>　　活动1　第一套人民币认知<br>　　活动2　第二套人民币认知<br>　　活动3　第三套人民币认知<br>　　活动4　第四套人民币认知<br>　　活动5　第五套人民币认知<br>**任务3　人民币的防伪技术及鉴别方法**<br>　　活动1　人民币的防伪技术<br>　　活动2　第五套人民币的鉴别方法 |
| | 建议学时 | 6学时 |

# 任务1 货币相关知识

【任务描述】本任务主要是为后面深入学习人民币的知识奠定基础，了解货币的起源及演变的过程及货币现钞的基本知识。

## 活动1 货币的起源及演变

➤ **活动目标**

了解货币的起源以及演变知识。

➤ **基本知识**

货币是商品交换的媒介，也是商品生产发展的必然产物。历史上不同地区曾用过不同的商品充当过货币，货币是商品交换长期发展过程中分离出来的特殊商品，是商品交换发展的自然结果。原始社会后期，由于社会生产力的发展，在原始公社之间出现了最初的实物交换。随着生产的进一步发展，商品交换逐渐变成经常的行为。但是，直接的物物交换中常会出现商品转让的困难，必然要求有一个一般等价物作为交换的媒介。

当一般等价物逐渐固定在特定种类的商品上时，它就定型化为货币。货币自诞生以来，经历了实物货币、金属货币、信用货币等数次转变。货币的"祖先"脱胎于一般的商品。某些一般的商品由于其特殊的性能，适合用做交易媒介，于是就摇身一变成了商品家族的新贵——货币。比如贝壳，今天的人们已经很难想象它曾经是叱咤风云的"钱"。除了贝壳，还有龟壳、布帛、可可豆、鲸鱼牙，甚至玉米等，都曾在不同地区的不同时代充当过货币。后来，取代实物货币的是金属，比如金、银、铜、铁等，它们都曾长时间扮演过货币的角色（见图2－1－1）。在金属货币之后诞生了纸币，也就是所谓的信用货币。

| 淡水贝制 | 骨制 | 土制 | 铅制 | 玉制 |

**图2－1－1 实物货币**

中国是世界上最早使用货币的国家之一，在中国的汉字中，凡与价值有关的字，大都从"贝"。由此可见，贝是我国最早的货币。随着商品交换的迅速发展，海贝已无法满足人们的需求，人们开始用铜仿制海贝。铜贝的出现，是我国古代货币史上由自然货币向人工货币的一次重大演变。中国最古老的金属货币是铜铸币。一是"布"，是铲形农具的缩影。二是

"刀"，是刀的缩影。三是铜贝，是在南方楚国流通，通常称之为"蚁鼻钱"。秦统一中国后，秦始皇于公元前210年颁布了中国最早的货币法"以秦币同天下之币"，规定在全国范围内通行秦国圆形方孔的半两钱。到了汉武帝时期，中央收回了郡国铸币权，由中央统一铸造五铢钱。从此确定了由中央政府对钱币铸造、发行的统一管理。

信用货币以纸币为主要表现形式。中国在10世纪末的北宋年间，已有大量用纸印制的货币——"交子"成为经济生活中重要的流通和支付手段。元代则在全国范围内实行纸钞流通的制度，其中具有代表性的是忽必烈在位时发行的"中统元宝钞"。银行券是随着资本主义银行的发展而首先在欧洲出现于流通中的一种用纸印刷的货币。最初，一般商业银行都可以发行银行券，发行银行券的银行保证随时可按面额兑付金币、银币。到了19世纪，在工业化国家中，纸币的发行权逐渐集中于中央银行。19世纪末20世纪初，在银行券广泛流通的同时，事实上贵金属铸币的流通数量日益减少，表现出纸制钞票的流通终将取代铸币流通的趋势。

最近几十年，一些新的货币形式正在出现，比如现在流行的电子货币。电子货币无形无影，它依托金融电子化网络，以电子计算机技术和通信技术为手段，以电子数据形式储存在计算机系统中，通过计算机网络系统，以电子信息传递的形式实现货币流通和支付的功能。银行卡就是我们常见的电子货币载体之一，电子货币的产生是货币史上的一次飞跃。现在，电子货币已经广泛地渗透到现代生活中，它在完成交易支付时比纸币更加便利和快捷。使用电子货币，可以存款取款；可以代替现金实现转账支付，直接用于消费结算；也可以向银行办理消费信贷。此外，与纸币相比，电子货币更不易被伪造，使用起来更加安全、便利。

➤ **模拟演练**

利用网络资源查询了解更多的货币知识。

➤ **知识拓展**

登录央视网站观看纪录片《货币》。

## *活动 2*　*货币现钞知识*

➤ **活动目标**

了解货币现钞票面的基本结构。

➤ **基本知识**

各国钞票的票面图案，不仅反映了各国的历史、文化和风俗习惯，也充分反映了各国的科学技术发展水平和印刷工艺水平。由于各国历史、文化和风俗习惯不同，科学技术发展水平参差不齐，表现在钞票上的形式和风格也各不相同，均具备如下七项基本内容：

1. 货币名称。每一种货币都有名称，它是一种货币区别于另一种货币的主要标志。例如我国的"人民币"、中国香港的"港元"、日本的"日元"等。

2. 发行机构。根据不同国家和地区货币发行的有关法律规定，各国发行货币的机构各有不同。目前大多数国家的货币是由本国的中央银行发行，如英国的货币英镑是由英国中央银行——英格兰银行发行。但也有的是由政府制定专门的机构负责货币发行，如新加坡货币由新加坡货币局发行，香港特别行政区的货币是由金融管理局、香港上海汇丰银行、渣打银行和中国银行发行。而美国又是指定12家联邦储备银行发行货币。发行机构名称通常印在钞票正面的显著位置。

3. 货币券别。货币券别是指货币票面的金额，也就是面值，它是货币实际代表的价值量。各国钞票的面值大小和票面的尺寸是不尽相同的，这是由商品流通的客观需要所决定的。

4. 货币版别。是指同一面额的货币在版式上的区别，也就是同一面额的货币在票面图案设计、钞票印刷特征和发行时间上的不同，也称版式的不同。不少国家货币均印有年版，但也有部分国家的货币没有印制年份和日期。

5. 序列号码。它表示某一种货币票面的发行数量和相应的印制部门。货币序列号码均采用固定的位数，为了循环使用，有的在号码前后加印代表版数的数字或文字，也有通过其他形式表示的，如澳大利亚和加拿大的货币在钞票背面加印数字或字母。为了防止将两张钞票拼凑成一张，通常将钞票序列号码采用两组形式，分别列在钞票正、背面适当的位置。

6. 签字和盖章。钞票上的签字和图章表示该国政府或发行机构对所发行的货币在法律上认可。签字一般为两个，也有一个或三个的，有些国家早期货币上的签字还是发行人逐张亲笔签的，后来均为机器印制。也有少数国家用图章形式的，如新加坡元，即有签字，也有财政部长的图章。

7. 图案。作为国家法定货币的钞票既有它的严肃性又有它的艺术性，为了美化票面，除了前述各项内容外，各国钞票上还印有精美的图案，内容充分表现了民族文化的特点，有现在和历史上知名作家、科学家、艺术家、伟人、领袖等人物的肖像，也有代表性的建筑物、风景、动物、植物和各式花纹图等。

➤ **模拟演练**

上网搜索货币现钞有关内容，并利用第五套人民币现钞观察以上基本内容。

# 任务 2 人民币的发展历程

【**任务描述**】新中国成立以来我国一共发行了五套人民币，每一套人民币的设计都有它的时代意义。本任务旨在通过对五套人民币的讲解，来向学生展示人民币的发展历程。

人民币是我国唯一法定货币，中国人民银行从 1948 年 12 月 1 日成立当天就发行了第一套人民币，至今一共发行了五套纸币。

人民币名称简写：RMB￥；ISO（国际标准化组织）货币符号为：CNY。

人民币的单位是"元"。"元"是本位币即主币，辅币的名称为"角"和"分"。人民币是代表一定价值的货币符号，在流通中起一定的作用。人民币没有含金量的规定，它以投入市场的商品作保证。人民币是我国唯一合法通货，禁止境内外币计价结算和流通，禁止金银计价流通，金银只能出售给国家银行，由国家银行按牌价出售。《中国人民银行法》规定：人民币的发行权集中于中国人民银行即中央银行，并由中国人民银行总行集中管理货币发行。货币是根据经济发展实际需要发行的，使流通中的货币与商品的生产流通相适应，避免因货币发行超过生产和流通的需要而发生通货膨胀。

## 活动 1　第一套人民币认知

➤ **活动目标**

　　了解第一套人民币的相关知识。

➤ **基本知识**

　　1948 年 11 月初，解放战争胜利前夕，时任华北区政府主席的董必武提出，要在平津解放前，成立中国人民银行，发行解放区统一货币，于是将原定 1949 年 1 月 1 日成立中国人民银行的决定，提前到 1948 年 12 月 1 日。这是中国金融货币史上一个最值得纪念的日子，这一天，中国人民银行总行在石家庄成立，这一天，发行了"中国人民银行货币"，简称人民币。也就是后来的"第一套人民币"。第一套人民币上的行名、年号和面额均出自当时华北区政府主席董必武之手。

　　第一套人民币票版的设计制作主要由解放区的印钞厂承担，奠定了我国人民币印制事业基础。由于历史条件所限，第一套人民币采取了多地区分散设计、制版、印刷和分地区就近发行的办法，而且在长期印刷和发行中，其纸张、水印、印刷工艺、暗记、冠字号码等特征，都作了很多改动，造成钞券质量参差不齐，因此第一套人民币有着相当繁杂的版本。

　　第一套人民币共 12 种面额 62 种版别，其中 1 元券 2 种、5 元券 4 种、10 元券 4 种、20元券 7 种、50 元券 7 种、100 元券 10 种、200 元券 5 种、500 元券 6 种、1 000 元券 6 种、5 000 元券 5 种、10 000 元券 4 种、50 000 元券 2 种。由于当时存在着通货膨胀严重以及物价高涨的问题，因此第一套人民币没有发行辅币，也没有发行金属货币。另外第一套人民币也没有水印，防伪效果较差（见表 2 - 2 - 1）。

表 2 - 2 - 1　　　　　　　　　第一套人民币图样（62 种版面）

| | | | |
|---|---|---|---|
| | | | |
| 工人和农民 1 元 | 工厂 1 元 | 帆船 5 元 | 水牛 5 元 |
| | | | |
| 织布 5 元 | 牧羊 5 元 | 工人与农民 10 元 | 锯木与犁田 |
| | | | |
| 钻田与矿井 10 元 | 六和塔（咖啡色） | 六和塔（蓝色） | 打场 20 元 |

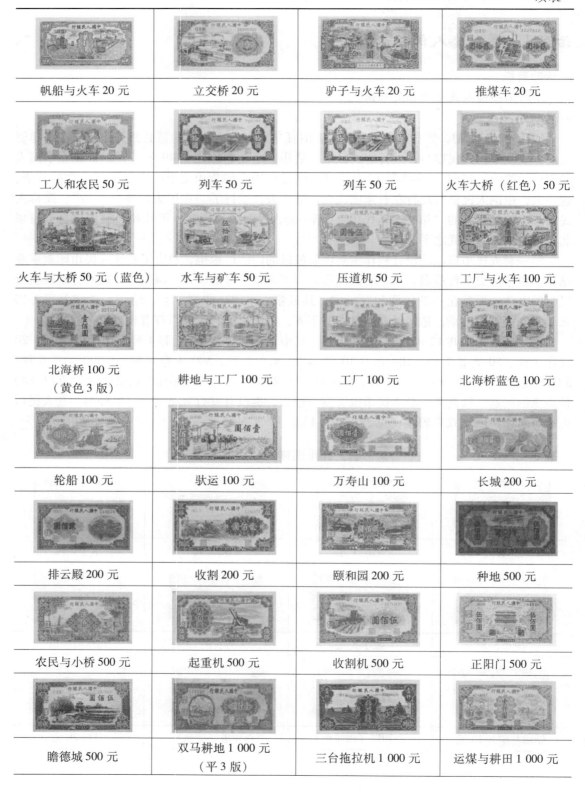

| | | | |
|---|---|---|---|
| 帆船与火车 20 元 | 立交桥 20 元 | 驴子与火车 20 元 | 推煤车 20 元 |
| 工人和农民 50 元 | 列车 50 元 | 列车 50 元 | 火车大桥（红色）50 元 |
| 火车与大桥 50 元（蓝色） | 水车与矿车 50 元 | 压道机 50 元 | 工厂与火车 100 元 |
| 北海桥 100 元（黄色 3 版） | 耕地与工厂 100 元 | 工厂 100 元 | 北海桥蓝色 100 元 |
| 轮船 100 元 | 驮运 100 元 | 万寿山 100 元 | 长城 200 元 |
| 排云殿 200 元 | 收割 200 元 | 颐和园 200 元 | 种地 500 元 |
| 农民与小桥 500 元 | 起重机 500 元 | 收割机 500 元 | 正阳门 500 元 |
| 瞻德城 500 元 | 双马耕地 1 000 元（平 3 版） | 三台拖拉机 1 000 元 | 运煤与耕田 1 000 元 |

续表

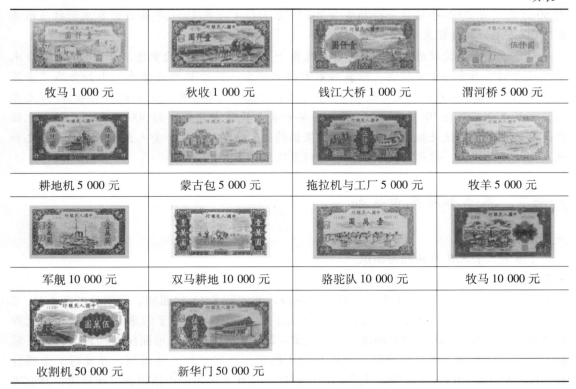

| | | | |
|---|---|---|---|
| 牧马 1 000 元 | 秋收 1 000 元 | 钱江大桥 1 000 元 | 渭河桥 5 000 元 |
| 耕地机 5 000 元 | 蒙古包 5 000 元 | 拖拉机与工厂 5 000 元 | 牧羊 5 000 元 |
| 军舰 10 000 元 | 双马耕地 10 000 元 | 骆驼队 10 000 元 | 牧马 10 000 元 |
| 收割机 50 000 元 | 新华门 50 000 元 | | |

➤ **模拟演练**

　　上网搜索第一套人民币的相关知识。

➤ **知识拓展**

### 第一套人民币的收藏价值

　　第一套人民币面值多且种类复杂，而且流通时间短，部分版别的第一套人民币发行和流通数量非常少。更为遗憾的是，当时的人并没有想到它的收藏价值，在1955年全国发文要收回时，短短100天，就收回钱币流通量的98.1%。这是几套人民币回收最快的一次。当年很多人为了填饱肚子，根本没有想到它的历史价值，银行也没有保留原始档案，导致留存下来的甚少，能将之集全者实属凤毛麟角。

　　收藏中素有被专家称为"十二珍品"的"伍元水牛图"、"贰拾元打场图"、"壹佰元帆船图"、"伍佰元瞻德城图"、"壹仟元马饮水图"、"伍仟元牧羊图"、"伍仟元渭河桥图"、"伍仟元蒙古包图"、"壹万元骆驼队图"、"壹万元牧马图"、"伍万元新华门图"、"伍万元收割机图"。这12种的收集难度最大因为其流通数量非常少，价格每每创出天价。

　　台湾收藏家李庚申首先看到第一套人民币的收藏价值，1965年他集齐了整套第一套人民币，1983年他自费印刷并出版了一部人民币图册。一度使第一套人民币价值升到7万元一张，其中的牧马图升到25万元一张。第一套人民币的收藏热潮开始在国内外掀起。由于不少是珍品，其观赏、纪念、珍藏、投资价值与日俱增，受到知名拍卖行和文物收藏家的特别青睐。1993 年，一套 6 成到 7 成新的牧马图已经可以达到 27 万元，9 成新的已经可以拍到 80 万元。在 2005 年的佳士得拍卖会上，一张面值 1 万元 1951 年发行的 8 成新牧马图竟创下 20 万元的拍卖纪录。

对于钱币收藏爱好者来说，第一套人民币一直是可遇不可求的梦想，很多人可能至今未曾见过它们。由于存世量稀少，很多藏家都将第一套人民币称为天价币。比如全品"壹万元牧马图"，如今的市场价为 150 万～160 万元；"伍仟元蒙古包"上品的价格在 36 万元左右，如果是全品则在 40 万元以上。因此，第一套人民币即使是出到 300 万元的价格，也往往是有价无市。即使是按照目前权威部门提供的最新参考价，第一套人民币的散币价格之和也在 220 万元以上，堪称人民币收藏中的钻石级藏品。

## 活动 2　第二套人民币认知

➤ **活动目标**

了解第二套人民币的相关知识。

➤ **基本知识**

第二套人民币从 1955 年 3 月 1 日开始发行，共发行了 11 种面额，分别是纸币 1 分、2 分、5 分、1 角、2 角、5 角、1 元、2 元、3 元、5 元、10 元；由于后来对 1 元券和 5 元券的图案、花纹进行了调整和更换颜色（见表 2 - 2 - 2）。这套人民币面额结构较为合理，是新中国成立以来第一套具有完整货币体系的人民币，首次实行主辅币制，并发行了金属分币，使新中国货币进入纸、硬币混合流通的时代。从此人民币的币值得到空前稳定，其面额结构体系成为未来各套人民币结构体系的基础。

这套人民币上的"中国人民银行"字样，为当时的中国人民银行职员马文蔚书写，已成为精品，后两套人民币仍沿用此字体，现中国人民银行分支机构的行标基本采用这一字体。

表 2 - 2 - 2　　　　　　　　　第二套人民币图样

| 面值 | 正面图案 | 背面图案 | 图案信息 |
|---|---|---|---|
| 1 分 | | | 汽车 |
| 2 分 | | | 飞机 |
| 5 分 | | | 轮船 |

续表

| 面值 | 正面图案 | 背面图案 | 图案信息 |
|---|---|---|---|
| 1 角 | | | 拖拉机 |
| 2 角 | | | 火车 |
| 5 角 | | | 水电站 |
| 1 元 | | | 天安门<br>（黑版）<br>（红版） |
| 2 元 | | | 宝塔山 |
| 3 元 | | | 井冈山 |
| 5 元 | | | 各民族大团结 |
| 10 元 | | | 工农像 |

➤ **模拟演练**

上网搜索第二套人民币的相关知识。

➤ **知识拓展**

### 唯一一次由外国代印人民币

由于当时国内印钞生产能力不足，又缺少高档专用印钞纸，因此面额 3 元、5 元、10 元的人民币由国内设计绘样，委托苏联代印，称为苏印"三种票"。后来，苏联政府背信弃义，废除中苏两国经济技术合作的各项协议，召回在华工作的全部苏方专家，导致中苏关系恶化。对此，我国政府采取紧急措施，1964 年 4 月 14 日，中国人民银行发布《关于限期收回三种人民币票券的通知》，规定从 4 月 15 日起，苏印"三种票"停止在市场流通，至 5 月 14 日止为收兑期。

收回苏印"三种票"后，市场上大票缺乏，不利于人民生活和经济发展。为此，1962 年 4 月 20 日，中国人民银行发行了深棕色 5 元券，其主景图案与苏印 5 元券相同，但该原版是由我国自己的雕刻师刻制的，印钞纸首次采用了国产满版水印纸。由于当时不具备生产 10 元券的条件，因此，该 5 元券是第二套人民币中我国自己设计、雕刻、印刷及当时一段时期内市场上流通的最大面额货币，在当时发挥了极大的作用。这套人民币中面值 3 元、5 元、10 元纸钞是新中国人民币由其他国家代印在历史上唯一的一次体现。

## 活动3 第三套人民币认知

➤ **活动目标**

熟悉第三套人民币的相关知识。

➤ **基本知识**

第三套人民币从 1962 年 4 月开始正式发行，直到 2000 年 7 月才逐渐从老百姓的生活中淡出，在市场上共流通了 38 年，是现有的五套人民币中流通时间最长的，也是我国首次完全独立设计、印制的一套纸币。自 1962 年 4 月 20 日起至 1980 年 4 月 15 日止，共印制发行了 7 种面额、13 种版别的第三套人民币，因版面下端印有"一九五九年"字样，故称为"五九"版。

第三套人民币主币面值为 1 元、2 元、5 元、10 元四种，从这套币起取消了 3 元券的发行，辅币是 1 角、2 角、5 角三种，共 7 种面额，全套面值合计 18.80 元（见表 2 - 2 - 3）。这套人民币在设计上注重美感，突破了中国传统纸币四边框呆板的形式，构图全部采用开放式，集中反映了工人阶级的新面貌，展现了社会主义建设新成就。在印刷色彩上趋于明亮化，采用多色彩印，大大提高了这套人民币的艺术鉴赏价值。这套人民币防伪措施进一步提高，人民币主景和面额文字及衬底花纹都采用了雕刻版，主币采用了五角星满版水印，10 元券采用了天安门固定水印。

表 2-2-3                          第三套人民币图样

| 面值 | 正面图案 | 背面图案 | 图案信息 |
|---|---|---|---|
| 1 角 | | | 正面：<br>教育与生产劳动相结合<br>背面：<br>菊花图和国徽 |
| 2 角 | | | 正面：<br>长江大桥<br>背面：<br>国徽和牡丹花 |
| 5 角 | | | 正面：<br>纺织车间图<br>背面：<br>国徽和装饰花 |
| 1 元 | | | 正面：<br>女拖拉机手<br>背面：<br>天山牧羊图 |
| 2 元 | | | 正面：<br>车床工人生产<br>背面：<br>石油矿井 |
| 5 元 | | | 正面：<br>炼钢工人生产<br>背面：<br>露天采矿 |
| 10 元 | | | 正面：<br>代表走出人民大会堂<br>背面：<br>天安门 |

➤ **模拟演练**

上网搜索第三套人民币的相关知识。

## 活动4 第四套人民币认知

➤ **活动目标**

了解第四套人民币的相关知识。

➤ **基本知识**

第四套人民币从1987年4月27日开始发行，至1997年4月4日止，共发行了9种面额，14种票券。其中1角券1种，2角券1种，5角券1种，1元券3种（1980年版、1990年版、1996年版），2元券2种（1980年版、1990年版），5元券1种，10元券1种，50元券2种（1980年版、1990年版），100元券2种（1980年版、1990年版）。

第四套人民币的纸张光洁度和坚挺度很好，耐折，耐磨，耐腐蚀。该套人民币分别形成固定水印、半固定水印、不固定水印三种图案，工艺要求极高（见表2-2-4）。如100元券的毛泽东侧面浮雕水印像和50元、10元券的工人、农民防伪水印技术，已达到世界领先水平。第四套人民币的油墨技术、纸浆中掺入的纤维和彩点等技术指标在当时都是极为先进的。而且在1990年版的第四套人民币50元和100元券中，还有一道贯通上下的黑色金属安全线，供人们透视辨别真伪。

**表2-2-4                    第四套人民币图样**

| 面值 | 正面图案 | 背面图案 | 图案信息 |
| --- | --- | --- | --- |
| 1角 | | | 正面：<br>高山族、满族 |
| 2角 | | | 正面：<br>朝鲜族、布依族 |
| 5角 | | | 正面：<br>苗族、壮族 |
| 1元 | | | 正面：<br>侗族、瑶族<br>背面：<br>万里长城 |
| 2元 | | | 正面：<br>维吾尔族、彝族<br>背面：<br>海南南天一柱 |

续表

| 面值 | 正面图案 | 背面图案 | 图案信息 |
|------|----------|----------|----------|
| 5 元 | | | 正面：<br>藏族、回族<br>背面：<br>长江三峡 |
| 10 元 | | | 正面：<br>汉族、蒙古族<br>背面：<br>珠穆朗玛峰 |
| 50 元 | | | 正面：<br>工 人、农 民、<br>知识分子<br>背面：<br>黄河壶口瀑布 |
| 100 元 | | | 正面：<br>领袖浮雕<br>背面：<br>井冈山主峰 |

➤ **模拟演练**

上网搜索第四套人民币的相关知识。

## 活动5 第五套人民币认知

➤ **活动目标**

了解第五套人民币的相关知识。

➤ **基本知识**

为了提高第五套人民币的防伪水平，经国务院批准，中国人民银行定于自2005年8月31日起，在全国范围内发行2005年版第五套人民币100元、50元、20元、10元、5元纸币、1角硬币（见表2-2-5）。

这套人民币是由中国人民银行首次完全独立设计与印制的货币，这说明我国货币的设计印制体系已经成熟，完全有能力在银行系统内完成国币的设计、印制任务，且此套新版人民币经过专家论证，其印制技术已达到了国际先进水平。

第五套人民币的主景人物、水印、面额数字均较以前放大，尤其是突出阿拉伯数字表示的面额，这样便于群众识别，会收到较好的社会效果。第五套人民币在票幅尺寸上进行了调整，票幅宽度未变，长度缩小，便于使用和携带。

表 2 - 2 - 5　　　　　　　　　　　第五套人民币图样

| 面值 | 正面图案 | 背面图案 | 图案信息 |
|---|---|---|---|
| 1 元 | | | 正面：兰花　背面：三潭印月 |
| 5 元 | | | 正面：水仙　背面：泰山 |
| 10 元 | | | 正面：月季　背面：夔门 |
| 20 元 | | | 正面：荷花　背面：桂林山水 |
| 50 元 | | | 正面：菊花　背面：布达拉宫 |
| 100 元 | | | 正面：梅花　背面：人民大会堂 |

➤ **模拟演练**

　　上网搜索第五套人民币的相关知识。

# 任务3　人民币的防伪技术及鉴别方法

【任务描述】识别假币是金融财会从业人员特别要掌握的一项技能。本任务旨在介绍人民币的防伪技术，掌握鉴别真伪钞的主要依据和一般方法。

## 活动1　人民币的防伪技术

➤ **活动目标**

　　掌握人民币的一般防伪措施，能鉴别真假人民币。

➤ **基本知识**

## 一、人民币的一般防伪措施

　　1. 纸质。印制人民币的纸张，使用的是纤维较长的棉、麻为主的印钞专用纸。其特点是：用料讲究，工艺特殊，预置水印。

　　2. 水印。水印是制造印钞纸时采用的特殊防伪手段。它是利用纸纤维的不均匀堆积，形成明暗层次不同的图案或图形。人民币的水印，有固定部位水印、白水印和满版水印等。

　　固定部位水印是指在钞票上某一固定位置的水印，仰光透视，立体感很强；白水印是一种迎光透视、透光性很强的图案；满版水印指整张钞票上都散布有水印。

　　3. 制版。人民币的制版，除使用我国传统的手工制版外，还采用了多色套版印制钞票图纹的胶印和凹印接线技术，以及正背面图案高精度对印技术。

　　4. 油墨。印制人民币使用的是特殊配方油墨。使用这种油墨多次套版印制的人民币，色泽鲜艳，色调协调，层次清晰。在大额人民币上，还采用了无色荧光油墨、磁性油墨、光变油墨面额数字等主动防伪技术。

　　5. 印刷。人民币印刷采用了较为先进的凹版印刷技术，油墨厚，用手触摸有凹凸感，防伪性能强。

　　6. 安全线。人民币使用了金属安全线、缩微文字安全线、开窗式安全线等防伪技术。

## 二、假币的种类

　　假币包括伪造币和变造币两种。

　　**（一）伪造币**

　　伪造的人民币是指仿照人民币的图案、形状、色彩等，采用各种手段制作的假人民币。主要有：机制假币、拓印假币、彩色复印假币和手工描绘或手工刻版印制的假币。

　　**（二）变造币**

　　变造的人民币是指在真币的基础上或以真币为基本材料，通过挖补、剪接、涂改、拼凑、移位、揭层、重印等办法加工处理，使原币改变数量、形态，达到以少变多的目的，实现升值的假货币。主要有：拼凑变造币、揭页变造币等。

## 三、第五套人民币 100 元票面特征

主色调为红色。票幅长 155mm，宽 77mm。票面正面主景为毛泽东头像，左侧为"中国人民银行"行名、阿拉伯数字为"100"、面额"壹佰元"和椭圆形花卉图案。票面左上角为中华人民共和国"国徽"图案，票面右下角为盲文面额标记，票面正面印有横竖双号码。票面背面主景为"人民大会堂"图案，左侧为人民大会堂内圆柱图案。票面右上方为"中国人民银行"的汉语拼音字母和蒙、藏、维、壮四种民族文字的"中国人民银行"字样和面额。

## 四、第五套人民币 100 元票面设计特点

第五套人民币 100 元券将国际先进的计算机辅助设计方法与我国传统手工绘制有机结合，既保留了中国传统钞票的设计特点，又具有鲜明的时代特征。其特点是：

1. 突出"三大"，即大人像、大水印、大面额数字，既便于群众识别，又增强防伪功能。

2. 取消了传统设计中以花边、花球为框的设计形式，整个票面呈开放式结构，增加了防伪设计空间。

3. 背面主景设计采取组合风景方式、焦点透视和散点透视相结合的技艺，体现了中国文化特色。图案花边设计既保持了货币的传统风格和特点，又具有防伪功能。

4. 票面简洁、线条清晰、色彩亮丽。

5. 增加了机读技术，便于现代化机具清分处理。

➤ **模拟演练**

请对照百元钞票面特征观察 50 元、20 元等面额票币的票面特征和特点。

## 活动2　第五套人民币的鉴别方法

➤ **活动目标**

掌握人民币的一般防伪措施，能鉴别真假人民币。

➤ **基本知识**

## 一、人民币假币的辨别方法

识别人民币纸币真伪，通常采用"一看、二摸、三听、四测"的方法。

**（一）眼看法**

1. 看水印。看钞票的水印是否清晰，有无层次和有无浮雕的效果（见图 2 - 3 - 1 至图 2 - 3 - 4）。

第五套人民币 100 元和 50 元人像水印

**图 2 - 3 - 1**

第五套人民币 20 元花卉水印

**图 2 - 3 - 2**

第五套人民币 10 元花卉水印

**图 2 - 3 - 3**

第五套人民币 5 元花卉水印

**图 2 - 3 - 4**

2. 看安全线。看有无安全线（见图 2 - 3 - 5 至图 2 - 3 - 9）。

**图 2 - 3 - 5　100 元安全线**

**图 2 - 3 - 6　50 元安全线**

**图 2 - 3 - 7　20 元安全线**

**图 2 - 3 - 8　10 元安全线**

**图 2 - 3 - 9　5 元安全线**

3. 看光变油墨。看采用光变油墨印刷技术的面额数字是否会变色（见图 2 - 3 - 10）。

100 元光变油墨　　　　　50 元光变油墨　　　　第五套人民币纸币阴阳互补对印图案

**图 2 - 3 - 10**

4. 看票面图案。看票面图案是否清晰，色彩是否鲜艳，多色接线图文的颜色相接处是否平稳过渡，有无搭接的痕迹，对接图案是否可以对接上。

5. 看凹印部位图案。看凹印部位图案是否均由点线构成。雕刻凹版印刷技术广泛应用于第五套人民币的毛泽东头像、中国人民银行行名、面额数字、盲文标记等处。特点是：图文线条精细、层次丰富、立体感很强，用手触摸有明显的凹凸感。

6. 用放大镜放大看。用 5 倍以上放大镜观察票面，看图案线条、缩微文字是否清晰干净。真币的花纹、线条粗细均匀，图案清晰，色彩鲜艳，颜色协调，层次分明；而假币则线条凌乱，粗细不一，图案色彩层次暗淡不清，水印呆板、失真、模糊、无立体感。

隐形面额数字——第五套人民币的隐形面额数字印在钞票正面的右上方。面对光源，将钞票置于与眼睛接近平行的位置，做 45 度或 90 度旋转，可以看到。

胶印缩微文字——第五套人民币的 5 种纸币都含有胶印缩微文字，它们分别位于 100 元、50 元、10 元和 5 元券的正上方，20 元券的正面右侧和下方以及背面图案中（见图 2 - 3 - 11）。

  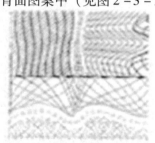

第五套人民币 100 元　　　　第五套人民币 50 元　　　　第五套人民币 20 元
微缩文字　　　　　　　　　　微缩文字　　　　　　　　　　微缩文字

第五套人民币 10 元　　　　第五套人民币 5 元　　　手工雕刻第五套人民币
微缩文字　　　　　　　　　微缩文字　　　　　　　100 元头像

**图 2 - 3 - 11**

硬币。第五套人民币的硬币包括 1 元、5 角、1 角三种。正面铸有"中国人民银行"、面额数字的中文和拼音字母以及发行年号。背面为"中国人民银行"的拼音字母及花卉图案。

**（二）手摸法**

1. 摸是否有凹凸感。摸人像、盲文点、中国人民银行行名等处是否有凹凸感。第五套人民币纸币各券别正面主景均为毛泽东头像，采用手工雕刻凹版印刷工艺，形象逼真、传神，凹凸感强，易于识别。

2. 摸纸币质量。摸纸币是否薄厚适中，挺括度好。真币纸张坚挺，厚薄适中，在特定部位有凹凸感；而假币一般纸质薄，挺括程度差，表面光滑无凹凸感。

**（三）耳听法**

人民币的纸张，具有挺括、耐折、不易撕裂的特点。通过抖动钞票使其发出声响，根据声音能够分辨人民币真伪。方法是：手持钞票用力抖动、手指轻弹或两手一张一弛轻轻对称拉动，能听到清脆响亮的声音。而假币由于制造设备落后，印刷的光洁度、挺拔度都不如真币好，因此声音比较沉闷。

**（四）检测法**

借助一些简单的工具和专用的仪器来分辨人民币真伪。

1. 放大镜。借助放大镜观察票面线条清晰度、胶、凹印缩微文字等来鉴别人民币真伪。一般通过 5～20 倍的放大镜就可以鉴别。真币底纹线清晰、连续；假币底纹线模糊、间断。

2. 紫外灯。用紫外灯光照射票面来鉴别人民币真伪。利用紫外光照射，可以观察钞票纸张和油墨的荧光反应。真币无荧光反应，假币有荧光反应。

3. 磁性检测仪。用磁性检测仪来鉴别人民币真伪。主要通过在磁性触头上擦拭钞票特定部位（黑色横号码）有无磁感应来鉴别人民币真伪。真币有磁性油墨，有反应；假币无磁性油墨，无反应。

4. 防伪点钞机。用防伪点钞机来鉴别人民币真伪。主要是将紫外光照射等技术运用于点钞机。在机器点钞的运行过程中，如出现假币则机器会自动停机并报警。

**提示：**柜员在办理收付现金业务过程中，识别假币采用手工识别为主，机器识别为辅的方式，发现假币均应没收，没收的"假币"，应由专人入金库（或保险柜妥善保管），并登记"假币没收登记簿"。

## 二、2005 年版 100 元假币的主要特征

**（一）纸张**

假钞用纸均为一般社会化用纸，不含棉纤维，光滑、绵软、无韧性、偏厚，抖动或用手弹时声音发闷。在紫外光下一般有荧光反应（见图 2 - 3 - 12）。

**（二）水印**

假钞水印，一种是在纸张夹层中涂布白色浆料，迎光透视观察时，水印所在的左半边纸张因遮光而显得厚重。另一种是在票面正面、背面或正背面同时使用无色或白色油墨印刷水印图案，立体感较差（见图 2 - 3 - 13）。

**（三）安全线**

第一种伪造安全线是在钞票正面，使用灰黑色油墨印刷一个深色线条，背面是用灰色油墨印刷开窗部分，无全息图文，或含有极模糊的"￥100"字样，此类伪造安全线无磁性特

普通假钞纸张的蓝色荧光反应　　　　　　经过处理的假钞纸张的荧光反应

**图 2 – 3 – 12　假币的荧光反应**

假　　　　真　　　　　　　　假　　　　真

**图 2 – 3 – 13　真假钞的水印对比**

征（见图 2 – 3 – 14）。

**图 2 – 3 – 14　第一种伪造安全线**

第二种伪造安全线是在钞票正面，用同样的方法印刷一个深色线条，背面则采用烫印方式将带有"￥100"字样的全息膜转移到票面上，其衍射图案与真钞安全线存在差异，且无磁性特征（见图 2 – 3 – 15）。

背面整体图　　　　　　　　　　安全线开窗局部放大图

**图 2 – 3 – 15　第二种伪造安全线**

第三种伪造安全线是使用双层纸张，在纸张夹层中放实物线，线与纸张结合较差，线表面印刷磁性油墨（见图 2 - 3 - 16）。

背面整体图　　　　　　　　　安全线开窗局部放大图

**图 2 - 3 - 16　第三种伪造安全线**

第四种伪造安全线是第二种和第三种的组合，既有烫印开窗，又有实物安全线置于纸张夹层内。

**（四）正背主景印刷方式及凹印特征**

截止到目前，假钞的印刷工艺均是胶印、丝网等平印，质量很差。有些假钞为模仿真钞的凹印效果，在人像衣服、团花及手感线等凹凸位置用坚硬金属磨具进行了压痕处理，触摸有凹凸效果，应仔细观察（见图 2 - 3 - 17）。

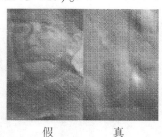

假　　　真

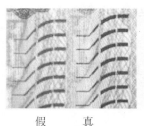
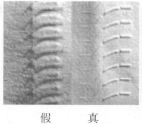
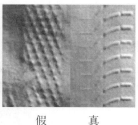

假　　　真　　　　　　假　　　真　　　　　　假　　　真

**图 2 - 3 - 17　假钞的印刷工艺**

**（五）荧光防伪印记**

伪造者使用从社会上购置的荧光油墨来模拟真钞的荧光印记，荧光亮度明显低于真钞，颜色与真钞存在差异（见图 2 - 3 - 18）。

**（六）光变油墨面额数字**

伪造光变油墨面额数字一种是普通单色（100 元假钞为绿色）胶印，质量较差，无真钞特有的颜色变换特征，用手指触及其表面时无凹凸触感（见图 2 - 3 - 19）。

一种伪造方法是使用珠光油墨丝网印刷，有一定的光泽和闪光效果，但其线条粗糙，变

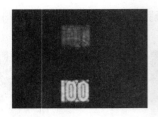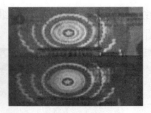

图 2 - 3 - 18　假币的荧光防伪印记

图 2 - 3 - 19　真假对比图（上半部分为假钞）

色特征与真钞有较明显的区别，只有黄绿色珠光而不具备真钞由绿到蓝的变化（见图 2 - 3 - 20）。

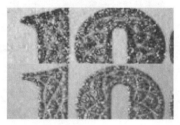

图 2 - 3 - 20　光变油墨对比图（上半部分为假钞）

**（七）冠字号码**

一般假钞使用普通黑色油墨胶印冠字号码，其形态与真钞冠字存在差异且不具备磁性特征。且假钞号码不规则、排列零乱（见图 2 - 3 - 21）。

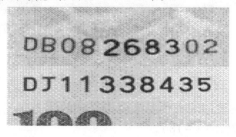

图 2 - 3 - 21　冠字号码对比图（上半部分为假钞）

➤ **模拟演练**

请向你周围的人（至少 1 人次）介绍第五套人民币的各种防伪方法。

### 项目小结

金融行业的日常工作和货币的关系是密不可分的，由此学生有必要对货币的知识有更全面更系统的了解。

货币自诞生以来，经历了实物货币、金属货币、信用货币等数次转变。货币的"祖先"脱胎于一般的商品，取代实物货币的是金属，比如金、银、铜、铁等，它们都曾长时间扮演过货币的角色。在金属货币之后诞生了纸币，也就是所谓的信用货币。最近几十年，一些新的货币形式正在出现，比如现在流行的电子货币。

新中国成立以来我国一共发行了五套人民币，每一套人民币的设计都有它的时代意义。

第一套人民币面值多且种类复杂，而且流通时间短，部分版别的第一套人民币发行和流通数量非常少。

第二套人民币从 1955 年 3 月 1 日开始发行，共发行了 11 种面额。这套人民币面额结构较为合理，是新中国成立以来第一套具有完整货币体系的人民币，首次实行主辅币制，并发行了金属分币，使新中国货币进入纸、硬币混合流通的时代。

第三套人民币从 1962 年 4 月开始正式发行，直到 2000 年 7 月才逐渐从老百姓的生活中淡出，在市场上共流通了 38 年，是现有的五套人民币中流通时间最长的，也是我国首次完全独立设计、印制的一套纸币。

第四套人民币从 1987 年 4 月 27 日开始发行，至 1997 年 4 月 4 日止，共发行了 9 种面额，14 种票券。第四套人民币的纸张光洁度和坚挺度很好，耐折，耐磨，耐腐蚀。该套人民币分别形成固定水印、半固定水印、不固定水印三种图案，工艺要求极高。

为了提高第五套人民币的防伪水平，经国务院批准，中国人民银行定于自 2005 年 8 月 31 日起，在全国范围内发行 2005 年版第五套人民币 100 元、50 元、20 元、10 元、5 元纸币、1 角硬币。

这套人民币是由中国人民银行首次完全独立设计与印制的货币，这说明我国货币的设计印制体系已经成熟，完全有能力在银行系统内完成国币的设计、印制任务，且此套新版人民币经过专家论证，其印制技术已达到了国际先进水平。

### 知识考核

1. 一般钞票的票面图案里会涵盖哪些信息？
2. 为什么第一版人民币有那么高的收藏价值？
3. 第五版人民币的防伪技术有哪些？
4. 现在市面流通的第五套人民币的识别方式有哪几种？

### 技能训练

**一、判断题（正确的打"√"，错误的打"×"）**

1. 第五套人民币纸张中红、蓝彩色纤维分布是有规则的。　　　　（　　）
2. 第五套人民币各面额纸币均采用的是双面凹印。　　　　　　　（　　）
3. 第五套人民币 20 元纸币背面主景是长江三峡。　　　　　　　（　　）
4. 第五套人民币 20 元纸币的安全线上有缩微文字。　　　　　　（　　）
5. 第五套人民币 50 元纸币采用的是横、竖双号码。其中只有横号码有磁性。（　　）
6. 第五套人民币 5 种面额的纸币在正面行名下方均印有无色荧光图案。（　　）

7. 第五套人民币纸币均采用了对印技术。（　　）

8. 水印倒头的纸币是错版币。（　　）

9. 真钞纸币即使在碰到洗衣粉等其他化学物质后也不会出现荧光反应。（　　）

10. 第五套人民币100元、50元纸币上的光变面额数字被一些化学物质浸泡后可能会出现不变色现象。（　　）

11. 第五套人民币纸币均采用了胶印接线印刷技术。（　　）

12. 第五套人民币100元、50元、10元和5元纸币采用了凹印缩微文字。（　　）

13. 第五套人民币各面额纸币票面上所有冠字号码均有磁性。（　　）

14. 第五套人民币2005年版100元、50元、20元、10元、5元纸币采用了白水印防伪技术。（　　）

15. 第五套人民币20元纸币票面背面没有缩微文字防伪特征。（　　）

16. 第五套人民币各面额纸币上的盲文点均在票面正面的右下方。（　　）

17. 印制第五套人民币的专用纸张采用特种原材料，并由专门抄造设备抄制。（　　）

18. 第五套人民币50元、20元、10元纸币的票幅宽度均为70毫米。（　　）

19. 第五套人民币5角硬币的币外缘印有"RMB"字符标记。（　　）

20. 第五套人民币1元硬币的材质为白铜合金。（　　）

## 二、单项选择题

1. 截止到2002年11月18日，第五套人民币共发行了＿＿＿＿＿＿＿种面额纸币和＿＿＿＿＿＿＿种面额的硬币。

　　A. 6、3　　　　　　B. 5、3　　　　　　C. 4、3　　　　　　D. 7、3

2. 第五套人民币各面额纸币的冠字号码的冠字为＿＿＿＿＿＿＿位、号码为＿＿＿＿＿＿＿位。

　　A. 2位、8位　　　B. 1位、9位　　　C. 2位、6位　　　D. 1位、7位

3. 第五套人民币各面额纸币上的隐形面额数字在票面的＿＿＿＿＿＿＿。

　　A. 正面左下方　　B. 正面右下方　　C. 正面右上方　　D. 背面左上方

4. 第五套人民币100元、50元和10元纸币上的"阴阳互补对印图案"是＿＿＿＿＿＿＿。

　　A. 花卉　　　　　　B. 古钱币　　　　　C. 文字　　　　　　D. 人物头像

5. 第五套人民币100元纸币的光变面额数字的颜色变化是由：＿＿＿＿＿＿＿。

　　A. 绿变金　　　　　B. 金变绿　　　　　C. 蓝变黄　　　　　D. 绿变蓝

6. 第五套人民币100元纸币安全线包含的防伪措施是＿＿＿＿＿＿＿。

　　A. 缩微文字和荧光　　　　　　　　　B. 磁性和荧光

　　C. 缩微文字和磁性　　　　　　　　　D. 全息和缩微文字

7. 鉴别人民币纸币（特别是大面额纸币）最简便的方法之一是"手摸"，真钞表面文字及主要图案有凹凸感，这种"凹凸"效果产生于＿＿＿＿＿＿＿印刷方式。

　　A. 普通胶印　　　　B. 雕刻凹版　　　　C. 凸版　　　　　　D. 雕刻凸版

8. 第五套人民币50元纸币共有＿＿＿＿＿＿＿种公众防伪措施。

　　A. 10　　　　　　　B. 9　　　　　　　C. 12　　　　　　　D. 8

9. 第五套人民币50元纸币的＿＿＿＿＿＿＿有磁性。

　　A. 横号码　　　　　B. 竖号码　　　　　C. 横竖号码　　　　D. 以上都不是

10. 第五套人民币20元纸币背面中间部位在紫外光下显现＿＿＿＿＿＿＿色荧光图案。

　　A. 黄　　　　　　　　　B. 绿　　　　　　　　　C. 橘黄　　　　　　　　　D. 红

11. 第五套人民币 10 元纸币的背面主景图案是_____。

　　A. 桂林山水　　　　　　B. 泰山　　　　　　　　C. 长江三峡　　　　　　　D. 布达拉宫

12. 第五套人民币 10 元纸币安全线包含的防伪措施是_____。

　　A. 全息、磁性、开窗　　　　　　　　　　　　　B. 磁性、荧光、开窗

　　C. 全息、荧光、开窗　　　　　　　　　　　　　D. 荧光、开窗

13. 第五套人民币 10 元纸币背面下方四行凹印缩微文字是_____。

　　A. "RMB10" 和 "人民币"　　　　　　　　　　B. "RMB10" 和 "人民币 10"

　　C. "10" 和 "人民币"　　　　　　　　　　　　D. "RMB" 和 "人民币"

14. 第五套人民币 5 元纸币的背面主景图案是_____。

　　A. 桂林山水　　　　　　B. 泰山　　　　　　　　C. 长江三峡　　　　　　　D. 布达拉宫

15. 第五套人民币 5 元纸币的主色调为_____。

　　A. 紫色　　　　　　　　B. 蓝黑色　　　　　　　C. 棕色　　　　　　　　　D. 红色

### 三、多项选择题（多选或少选不得分）

1. 第五套人民币哪几种面额的纸币采用的是双面凹印？（　　　）

　　A. 100 元　　　　　　　B. 50 元　　　　　　　　C. 5 元　　　　　　　　　D. 10 元

2. 第五套人民币 100 元纸币正面哪几个部位是采用雕刻凹版印刷的？（　　　）

　　A. 头像　　　　　　　　　　　　　　　　　　　　B. 行名

　　C. 国徽　　　　　　　　　　　　　　　　　　　　D. 含隐形面额数字的装饰图案

3. 第五套人民币 50 元纸币正面行名下方底纹中的胶印缩微文字是_____。

　　A. RMB50　　　　　　　B. RBM50　　　　　　　C. 50　　　　　　　　　　D. RMB

4. 第五套人民币哪几种面额纸币采用了双水印？（　　　）

　　A. 100 元　　　　　　　B. 50 元　　　　　　　　C. 5 元　　　　　　　　　D. 10 元

# 项目三

# 外币知识及鉴别技术

| 项目描述 | 随着与我国进行外贸业务的国家越来越多，中国金融行业内的国际汇兑业务也变得越来越重要。在学习外币知识的过程中，首先应当了解外汇及外币的相关概念，其次是掌握常见的可自由兑换的外币的鉴别技术。 | |
|---|---|---|
| 项目目标 | 知识目标 | ◇ 区分外汇与外币的概念<br>◇ 了解目前我国现行的可兑换外币的种类 |
| | 技能目标 | ◇ 熟悉外币的样式与票面图案<br>◇ 掌握外币的基本鉴别的方法 |
| 项目任务 | | **任务1　外币相关知识**<br>　　活动1　外币的概念<br>　　活动2　外币伪钞的类型、特征<br>　　活动3　外币伪钞常用鉴别方法<br>**任务2　外币样式及鉴别方法**<br>　　活动1　美元样式及鉴别方法<br>　　活动2　欧元样式及鉴别方法<br>　　活动3　日元样式及鉴别方法<br>　　活动4　英镑样式及鉴别方法<br>　　活动5　港币样式及鉴别方法 |
| 建议学时 | | 6学时 |

# 任务1 外币相关知识

【**任务描述**】 在学习外币的种类和鉴别技术之前，有必要先了解外币的相关知识。由此，本任务旨在让学生通过学习了解外币的基本概念、掌握外币伪钞的类型、熟悉特征及外币伪钞常用鉴别方法。

## 活动1 外币的概念

### ➤ 活动目标

了解外汇及外币相关知识。

### ➤ 基本知识

众所周知，现代生活当中我们是无法离开货币的，而钱或钞票便是货币的代名词。在经济学上，货币的定义是指任何一种能同时充当交换媒介、记账单位、价值储藏和支付手段职能的资产。

在货币出现以前，实行的是物物交换，由于交易范围的扩大及可交换商品的增多，物物交换便不适用了。这时，货币便应运而生，成为一切商品交换的中介，也就是说，货币可以表现一切商品的价值，同时，货币也具有了价值。

货币具有价值，那么货币是否可以交换呢？用人民币交换人民币是毫无意义的。但是，天下并非只有一种货币，不同的国家或地区有不同的货币，本国的货币叫本币；其他国家的货币叫外币。本币与外币之间、不同外币与外币之间便可以交换了，这便引出了外汇的概念。

外汇的概念具有双重含义，即有动态和静态之分。

外汇的静态概念，又分为狭义的外汇概念和广义的外汇概念。狭义的外汇指的是以外国货币表示的，为各国普遍接受的，可用于国际间债权债务结算的各种支付手段。广义的外汇是指一国拥有的一切以外币表示的资产。国际货币基金组织（IMF）对此的定义是："外汇是货币行政当局（中央银行、货币管理机构、外汇平准基金及财政部）以银行存款、财政部库券、长短期政府证券等形式保有的在国际收支逆差时可以使用的债权。"

外汇的动态概念，是指货币在各国间的流动，以及把一个国家的货币兑换成另一个国家的货币，借以清偿国际间债权、债务关系的一种专门性的经营活动。

### ➤ 模拟演练

请上网进一步收集关于外币的知识。

## 活动 2　外币伪钞的类型、特征

➤ **活动目标**

掌握外币伪钞的类型、特征。

➤ **基本知识**

20 世纪以来，国际伪造货币犯罪活动日趋猖獗。在我国美元、欧元、英镑、日元、澳大利亚元、新加坡元等外币均有伪钞发现，近年来伪造的技术和质量也有所提高，这就对我们金融行业的从业人员提出了更高的要求，需要我们具备更高的鉴别伪钞的能力。

伪钞是指伪造、变造的货币现钞。伪造的钞票是指仿照真钞的图案、形状、色彩等，并采用各种技术手段而制作的假钞。变造的货币现钞是在真钞的基础上，利用挖补、揭页、涂改、拼凑、移位、重印、拓印等多种工艺和方法制作，改变真币原形态的假钞。世界每个国家的钞票都有自己的特点，但假钞的制作手段都基本相同。随着科学技术的发展，伪、变造货币的种类也不断增多，层出不穷。综合主要特征和手段，可以归纳为伪造票和变造票两大类。

根据制造方法的不同，假钞可分为以下几种不同的类型：机制假钞、拓印假钞、复印制版技术合成假钞（石板、蜡板或钢板）、照相制版假钞、描绘假钞以及彩色复印假钞等等。

1. 机制假钞。就是利用现代化的机械制版印刷设备伪造的假钞。一般使用机器雕刻制版或利用照相、电子扫描分色制版，在中小型印刷机上印刷。机制假钞又有机制胶印假钞和机制凹印假钞之分。由于这类假钞采用了较高级的设备和真钞的个别印刷技术，仿造的效果较为逼真，版别多，一次印制的数量大，易于扩散，对社会的影响和威胁都很大。但是此类假钞还是存在种种漏洞和伪造的痕迹，通过一定的方法仍能够予以鉴别。

2. 拓印假钞。是用真钞为母本拓印成的假钞。它的制作方法是，以真币为基础，用某种化学药剂，将真钞上的图纹油墨脱离一部分转印到另外的纸上而形成假钞。这种假钞也叫做拓印币，它的图案、花纹等和真币完全一样，但由于它只得到真币上的一部分油墨，因此墨色较浅，画面形态显得单薄呆板，给人以一种薄脆的感觉。真钞被拓印后也遭受到一定损坏，有的颜色变浅或图纹模糊不清，又叫做被拓印币。被拓印币虽是真钞形成的，但它的背后必定有拓印痕迹，因此更值得注意。

3. 复印、制版技术合成假钞。这是利用黑白复印机制作的假钞。它的制作方法是先将真钞在复印机上复印出真钞的黑白图案花纹，再用彩色套印的方法合成钞票样的假钞。这种假钞的印制效果比较精细，但在纸张、油墨等方面难以乱真，通过一定方法即可予以鉴别。

4. 石印假钞。这是用石版和石印机印制的假钞。它的制作方法，一般是在石板上手工或用机器雕刻制成印版，然后在小型机具上印制。这类假钞的质量虽然比前述两类假钞好一些，但印制效果仍较粗劣。由于石版较硬，容易出现油墨外溢或油浸现象。并且因印版表面不平整，使印出的图纹虚虚实实深浅不一，画面不协调。由于印版刻制不精确，套色印刷不可能十分准确，从而出现重叠、错位、漏白等问题，对其识别也较容易。

5. 蜡印假钞。这是手工刻制蜡纸版油印的假钞。制作方法一般是在蜡纸上按照真币的样子刻制图纹蜡板，再以油墨黑白漏印在纸上，然后在图纹上着颜色。也有的是用彩色油墨，在蜡板上印刷。它的特点是由于刻制蜡版时手法有轻有重，使蜡版漏墨多少不一样，结果颜色深浅不一，很不协调，漏墨过多的地方还易出现油浸现象。又因蜡纸比较柔软，印制中容易使图纹变形。所以，这类假钞较易识别。

6. 照相假钞。这是利用真钞照相制版而制作的假钞。它的制作方法是对真钞进行拍摄、冲洗成照片，经过剪贴制作而成的。这种假钞的纸张厚脆，易于折断，并且假钞表面有光泽，与真钞截然不同，较易识别。

7. 描绘假钞。这是按照真钞的样子临摹仿绘的，一般质量比较粗劣。它的特点是使用普通的胶版纸或书写纸，颜色则是一般的绘画颜料或广告色，看起来笔细不匀，颜色和图纹与真钞差异大，这类假钞较易识别。

8. 彩色复印假钞。这是利用彩色复印设备伪造的假钞。这种假钞的制作，需要比较高级的彩色复印设备，一般的伪造者是无法解决的。彩色复印在图纹、图景方面可以做到很逼真，但在纸张、油墨、凹印等方面与真币有明显区别，通过一定的仪器或高倍显微放大镜即可以轻易辨别。

➢ **模拟演练**

进一步收集关于外币伪钞的信息。

## 活动 3　外币伪钞常用鉴别方法

➢ **活动目标**

熟悉一些主要外币的流通情况，以避免收错货币或把已停止流通的废币收进来。能辨认真伪钞，以避免误收伪造的假币。

➢ **基本知识**

### 一、熟悉外币的流通情况

熟悉流通情况，主要是及时了解兑收的各国现钞流通和变化情况。认清某种货币是哪一个国家和地区流通的现钞，有哪些面额和式样，增发和停发了哪种面额和式样的现钞。停发的现钞从什么时候起退出流通领域、回笼的期限、失去法定价值的时间等。从而确定是否收进该种货币。

主要从以下八个方面：第一，发行该钞票的机构；第二，货币单位名称；第三，年版；第四，号码；第五，签字和盖章；第六，发行说明；第七，图案；第八，盲人识别标记。

### 二、辨认真伪钞

#### （一）纸张特征

纸张是钞券的重要物质技术基础。印制技术、质量水平都要集中反映在一张钞纸上，造纸原料大多采用纤维较长的棉、麻等植物作纸浆，这样造出来的纸张整洁坚韧，挺度好，耐磨力强，经久流通纤维不松散，不发毛，不断裂。有的钞纸带有网纹，或纸面施有塑性涂料或压光等，在造纸过程中还采用其他一些办法，使纸张具有某些特征，以明显区别于其他纸张。纸张上根据钞票的不同，有水印和安全线。

### （二）制版技术

有手工雕刻、机器雕刻、折光法和隐像法等。

### （三）印刷方法

印刷方法有凹版印刷、凸版印刷、平版印刷、胶版叠印、双面对印和花纹对线等。

### （四）油墨质量

油墨是制版技术和印刷方法的主要媒介，用油墨颜色把它们的技术和质量反映出来，大多数国家钞券的墨色鲜亮而不浓，图纹线条细，墨层薄，光洁，油墨和纸的亲和性好，油墨色调配合上比较协调。为了防假，有些钞票使用的油墨还加进特殊复合原料。

## 三、辨认真伪钞的具体做法

### （一）伪钞一般情况

从事伪造钞票，首先遇到的是复制问题，一般采用照相制版，由于设备和技术水平的原因，复制版不会像真钞制版那样精细，印出的图景也不如真钞那样清楚自然。其次钞票纸张的水印，伪造者一般用极淡色油墨印在纸上，或刻制印模，加盖在钞票的背面，成为象征性的"水印"，这样的水印模糊不清。就印刷技术上看，伪钞一般多采用平印不是凹印，套印也不准，往往失真。在油墨颜色方面，各国钞票都是按固定的比例调成的。而伪造者不知道配方，只能仿制近似的颜色，与真钞有别。

### （二）辨别真伪钞方法

1. 比较法。是通过与真钞的比较来识别假钞，这也是最基本的识别假钞方法。俗话说："不怕不识货，就怕货比货"，只有比较才能看出差别。这就要求及时全面地掌握真钞的特点，当假钞一出现，即可及时发现。对比主要是从钞票的纸张、油墨、制版、印刷、防伪技术的特征以及整体质量上进行对比。对比的方法，主要先靠感官对钞票主要部位进行对比，如纸张薄厚度、坚韧度、挺括度等，油墨的浸合性、光泽度；凹版印刷的手感及图案的完整性等。

2. 重点法。各类假钞的仿真程度都不相同，我们可以找出其最薄弱，具有共性的特点，作为识别假钞的重点、突破口，以点带面，剥开全部伪装。比如钞票的水印，假钞一般仿制不出来，只能象征性的印在纸张的表面或两张纸的中间，只要掌握了识别真假水印的方法，就可以减少识别假钞的困惑；又如美元假钞的下面人像，总会留有一些缺陷，抓住这些特征，发现可疑点再进行全面检查。

3. 及时了解新的防伪技术。近几年，各国不断推出新的防伪技术应用于钞票印刷，这些高科技的防伪措施，使假钞制造者很难仿制。因此，及时了解各国钞票防伪技术的发展动态，你会受益匪浅。

➤ **模拟演练**

对比此前所学的人民币防伪技术，外币鉴别方式有何异同？

# 任务2　外币样式及鉴别方法

【任务描述】本任务中选取了当前金融机构日常业务中最常使用的五种外币：美元、欧元、日元、英镑及港币，旨在通过本任务，使学生熟悉国际结算中常用的外币样式、历史沿革以及基本鉴别方法。

## 活动1　美元样式及鉴别方法

➤ **活动目标**

　　熟悉美元的样式及鉴别方法。

➤ **基本知识**

### 一、美元纸币历史沿革

　　美元（United States dollar），是美国的官方货币，也是当今世界上最强势的货币之一。美国最早发行货币是在 1775 年，是由 13 个殖民地的联合政权"大陆会议"批准发行的，称为"大陆币"。

　　1789 年，美国国会授权两家商业银行发行纸币，至 1836 年停止发行。从 1863 年至 1864 年期间，国民银行法准许各州制定的银行发行纸币，称为国民银行券"NATIONAL BANK NOTES"，1935 年 7 月 1 日开始回收，不再发行。

　　在当时，银价波动频繁，为防止银币被私运出口，美国发行银币券"SILVER CERTIFICATE"，接着又发行了金币券"GOLD CERTIFICATE"，这两种券是可以兑换金币和银币的纸币。

　　1861 年美国爆发了南北战争，为了筹备费用，国会通过立法，授权财政部直接发行不兑换的纸币，称为政府券"UNITED STATES NOTES"，也叫联邦券。这种纸币背面的色彩为绿色，被称为"绿背"。

　　1913 年 12 月，美国国会通过了联邦储备法案，建立了联邦储备制度，按照"法案"的规定，全国划分为 12 个联邦储备区，每个区设立一个联邦储备银行。在华盛顿设立了联邦储备委员会，行使中央银行职能，全面协调监督各联邦储备银行。

　　联邦储备银行发行了联邦储备银行券用来更换国民银行券，这种券别也于 1945 年 6 月 12 日起只收不付。

　　1934 年美元贬值之后，美国开始将贬值前发行的纸币回收，这些纸币是指 1922 年以前发行的各种钞票。

　　现行流通的美元纸币有三类，数量最多的是联邦储备钞票，总面额占流通钞票的 99%。其余的 1% 是合众国钞票和银元票，均已停止印刷，但在市面上偶尔可以见到。

　　不同种类的美元纸币只要面额相同，其正、背面的主景图案都是相同的，但票面上的财政部徽章和冠字号码的颜色不同，如联邦储备钞票上的徽章和冠字号码都是绿色，合众国钞票上的徽章和冠字号码是红色，银元票上的徽章和冠字号码是蓝色。

## 二、美元纸币发行分布（见图3-2-1）

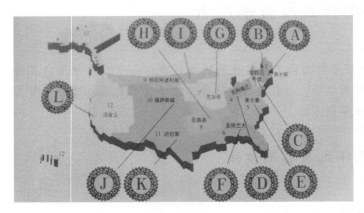

图3-2-1　美元纸币发行分布

## 三、美元票面信息

1. 券种名称：联邦储备券（FEDERAL RESERVE NOTE）。
2. 国家名称：美利坚合众国（THE UNITED STATES OF AMERICA）。
3. 钞票面额：英文、阿拉伯数字两种表示方法。
4. 兑付保证：1928年版美钞上的兑付保证是一种表述，1934年至1963年是另一种表述，1963年至今一直未变，精简为："THIS NOTE IS LEGAL TENDER FOR ALL DEBTS, PUBLIC AND PRIVATE"。
5. 钞票主景：美钞正面肖像是美国历史上的著名人物，背面是相关的建筑物或面值等。
6. 行印：美元的联邦储备券是由美国12家联邦银行共同发行的，它由英文"FERDERAL RESERVE BANK"（联邦储备银行）、银行所在州名，城市名及一个英文字母代号所组成。该英文字母代号以A到L这12个英文字母中的一个来代表该钞票是由哪个银行所发行的（早期有用阿拉伯数字来表明过）。1934年以前的行印的直径为19毫米，而1934年以后的行印缩小为16毫米。从外形上看，1934年及以前的为圆形，1934年后改成齿轮形，1996年后又改成圆形，且取消行印中间发行银行代码，使用联邦储备银行统一标识（见图3-2-2）。

图3-2-2　行印

7. 库印：国库库印是齿轮型图案，1963年以前在圈内印有"THE SAUR AMER SEPTENT SIGIL"拉丁文字字样，1963年以后改为"THE DEPARTMENT OF THE TREASURE, 1789"英文字样，齿轮中间为一个盾形的图案。盾的上半部分为天平，下半部分为一把钥匙（见图3-2-3）。1934年及以前的库印的直径为20毫米，而1934年以后发行的库印缩小为16毫米。

美元纸币的票面图案如表3-2-1所示。

1963年以前　　　　1963年以后

图 3 - 2 - 3　库印

表 3 - 2 - 1　　　　　　　　　　美元纸币的票面图案

| 面额 | 正面图案 | 背面图案 | 票面主景信息 |
|---|---|---|---|
| 1 | | | 正面：乔治·华盛顿<br>背面：美国国徽 |
| 2 | | | 正面：托马斯·杰斐逊<br>背面：独立宣言签字会场 |
| 5 | | | 正面：亚伯拉罕·林肯<br>背面：林肯纪念堂 |
| 10 | | | 正面：亚历山大·汉密尔顿<br>背面：美国财政部大楼 |
| 20 | | | 正面：安德鲁·杰克森<br>背面：白宫 |
| 50 | | | 正面：尤利斯·格兰特<br>背面：美国国会大楼 |
| 100 | | | 正面：本杰明·富兰克林<br>背面：独立纪念堂 |
| 500 | | | 正面：威廉·麦金莱<br>背面：钞票面额 |
| 1000 | | | 正面：格罗夫·克利夫兰<br>背面：钞票面额 |
| 5000 | | | 正面：詹姆斯·麦迪逊<br>背面：钞票面额 |
| 10000 | | | 正面：西蒙·P. 蔡斯<br>背面：钞票面额 |

## 四、美元纸币的防伪特征

1. **专用纸张**：美钞的纸张主要是由棉、麻纤维抄造而成。纸张坚韧、挺括，在紫外线下无荧光反应。

2. **固定人像水印**：1996 年版美元纸张加入了与票面人物头像图案相同的水印。

3. **红、蓝彩色纤维**：从 1885 年版起，美钞纸张加入了红、蓝彩色纤维丝。从 1885 年版到 1928 年版美钞的红、蓝彩色纤维是采用定向施放，即红、蓝纤维丝分布在钞票的正中间，由上至下形成两条狭长条带。1929 年版以后各版中的红、蓝彩色纤维丝则随机分布在整张钞票中。

4. **文字安全线**：从 1990 年版起，50 美元至 100 美元各面额纸币中加入了一条全埋文字安全线。安全线上印有"USA"及阿拉伯或英文单词面额数字字样。1996 年版 50、20 美元安全线上还增加了美国国旗图案。1996 年版美元的安全线改为荧光安全线，在紫外光下呈现出不同的颜色，100、50、20、10、5 美元安全线分别为红、黄、绿、棕和蓝色。

5. **雕刻凹版印刷**：美元正背面的人像、建筑、边框及面额数字等均采用雕刻凹版印刷。用手触摸有明显的凹凸感。1996 年版美元的人像加大，形象也更生动。

6. **凸版印刷**：美元纸币上的库印和冠字号码是采用凸版印刷的，在钞票背面的相应部位用手触摸可以感到有凹凸感。

7. **细线印刷**：1996 年版美元在正面人像的背景和背面建筑的背景上采用细线设计，该设计有很强的防复印效果。

8. **凹印缩微文字**：从 1990 年版起，在美元人像边缘中增加一条由凹印缩微文字组织的环线，缩微文字为"THE UNITED STATES OF AMERICA"。1996 年版 100 美元和 20 美元还分别在正面左下角面额数字中增加了"USA100"和"USA20"字样缩微文字，50 美元则在正面两侧花边中增加"FIFTY"字样的缩微文字。

9. **冠字号码**：美元纸币正面均印有两组横号码，颜色为翠绿色。1996 年版以前的美元冠字号码由一位冠字、8 位数字和一个后缀字母组成，1996 年版美元增加了一位冠字，用以代表年号。

10. **光变面额数字**：1996 年版 100、50、20、10 美元正面左下角面额数字是用光变油墨印刷的，在与票面垂直角度观察时呈绿色，将钞票倾斜一定角度则变为黑色。

11. **磁性油墨**：美元正面凹印油墨带有磁性，用磁性检测仪可检出磁性。

## 五、美元真伪鉴别

首先要对各版别真伪的票面特征和防伪特征进行全面的了解和熟练掌握，然后采用直接对比法（眼看、手摸、耳听）和仪器检测法进行鉴别，即通常所说的"一看、二摸、三听、四测"。

1. **看**：首先看票面的颜色。真钞正面主色调为深黑色，背面为墨绿色（1963 年版以后版），冠字号码和库印为翠绿色，并都带有柔润光泽。假钞颜色相对不够纯正，色泽也较暗淡；其次，是看票面图案、线条的印刷效果。真钞票票面图案均是由点、线组成，线条清晰、光洁（有些线条有轻微的浸墨现象，属正常），图案层次即人物表情丰富，人物目光有神。假钞票线条发虚，发花，有丢点、线的情况，图案缺乏层次，人物表情呆滞，眼睛无神。再次，看光变面额数字，1996 年版 10 美元以上真钞均采用光变面额数字，变换观察角度，可看到由绿变黑。假钞或者没有变色效果，或者变色效果不够明显，颜色较真钞也有差异。最后，透光看纸张、水印和安全线。美元纸张有正方形的网纹，纹路清晰，纸中有不规则分布的彩色纤维；1996 年版起美元纸张加入了与票面人物头像相同的水印，水印层次丰富，有较强的立体感；1990 年版起 5 美元以上面额纸币中加入了文字安全线，线条光洁、线上文字清晰。假钞纸张上或者没有网纹，或者网纹比较凌乱；水印图案缺乏层次和立体感，安全线上文字线条精细不匀，字体变形。

2. 摸：一是摸纸张。真钞纸张挺括、光滑度适宜，有较好的韧性。而假钞纸相对绵软，挺度较差，有的偏薄、有的偏厚，光滑度或者较高，或者较低。二是摸凹印手感。真钞正背面主景图案及边框等均采用凹凸版印刷，手摸有明显的凹凸感。假钞或者采用平板胶印，根本无凹印手感。或者即使采用凹版印刷，其版纹比真钞要浅，凹印手感与真钞相比仍有一定差距。

3. 听：用手抖动或者手指弹动纸张，真钞会发出清脆的声响，假钞的声响则较为沉闷。

4. 测：一是用放大镜观察凹印缩微文字。从 1990 年版起，5 美元以上面额纸币加印了凹印缩微文字，在放大镜下观察，文字清晰可辨。假钞的缩微文字则较为模糊。二是用磁性检测仪检测磁性。真钞的黑色凹印油墨含有磁性材料，用磁性检测仪可检测出磁性。假钞或者没有磁性，或者磁性强度与真钞有别。三是用紫外光照射票面。真钞纸张无荧光反应，假钞有明显的荧光反应；1996 年版美元安全线会有明亮的荧光反应，假钞安全线有的无荧光反应，有的即使有荧光反应，但亮度较暗，颜色也不正。

➢ **模拟演练**

1. 了解美元票面信息；
2. 观察美元的防伪特征和识假方法。

➢ **知识拓展**

### 联邦储备券 2004 年版 50 美元防伪特征图示

为遏阻货币伪造者，美国制版印刷宣布每 7～10 年会着手对美钞进行新设计。由 2003 年下半年发行的 20 美元钞票开始。50 美元及 10 美元于 2004 年和 2006 年初陆续发行，并计划发行 100 美元。新版钞票更安全、更新颖、更有保障。新版钞票最引人注目的改变是加入了很淡的背景颜色，钞票更为复杂，让潜在的伪钞制造者伪造时更为棘手。增加背景颜色后，不同面值的钞票使用不同的背景颜色，更容易分辨钞票的面值，但传统的美国货币特有的尺寸、外观和手感均予保留（见图 3 - 2 - 4）。

资料来源：中国人民银行网站，http：//www.pbc：gov.cn/publish/huobijinyinju/3026/2010/20100903090125323514659/20100903090125323514659_html。

凹版缩微文字　　　手工雕刻凹版印刷头像　　　安全线　　　防复印纹线　　　水印

雕刻凹版印刷　　　光变油墨面额数字

凸版印刷

防复印图案　　　雕刻凹版印刷

图 3 - 2 - 4　联邦储备券 2004 年版 50 美元防伪特征图（正面）与（反面）

## 活动 2　欧元样式及鉴别方法

➢ 活动目标

熟悉欧元的样式及鉴别方法。

➢ 基本知识

### 一、欧元纸币历史沿革

1999 年 1 月 1 日，"欧元"这个新的货币诞生了。在这一天，同时也确定了欧元的汇价。

欧元经历三年的过渡期，到 2002 年 1 月 1 日，欧盟各国家（除英国外）正式开始兑换并全部使用欧元。2002 年 3 月 1 日，欧元代替欧盟各国家（除英国外）货币，称为唯一流通的货币。

欧元不仅仅使欧元区国家间自由贸易更加方便，而且是欧盟一体化进程的重要组成部分。

欧元由欧洲中央银行和各欧元区国家的中央银行组成的欧洲中央银行系统负责管理，总部设在德国的法兰克福，欧洲中央银行有独立制定货币政策的权力。欧元区国家的中央银行均参与了欧元纸币和欧元硬币的印制、铸造与发行，并负责欧元区支付系统的运作。

## 二、欧元纸币的票面特征

欧元纸币是由奥地利中央银行的 Robert Kalina 设计的，主题是"欧洲的时代与风格"，描述了欧洲悠久的文化历史中 7 个时期的建筑风格。其中，还包含了一系列的防伪特征和各成员国的代表特色。

在纸币的正面图案中，窗户和拱门象征着欧洲的开放和合作。代表欧盟 12 个成员国的 12 颗五星则象征着当代欧洲的活力和融洽。

纸币背面图案中，描述了 7 个不同时代的欧洲桥梁和欧洲地图，寓意欧盟各国及欧盟与全世界的紧密合作和交流。7 种不同券别的纸币以不同颜色为主色调，规格也随面值的增大而增大（见表 3 - 2 - 2）。

表 3 - 2 - 2 　　　　　　　　　　欧元纸币的票面图案

| 面额 | 正面图案 | 背面图案 | 票面主景信息 |
| --- | --- | --- | --- |
| 500 元 | | | 20 世纪现代建筑 |
| 200 元 | | | 钢铁、玻璃式建筑 |
| 100 元 | | | 巴洛克式、洛可可式建筑 |
| 50 元 | | | 文艺复兴时期建筑 |
| 20 元 | | | 哥特式建筑 |
| 10 元 | | | 罗马式建筑 |
| 5 元 | | | 古典时期建筑 |

欧元纸币主要特征：一是用拉丁文和希腊文标明的货币名称；二是用 5 种不同语言文字的缩写形式注明的"欧洲中央银行"的名称；三是版权保护标识符号；四是欧洲中央银行行长签名；五是欧盟旗帜。

## 三、欧元纸币的防伪特征

欧元采用了多项先进的防伪技术，主要有以下几个方面：

1. 水印：欧元纸币均采用了双水印，即与每一票面主景图案相同的门窗图案水印及面额数字白水印。

2. 安全线：欧元纸币采用了全埋黑色安全线，安全线上有欧元名称（EURO）和面额数字。

3. 对印图案：欧元纸币正背面左上角的不规则图形正好互补成面额数字，对接准确，无错位。

4. 凹版印刷：欧元纸币正面的面额数字、门窗图案、欧洲中央银行缩写及 200、500 欧元的盲文标记均是采用雕刻凹版印刷的，摸起来有明显的凹凸感。

5. 珠光油墨印刷图案：5、10、20 欧元背面中间用珠光油墨印刷了一个条带，不同角度下可出现不同的颜色，而且可看到欧元符号和面额数字。

6. 全息标识：5、10、20 欧元正面右边贴有全息薄膜条，变换角度观察可以看到明亮的欧元符号和面额数字；50、100、200、500 欧元正面的右下角贴有全息薄膜块，变换角度可看到明亮的主景图案和面额数字。

7. 光变面额数字：50、100、200、500 欧元背面右下角的面额数字是用光变油墨印刷的，将钞票倾斜一定角度，颜色由紫色变为橄榄绿色。

8. 无色荧光纤维：在紫外光下，可以看到欧元纸张中有明亮红、蓝、绿三色无色荧光纤维。

9. 有色荧光纤维印刷图案：在紫外光下，欧盟旗帜和欧洲中央银行行长签名的蓝色油墨变为绿色；12 颗星由黄色变为橙色；背面的地图和桥梁则全变为黄色。

10. 凹印缩微文字：欧元纸币正背面均印有缩微文字，在放大镜下观察，真币上缩微文字线条饱满且清晰。

## 四、欧元纸币的识别方法

同识别人民币一样，识别欧元纸币也同样要采用"一看、二摸、三听、四测"的方法。

1. 看：一是迎光透视：主要观察水印、安全线和对印图案。二是晃动观察：主要观察全息标识，5、10、20 欧元背面珠光油墨印刷条状标记和 50、100、200、500 欧元背面右下角的光变油墨面额数字。

2. 摸：一是摸纸张：欧元纸币纸张薄、挺度好，摸起来不滑、密实，在水印部位可以感到有厚薄变化。二是摸凹印图案：欧元纸币正面的面额数字、门窗图案、欧洲中央银行缩写及 200、500 欧元的盲文标记均是采用雕刻凹版印刷的，摸起来有明显的凹凸感。

3. 听：用手抖动纸币，真钞会发出清脆的声响。

4. 测：用紫外灯和放大镜等仪器检测欧元纸币的专业防伪特征。

在紫外光下，欧元纸张无荧光反应，同时可以看到纸张中有红、蓝、绿三色荧光纤维；

欧盟旗帜和欧洲中央银行行长签名的蓝色油墨变为绿色；12 颗星由黄色变为橙色；背面的地图和桥梁则全变为黄色。

欧元纸币正背面均印有缩微文字，在放大镜下观察，真币上的缩微文字线条饱满且清晰。

➤ 模拟演练

1. 了解欧元票面信息；

2. 观察欧元的防伪特征和识假方法。

➤ 知识拓展

### 2002 年版 500 欧元防伪特征图样

2002 年 1 月 1 日起，欧元现钞正式流通，欧元的货币符号是 EUR，欧元区的所有原有流通货币从 2002 年 3 月 1 日起已停止流通。欧元纸币共分 7 种面额：5、10、20、50、100、200、500 欧元，其主色调分别是：灰、红、蓝、橘黄、绿、赭石和流紫色。正面主景图案由门和窗组成，从大到小面额券依次表现了欧洲 20 世纪现代建筑式、19 世纪钢铁和玻璃式、巴洛克和洛可可式、文艺复兴式、哥特式、罗马式、古典式的建筑风格。门和窗代表欧盟的开放与合作精神。此外，正面还有代表欧盟的 12 颗五角星的图案，体现现代欧洲的活力与祥和。正面主景图案是各类桥梁，象征着欧洲与其他国家之间的联系纽带（见图 3 - 2 - 5）。

资料来源：中国人民银行网站，http：//www. pbc：gov. cn/publish/huobijinyinju/3026/2010/20100903090125323514659/20100903090125323514659_html。

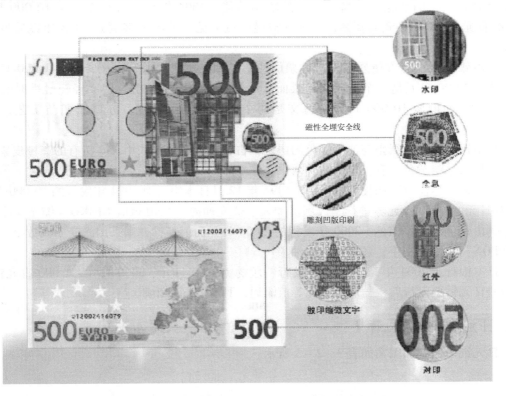

**图 3 - 2 - 5 2002 年版 500 欧元防伪特征图样**

## 活动 3  日元样式及鉴别方法

➤ 活动目标

熟悉日元的样式及鉴别方法。

➤ 基本知识

## 一、日元纸币简介

日本的纸币，以前分有政府券与银行券两种。在第二次世界大战前，日本基于临时货币法，由政府发行了小面额的政府券，现已退出了流通领域。

银行券是指明治初期（1868 年），政府授权银行发行的纸币。1882 年，日本的中央银行——日本银行成立以后，政府将货币发行权统一集中于日本银行发行。

日本银行发行的纸币面额有 10 000 日元、5 000 日元、2 000 日元、1 000 日元、500 日元、100 日元、50 日元、10 日元、5 日元、1 日元等。其中 100 日元以下的各种纸币，已停止发行并全部以铸币代替。

1985 年，日本银行发行了 1984 年版的银行券 10 000 日元、5 000 日元、1 000 日元。1993 年又发行了新版的钞票，此套纸币在 1984 年的基础上略加改进，增加了部分防伪措施。2000 年发行了 2 000 日元新券，在此券上采用了很多新的防伪技术，改变了旧版日元防伪特征较少的状况，提高了纸币的防伪功能。2004 年日本银行发行了 10 000 日元、5 000 日元、1 000 日元的新钞，目前在流通领域上见到的绝大多数是 1993 年以后发行的钞票。

日本银行很注意方便残疾人对钞票的使用，如在票面上加有盲文，旧版 1 000 日元是一个点、2 000 日元是三个点，两种票面点都是圆的，因其凸出，用手轻轻触摸时会略感有些发尖。而旧版 10 000 日元上盲文是两个横的椭圆形的点，亦属于凹凸工艺，手感很强。

日本银行券注重纸张与油墨颜色的协调，古香古色。纸张采用日本特有的三桠皮浆作为原料，纸张呈淡黄色。有一定的防伪效果。

日本银行券注重防伪技术的采用。1993 年 12 月日本银行对 1984 年发行的 10 000 日元、5 000 日元、1 000 日元券进行了改版。加入了荧光油墨、"NIPPON GINKO" 缩微文字，正面号码由黑色改为深棕色。2000 年发行的 2 000 日元面值新钞，则采用光变面额数字，背面 "NIPPON" 为隐形文字，还采用珠光油墨。

日本银行于 2004 年 11 月 1 日起发行新版的 10 000 日元、5000 日元、1 000 日元钞票。新版的日元钞票发行后，与旧版日元等值流通，具有相同货币职能。

## 二、日元纸币的票面特征

日元纸币的票面图案如表 3 - 2 - 3 所示。

表 3 - 2 - 3 日元纸币的票面图案

| 面额 | 正面图案 | 背面图案 | 票面主景信息 |
|---|---|---|---|
| 10 000 日元 | | | 正面：教育家福泽谕吉<br>背面：平等院的凤凰图案 |
| 5 000 日元 | | | 正面：明治维新时代女作家樋口一叶<br>背面：燕子花图案 |
| 2 000 日元 | | | 正面：古代牌楼<br>背面：古代书法绘画 |
| 1 000 日元 | | | 正面：医学家野口英世<br>背面：富士山 |

## 三、日元纸币的防伪特征

1. 专用纸张：日元纸张呈淡黄色，含有日本特有植物三桠皮纤维，纸张有非常高的韧性和挺度。

2. 水印：日元的水印图案与正面主景图案相同，由于采用了特殊工艺，故水印的清晰度非常高。

3. 雕刻凹版印刷：日元正背主景、行名、面额数字等均是采用雕刻凹版印刷的，图案线条精细、层次丰富，用手触摸有明显的凹凸感。

4. 凹印缩微文字：日元正背面多处印有"NIPPON GINKO"字样的缩微文字。

5. 盲文标记：日元的盲文标记由圆圈组成，用手触摸有明显的凸起，透光观察也是清晰可见。

6. 磁性油墨：日元正背面凹印部位的油墨是带有磁性的，可用磁性检测仪测出磁信号。

7. 防复印油墨：日元采用了防复印油墨印刷图案，当用彩色复印机复印时，复印出来的颜色与原券颜色明显不同。

8. 光变面额数字：2000 日元正面右上角的面额数字是用光变油墨印刷的，与票面呈垂直角度观察呈蓝色，倾斜一定角度则变为紫色。

9. 隐形面额数字：2000 日元正面左下角有一装饰图案，将票面置于与视线接近平行的位置，面对光源，作 45 度或 90 度的旋转，可看到面额数字"2000"字样。

10. 珠光油墨：2000 日元正面左右两侧边分别采用珠光油墨各印刷了一条条带，转换钞票角度可看到有颜色变化。

11. 隐形字母：2000 日元背面右上角的绿色底纹处印有隐形字母，垂直角度下无法看到，将票面倾斜一定角度即可看到 "NIPPON" 字样，且前 3 个字母呈蓝绿色，后 3 个字母呈黄色。

1984 年版 1 000、5 000、10 000 日元与 1993 年版相比，无凹印缩微文字，冠字号码为黑色，而 1993 年版的为深棕色。其他防伪特征基本一致。

## 四、日元的鉴别方法

同样采用一看、二摸、三听、四测的方法。

1. 看：一是看钞票的颜色、图案、花纹及印刷效果。日元真钞正背面主景线条精细、层次丰富、立体感强，明亮处和阴影部分过渡自然。二是看日元纸张颜色。日元纸张工艺独特，呈淡黄色。三是看水印和盲文标记。迎光透视，日元水印非常清晰，图案层次丰富，有较强的立体感。同时，也可以清晰看到盲文标记。四是看光变面额数字和隐形图案。变换 2 000 日元票面，观察正面右上角的面额数字是否由蓝色变为紫色，正面左下角的装饰图案中是否有隐形面额数字 "2 000" 字样及背面右上角绿色底纹处是否有隐形字母 "NIPPON" 字样。

2. 摸：一是摸纸张：日元纸张韧、挺，摸起来不滑、密实、挺括。二是摸凹印图案和盲文标记：有明显的凹凸感。

3. 听：用手抖动纸币，真钞会发出清脆的声音，假币声音发闷。

4. 测：用紫外灯、放大镜和磁性检测仪等工具检测日元的专业防伪特征。

在紫外光下，日元纸张无荧光反应，同时可以看到 2 000 日元正背面的印章有明亮的荧光反应。

日元正背面均印有缩微文字，用放大镜观察，真币上的缩微文字线条饱满且清晰。

用磁性检测仪检测日元正背面凹印图案是否有磁性反应。

➢ 模拟演练

1. 了解日元票面信息；
2. 观察日元的防伪特征和识别方法。

➢ 知识拓展

### 2004 年版 10 000 日元防伪特征图样

日元是日本的官方货币。货币符号：JPY，货币单位：日元。币值：1 日元、5 日元、10 日元、50 日元、100 日元、500 日元、1 000 日元、5 000 日元、10 000 日元。2004 年日本银行推出新版 1 000 日元、5 000 日元、10 000 日元纸币，增加了部分防伪特征，采用了许多先进防伪技术，提高了防伪功能。日元纸币各种票面的正面左侧是隶书 "日本银行券"、面值和 "日本银行" 字样，文字全部用隶书汉字；右侧是人物肖像或建筑；上边两角是面值数字，下边是 "大藏省印刷局制造" 一行小字（见图 3 - 2 - 6）。

资料来源：中国人民银行网站，http：//www. pbc：gov. cn/publish/huobijinyinju/3026/2010/20100903090125323514659/20100903090125323514659_html。

图 3-2-6　2004 年版 10 000 日元防伪特征图

## 活动 4　英镑样式及鉴别方法

### ➤ 活动目标
熟悉英镑的样式及鉴别方法。

### ➤ 基本知识

## 一、英镑纸币简介

英镑为英国的本位货币单位，由成立于 1694 年的英格兰银行（Bank of England）发行。辅币单位原为先令和便士，1 英镑等于 20 先令，1 先令等于 12 便士，1971 年 2 月 15 日，英格兰银行实行新的货币进位制，辅币单位改为新便士，1 英镑等于 100 新便士。目前，流通中的纸币有 5、10、20 和 50 面额的英镑，另有 1、2、5、10、20、50 新便士及 1 英镑的铸币。

英国于 1821 年正式采用金本位制，英镑成为英国的标准货币单位，每 1 英镑含 7.32238 克纯金。1914 年第一次世界大战爆发，英国废除金本位制，金币停止流通，英国停止兑换黄金。1925 年 5 月 13 日，英国执行金块本位制，以后又因世界经济大危机而于 1931 年 9 月 21 日被迫放弃，英镑演化成不能兑现的纸币。但因外汇管制的需要，1946 年 12 月 18 日仍规定英镑含金量为 3.58134 克。

到 20 世纪初叶，英镑一直是资本主义世界最重要的国际支付手段和储备货币，第一次世界大战后，英镑的国际储备货币地位趋于衰落，逐渐被美元所取代。第二次世界大战爆发时期，英国实行严格的外汇管制，将英镑汇率固定在 1 英镑兑换 4.03 美元的水平上。1947

年 7 月 15 日，英国宣布英镑实行自由兑换，由于外汇储备迅速流失，于同年 8 月份又恢复外汇管制。1949 年 9 月，英国宣布英镑贬值 30.5%，将英镑兑美元汇率贬到 2.80 美元，1967 年 11 月 18 日，英镑再次贬值，兑美元汇率降至 2.40 美元，英镑含金量也降为 2.13281 克。1971 年 8 月 15 日美元实行浮动汇率后，英镑开始以不变的含金量为基础确定对美元的比价。同年 12 月 18 日美元正式贬值后，英镑兑换美元的新的官方汇率升值为 1 英镑兑换 2.6057 美元。实际汇率可在 1 英镑兑换 2.5471 美元至 2.6643 美元的限度内浮动，波幅为 4.5% 左右。1973 年 3 月 19 日，西欧八国组成联合浮动集团，英国未参加，继续单独浮动。翌年 1 月，英镑实际汇率制成为有管理的浮动汇率机制。同年，英镑区缩小，仅包括英国、爱尔兰、开曼群岛和海峡群岛。英镑发行的黄金准备至少相当于 26.5 亿英镑以上。1990 年 10 月 8 日，英镑加入欧洲货币体系，其对货币体系内各种货币汇率的波动幅度为 6%。1992 年 9 月 16 日，英国宣布英镑暂时脱离欧洲货币体系。

英镑是英国官方货币。英镑在欧元被采用后，成为历史最悠久的仍然被使用的货币。目前占全球外汇储备的第三名，在美元和欧元之后。英镑是第四大外汇交易币种，在美元、欧元和日元之后。虽然英镑和欧元没有固定汇率，然而，英镑和欧元之间经常存在长期的同步走势，虽然 2006 年中期以来这种趋势已经减弱。对通胀的担心导致英国央行自 2006 年下半年和 2007 年早些时候调整利率，英镑兑欧元也达到 2003 年 1 月以来最高价格。2007 年利率仍然上调。2007 年 4 月 18 日，英镑兑美元创 26 年新高，已经突破 2 美元的水平，这是自 1992 年以来的第一次。

英镑兑其他货币英镑可以在全世界的外汇交易市场中被买卖，它的价值相对于其他货币是波动的。历史上，英镑一直是最有价值的基础外汇品种。

## 二、英镑纸币的票面特征

英镑纸币的票面图案如表 3 - 2 - 4 所示。

表 3 - 2 - 4　　　　　　　　　英镑纸币的票面图案

| 面额 | 正面图案 | 背面图案 | 票面主景信息 |
| --- | --- | --- | --- |
| 50 英镑 | | | 正面：伊丽莎白二世<br>背面：约翰·霍布伦银行看门人 |
| 20 英镑 | | | 正面：伊丽莎白二世<br>背面：亚当·斯密 |
| 10 英镑 | | | 正面：伊丽莎白二世<br>背面：查尔斯·达尔文 |
| 5 英镑 | | | 正面：伊丽莎白二世<br>背面：伊丽莎白·弗雷 |

### 三、英镑纸币的防伪特征

1. 专用纸张：钞票纸质采用特殊纸张制成，使得所有钞票触摸起来手感统一。

2. 深度凹印油墨：用手触摸钞票的某些部位，可感到在钞票特定部位采用的深度凹版印刷技术，例如触摸钞票正面的"Bank of England"字样可感到明显的浮雕效果（见图 3 - 2 - 7 和图 3 - 2 - 8）。

图 3 - 2 - 7　深度凹版印刷技术（1）

图 3 - 2 - 8　深度凹版印刷技术（2）

3. 开窗式安全线：观察 50 英镑面值可见安全线嵌入每张钞票内部，并且正面有银色安全线露出钞纸，如果迎光透视可见银色安全线显现为连续的黑线（见图 3 - 2 - 9）。

4. 水印：迎光透视可见钞票正面、背面显现的英女王头像水印（见图 3 - 2 - 10）。

图 3 - 2 - 9　开窗式安全线

图 3 - 2 - 10　英女王头像水印

5. 高品质印刷：钞票印制精美，线条清晰，色正，能够有效避免线条边缘的模糊与灰暗（见图 3 - 2 - 11）。

6. 银色金属箔：仔细观察 50 英镑女王肖像右侧可见银色金属箔，图案为玫瑰花和椭圆形标记，且椭圆形标记上有女王徽号："EIIR"（见图 3 - 2 - 12）。

图 3 - 2 - 11　高品质印刷

图 3 - 2 - 12　银色金属箔

➤ 模拟演练

1. 了解英镑票面信息；

2. 观察英镑的防伪特征和识别方法。

➤ 知识拓展

### 1994 年版 50 英镑防伪特征图样

　　英镑由成立于 1694 年的英格兰银行发行，货币符号为 GBP。1928 年以前发行的钞票正面是黑色印刷，背面空白。1928 年开始发行新序列彩色钞票，至今已发行了 A 序列、B 序列、C 序列、D 序列、E 序列 5 个系列的钞票。目前，在我们境内只收兑 1990 年以后发行的 E 序列钞票中的部分英镑，其中 5 英镑的是 1993 年版和 2002 年版，10 英镑的是 1993 年版和 2000 年版，20 英镑的是 1999 年版，50 英镑的是 1994 年版。从 1964 年发行的 5 英镑、10 英镑开始，正面主图案均采用英女皇肖像，背面各面额为不同的著名历史人物肖像（见图 3 - 2 - 13）。

　　资料来源：中国人民银行网站，http：//www.pbc：gov.cn/publish/huobijinyinju/3026/2010/20100903090125323514659/20100903090125323514659_html。

**图 3 - 2 - 13　1994 年版 50 英镑防伪特征图**

## 活动 5　港币样式及鉴别方法

➤ 活动目标

　　熟悉港币的样式及鉴别方法。

➢ **基本知识**

## 一、港币纸币简介

早期的港币是由香港上海汇丰银行、香港渣打银行、有利银行 3 家商业银行发行，后来有利银行被汇丰银行所收购，自获准发行钞票以来，各行钞票的版式多次更换，早期发行的钞票陆续被回收，现很少流通于市面。

根据中英联合声明的内容，香港回归祖国后香港货币上的图案要除去殖民色彩。1993年，香港政府推出一套新的辅币，以香港区花——紫荆花图案代替了英女王的肖像，同时发行 1 枚铜镍合金制作的双色 10 元硬币，同年，汇丰银行、渣打银行发行了新的钞票，汇丰银行发行的钞票以狮子头图案代替英国皇室徽章图案，渣打银行发行的钞票用紫荆花图案取代皇室徽章图案，面额有 1 000 元、500 元、100 元、50 元、20 元五种券别。

1994 年 5 月 1 日，中国银行香港分行首次发行港币，从此香港的发钞行又从 2 家恢复到 3 家。中国银行香港分行发行的钞票首次出现银行总经理的中文签名，面额有 1 000 元、500 元、100 元、50 元、20 元五种券别，图案以各种花卉配香港景色。

2000 年 9 月 1 日，汇丰银行发行了新版 1 000 元钞票，2001 年 1 月 1 日，中国银行、渣打银行也发行了新版的 1 000 元钞票。新版 1 000 元钞票在保留原有防伪特征基础上增加了高透光、开窗式全息安全线和红、蓝、绿无色荧光纤维丝 3 项防伪措施。

2003 年、2004 年 3 家发钞行又发行新版钞票。面额有 1 000 元、500 元、100 元、50元、20 元五种券别。

香港政府于 2002 年发行了新 10 元券，2007 年发行了塑料版的 10 元券，各种铸币均以香港政府的名义发行。

而随着时间的推移，技术的革新，同时也是反假钞的需要，香港特别行政区自 2010 年12 月开始陆续发行并投放流通了 2010 年版新版港币，截止到 2012 年 1 月 11 日，2010 年版新版港币全部投放流通，与香港市民见面。

由此，目前港币由四家发钞机构发行。分别是香港特别行政区政府（Government of the HongKong Special Administrative Region）；香港上海汇丰银行有限公司（The HongKong and Shanghai Banking Corporation Limited）；渣打银行（香港）有限公司（Standard Chartered Bank（HongKong）Limited）；中国银行（香港）有限公司（Bank of China（HongKong）Limited）发行，并由香港印钞有限公司承印。其中香港特别行政区政府仅发行面值为 10 元港币的纸钞、塑胶钞票及金属硬币。其他三家银行所发行的港币纸钞包括五种面值，分别是港币贰拾元、港币伍拾元、港币壹佰元、港币伍佰元和港币壹仟元。现行港币中，以香港上海汇丰银行有限公司所发行港币流通量及发行量最大。

## 二、2010 年版香港上海汇丰银行券的票面特征

香港上海汇丰银行有限公司是香港资历较老的发钞银行，自 19 世纪开始至今始终承担着港币发行的重任。汇丰银行新版港纸一改往日设计风格，采用了新的素材和元素。新版港纸仍旧是五种面值，主体颜色及票幅尺寸与上一版港币基本相同。纸钞正面中部偏右位置为英文和中文行名、面值、执行董事签名及年版式。正面主景采用香港上海汇丰银行大厦及铜狮。新钞背面的设计鲜明地展示了香港的独特文化色彩，并以书法字体、传统图案为标志，

来表达香港的各种节庆活动。此版港币设计选取各种节庆活动的代表形象，配以中国传统书法和寓意吉祥的图案，并且首次采用本地人物图像于整个系列的汇丰钞票上。

汇丰银行 2010 年新版港币包括汇丰银行所发行港币 10 元、20 元、50 元、100 元、500 元、1 000 元各一张，其中 20 元、50 元、100 元、500 元、1 000 元面额纸币为汇丰银行 2010 年发行的新版港币。汇丰银行 2010 年新版港币正面图案为铜狮"施迪"和亚太区汇丰总行大厦，背面图案反映了中国的重要节日，从 20 元的"中秋节"到 1 000 元的"端午节赛龙舟"，无不展现出中国五千年的文明。

汇丰银行 2010 版港币新钞具有多项先进的防伪特征，而且统一了有关特征在 5 种面额钞票上的位置，其中比较重要的防伪特征如动感变色图案——斜看钞票时图案由金色变绿色，并可见一条光纹上下滚动；变色开窗金属线——金属线由紫红变绿色等。新钞票首次加入点字及手感线，方便视障人士辨别钞票面额（见表 3 - 2 - 5）。

表 3 - 2 - 5　　　　　　2010 年版香港上海汇丰银行券的票面图案

| 面额 | 正面图案 | 背面图案 | 票面主景信息 |
|---|---|---|---|
| 1 000 元 | | | 正面：铜狮"施迪"<br>背面：端午节 |
| 500 元 | | | 正面：铜狮"施迪"<br>背面：港人欢度农历新年 |
| 100 元 | | | 正面：铜狮"施迪"<br>背面：香港回归纪念日 |
| 50 元 | | | 正面：铜狮"施迪"<br>背面：元宵节猜灯谜 |
| 20 元 | | | 正面：铜狮"施迪"<br>背面：中秋节 |

### 三、2010 年版香港渣打银行券的票面特征

渣打银行新版港币正面继续沿用了上一版港纸的设计风格，采用了自 20 世纪 80 年代开始启用的瑞兽形象为正面主景。背面配以古代发明及现代科技为主题的内容图案。新版渣打

银行港币，以全新的设计理念和风格呈现给大家。

渣打银行港币共计五种面值，分别为 20 元、50 元、100 元、500 元和 1 000 元。尺寸和主色调与上一版港币相同。纸钞正面中部书写中英文行名及面额数字，相关负责人签名及年版式，正面偏左位置为瑞兽图案，从 20 元至 1 000 元分别为鲤鱼、龙头神龟、麒麟、凤凰、龙图案。瑞兽图案是中华传统吉祥神兽，象征着吉祥如意。渣打银行自 1979 年版港币上开始启用瑞兽系列图案为正面主景，至今已沿用了 30 余年，瑞兽系列港币深受香港市民的青睐。纸钞背面采用了新的设计元素，主要凸显中国重要发明对后世于现代保安科技上的伟大贡献（见表 3 - 2 - 6）。

表 3 - 2 - 6　　　　　　　　　2010 年版香港渣打银行券的票面图案

| 面额 | 正面图案 | 背面图案 | 票面主景信息 |
| --- | --- | --- | --- |
| 1 000 元 | | | 正面：金龙<br>背面：唐代铜钱"开元通宝"和现代智能卡 |
| 500 元 | | | 正面：凤凰<br>背面：传统面相图人脸辨识科技 |
| 100 元 | | | 正面：麒麟<br>背面：篆文（渣打银行）印章 |
| 50 元 | | | 正面：龙头龟<br>背面：古代锁具 |
| 20 元 | | | 正面：鲤鱼<br>背面：算盘 |

在防伪措施上和其他两家银行所发行的港币基本相同。其中的光彩光变油墨图案设计相对简单一些，仅仅是面额数字的体现。但整体设计从正面来看和上一版很接近。而背面的古代发明及现代科技主体图案也带给我们全新的印象。

## 四、2010 年版中国银行券的票面特征

中国银行（香港）有限公司（以下简称中银香港）自 1994 年开始在香港拥有发钞权。1994 年 5 月 4 日中银香港开始正式发行港币，至今已经发行三个版本的香港纸币，可以说

中银香港所发行的港币在一步一步走向成熟，印刷也越来越精美了。在 2010 年版中银香港系列港币中，秉承着正面为中国银行香港有限公司大厦图景，背面为香港风光的主题风格。新钞的设计体现了中银香港"服务香港，共建未来"的理念一脉相承。中银香港已经植根香港近百年，历经香港百年变迁。在为广大香港市民提供金融服务的同时，也关注香港的自然环境，心系香港的一山一水，一草一木。这套新钞设计既体现了对香港优美环境的赞颂，也充分显示中银香港在积极履行其企业社会责任，鼓励广大市民建设绿色香港，共建美好家园，为社会的可持续发展贡献绵力。同时此版港钞也是展示香港自然景色与人文景观相互交融的魅力。从总体的设计和印刷上来说都有着非常大的飞跃和进步。在印刷技术和防伪功能上也是一步步地走向成熟（见表 3 - 2 - 7）。

**表 3 - 2 - 7**　　　　　　　　　　**2010 年版中国银行券的票面图案**

| 面额 | 正面图案 | 背面图案 | 票面主景信息 |
| --- | --- | --- | --- |
| 1 000 元 | | | 正面：中银大厦紫荆花<br>背面：维多利亚港 |
| 500 元 | | | 正面：中银大厦紫荆花<br>背面：万宜水库 |
| 100 元 | | | 正面：中银大厦紫荆花<br>背面：狮子山 |
| 50 元 | | | 正面：中银大厦紫荆花<br>背面：东平洲 |
| 20 元 | | | 正面：中银大厦紫荆花<br>背面：浅水湾 |

在此次新版港币中，中银香港券同样使用了先进的防伪技术，如 Magform 安全线、光彩光变油墨、高透光水印像素水印等等。

# 五、2010 年版发行港币的防伪特征

和上一版港币相比，新版港币继续沿用了凹版印刷、固定水印和白水印、光变油墨、开窗安全线、凹印和胶印缩微文字、凹印隐显文字、珠光油墨、胶印对印等防伪特征。而新版

港币在此基础上还使用了目前较为流行且防伪性能较高的新技术，如光彩光变油墨（SPARK 技术），Magform 变色开窗安全线等，同时在设计上增加了凹印手感线和盲文标记，这一点方便了视障人士识别港币同时也是重要的防伪措施之一（见图 3 - 2 - 14）。

图 3 - 2 - 14　2010 年版发行港币的防伪特征

1. 双面凹版印刷：目前绝大多数国家和地区的纸币均采用凹版印刷，凹版印刷不仅能够起到防伪及反假作用，同时印刷出的效果也是栩栩如生。凹版印刷以按原稿图文刻制的凹坑载墨，线条的粗细及油墨的浓淡层次在刻版时可以任意控制，不易被模仿和伪造，尤其是墨坑的深浅，依照印好的图文进行逼真雕刻的可能性非常小，所以被广泛地应用在纸币等有价证券印刷上。新版港币为双面凹版印刷，正背面主景及主要文字均为凹印，用手触摸有明显的凹凸感（见图 3 - 2 - 15）。

图 3 - 2 - 15　双面凹版印刷

2. 统一的固定水印：水印如今被广泛使用在各类钞票及有价证券或民用商业印刷防伪上。自水印发明以来，依旧是比较强大的纸张防伪措施之一，对民众识别真伪钞票有着很大作用。新版港纸的水印非常值得一提，尽管粗略地看仅仅是普通的固定水印而已，而实际上新版港币上的水印可以说是目前国际上较为先进的"三合一"超级水印（见图3-2-16）。之所以说它是"三合一"超级水印，是因为此固定水印分别囊括了普通黑水印技术和高透光白水印技术同时又采用了目前较为先进和流行的像素水印技术。

此次香港三家发钞银行所发行的港币采用了统一的固定水印。水印部分中的洋紫金花图案为传统的黑水印。洋紫金花上下分别有两处图案由点阵排列构成，这就是目前比较先进的像素水印。在紫金花下部可以看见清晰且透光性较强的面额数字白水印，这里所采用的就是高透光水印技术。几种水印搭配运用使得所呈现的水印效果更具有立体感和真实感，同时也更容易被民众识别。

3. 光彩光变油墨技术：即 SPARK 技术，中文翻译为光彩光变油墨。其特点是在随着改变纸钞与视线角度的同时，采用该技术印刷的文字或者图文始终贯穿着一条绚丽的光线随之而滚动。该技术是近年来逐步被使用在纸钞上的防伪措施之一。新版港币上采用了此项防伪技术。光彩光变油墨技术的使用为纸钞的整体美感增添了许多色彩（见图3-2-17）。

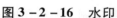

图3-2-16　水印　　　　　　　　　　图3-2-17　光彩光变油墨

新版港币从最低面值港币20元到最高面值港币1 000元均采用了光彩光变油墨技术，在三家银行所发行的所有面值钞票中正面右上位置均清晰可见独特的炫彩效果。

4. Magform 变色开窗安全线：Magform 变色安全线源自德国技术，其特点首先是缩微镂空文字，在高倍放大镜下会观察到此版港币安全线上均有缩微英文字母 H 和 K 组成，与此同时缩微的字母又共同组成了较大的 HK 字样以及面额数字等。其次 Magform 变色安全线具有光变效果，此安全线在不同角度观察会呈现不同颜色，将纸币以不同角度观看开窗部分即可发现。再次 Magform 变色安全线具有磁性特征，安全线具有磁性特点能够更好地被机器所识别。因此说 Magform 安全线是具有视读与机读二合一之功能的新型安全线（见图3-2-18）。

图3-2-18　　Magform 变色开窗安全线

5. 缩微文字：缩微文字包括凹印缩微文字和胶印缩微文字，是近年来被经常使用的印刷防伪技术之一。在大多数国家和地区的纸币中以及各类有价证券和票证上均有使用。新版港币也不例外，纸钞正背面均有大量的凹印及胶印缩微文字，在高倍放大镜下可以观察到，例如由香港汇丰银行所发行的 100 元港币中，纸钞正面左上面额数字 100 中，则由面额数字 100 及汇丰银行行徽共同组成的缩微文字。纸钞底纹中也大量存在着"HSBC100"等字样的缩微文字。缩微文字的使用，使得在彩色复印或扫描下，伪钞制造者们很难清晰地印刷出缩微文字，在防伪角度上说扮演了相当重要的角色（见图 3 - 2 - 19）。

图 3 - 2 - 19　凹印缩微文字

6. 凹印隐显文字：凹印隐显文字又叫做隐形文字，它是通过雕刻凹版印版时，利用线条不同角度对光的折射效果不同所显现出特定文字的一种防伪技术。通常正面观察隐显文字部分不容易看到所显现的文字，但当调整视线和纸钞的角度时，便会发现其中有隐含的文字。例如此版汇丰银行港币正面狮子右下位置迎光便会发现有面额数字 100 字样。中银港币和渣打银行港币在相同位置也有同样的凹印隐显文字。

图 3 - 2 - 20　凹印隐显文字

7. 珠光油墨：珠光油墨在 2003 年版的港币上便已经开始使用，新版港币继续沿用了此项防伪措施。珠光油墨印刷的文字具有较高的反光效果，在扫描或者复印时是看不到珠光油墨的，只有在正常光线下转换不同角度才可见到珠光油墨的存在。新版港币中，汇丰银行券珠光油墨印的是汇丰银行的行徽标记。渣打银行券中珠光油墨印刷的是配合主景图案的底纹图，例如波浪、火焰等。中银香港券中珠光油墨所展现的是中国银行香港有限公司大厦图案（见图 3 - 2 - 21）。

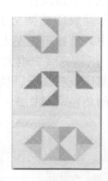

（a）珠光油墨　　　　（b）胶印互补对印图案　　　（c）凹印手感线及盲点标志

图 3 – 2 – 21　珠光油墨印刷文字

8. 胶印互补对印图案：胶印互补对印图案在 20 世纪 80 年代的港币中便已经采用，时至今日仍旧是一项比较成熟稳定且难以被伪钞制造者模仿使用的防伪技术之一。通过印钞机精准的对印，可以将纸钞正面和背面设计好的图文完整无误地准确对接，这是一般假钞难以做到的。新版港币在纸钞正面右下角均有对印图案，迎光透视，回合纸钞背面左下角的图案准确对接，呈现特定的图案。

9. 凹印手感线及盲点标志：最新版的港币上我们见到了人民币中常见的凹印盲文标记，这是新版港币增加的防伪措施之一，同时也是方便视障人士识别真伪币及纸钞面值。凹印手感线也是此次港币新增加的内容，它不仅仅有强烈的凹凸感，同时也是识别面额的凹印标记。在纸钞的流通和使用中有着非常重要的作用。

纵观新版港元纸币，带给我们的不仅仅是科技的革新和防伪技术的升级，同时设计理念和风格的进步也能够给我们美的享受。

➤ **模拟演练**

1. 了解港币票面信息；

2. 观察港币的防伪特征和识别方法。

**项目小结**

不同的国家或地区有不同的货币，本国的货币叫本币；其他国家的货币叫外币。本币与外币之间、不同外币与外币之间可以交换，这便引出了外汇的概念。

世界每个国家的钞票都有自己的特点，但假钞的制作手段都基本相同。伪钞是指伪造、变造的货币现钞。伪造的钞票是指仿照真钞的图案、形状、色彩等，并采用各种技术手段而制作的假钞。变造的货币现钞是在真钞的基础上，利用挖补、揭页、涂改、拼凑、移位、重印、拓印等多种工艺和方法制作，改变真币原形态的假钞。

辨认伪钞可以从纸张特征、制版技术、印刷方法、油墨质量等方面进行识别。

**知识考核**

1. 外币与外汇的区别？

2. 外币伪钞的常见形式是什么？

3. 美元的票面特征有哪些？市面流通的美元有哪些面值？采用了哪些防伪技术？

4. 欧元票面特征有哪些？市面流通的欧元有哪些面值？采用了哪些防伪技术？

5. 英镑票面特征有哪些？市面流通的英镑有哪些面值？采用了哪些防伪技术？

6. 日元票面特征有哪些？市面流通的日元有哪些面值？采用了哪些防伪技术？

7. 目前，有几家金融机构有权力发行港币？分别是哪些机构？港币票面特征有哪些？市面流通的港币有哪些面值？采用了哪些防伪技术？

### 技能训练

#### 一、判断题

1. 欧元各面额的纸币票幅规格都是一致的。 （ ）

2. 欧元各种面额的纸币均采用了光变油墨面额数字。 （ ）

3. 欧元各面额纸币均采用了全息贴膜技术。 （ ）

4. 欧元纸币中只有 5 欧元、10 欧元和 20 欧元三种面额的纸币采用珠光油墨印刷图案。

 （ ）

5. 触摸欧元纸币水印部位，会感到有厚薄变化。 （ ）

6. 欧元纸币没有采用对印技术。 （ ）

7. 1990 年版以后的美元均采用了光变油墨面额数字。 （ ）

8. 1996 年版美元各种面额纸币的安全线均在票面同一位置上。 （ ）

9. 1990 年版 50 美元和 20 美元纸币安全线的文字分别是"USA50"和"USA 20"。

 （ ）

10. 中国银行发行的港元纸币均采用了单面凹印。 （ ）

11. 中国银行 2001 年版 1 000 港元纸币正面右侧的开窗安全线上印有紫荆花图案和"1000"字样的字符。 （ ）

12. 各面额日元纸币均采用了光变油墨面额数字。 （ ）

13. 2000 日元纸币是日本在 2000 年发行的新券种。 （ ）

14. 迎光透视可清晰地看到日元纸币的盲文标记。 （ ）

15. 鉴别外币真伪时，一般不使用直观对比法（手摸、眼看、耳听），而是直接使用仪器检测。 （ ）

16. 已发行的第五套人民币 10 元纸币目前没有发现假币。 （ ）

17. 现行流通的日元纸币最大面额为 10 000 日元。 （ ）

18. 现行流通的 100 美元纸币背面主景景观是国会大厦。 （ ）

19. 现行流通英镑 E 序列纸币的水印在钞票正面中间偏左。 （ ）

20. 第五套人民币 20 元纸币正面右侧下方图案中，印有胶印微缩文字"RMB20"字样。

 （ ）

#### 二、单项选择题

1. 早期美元又称"绿背"，这是指_____纸币的背面被印刷成绿色。

    A. 1789 年 100 美元联邦券     B. 1861 年 1 美元政府券

    C. 1862 年 1 美元政府券     D. 1928 年 100 美元联邦券

2. 现行收兑的美元中，政府券（也称美国钞票）的库印、连号为_____。

    A. 红色     B. 蓝色     C. 黄色     D. 棕色

3. 美元水印出现于_____上。

    A. 1928 年版         B. 1988 年版         C. 1990 年版         D. 1996 年版

4. 美元安全线出现于_____上。

    A. 1928 年版         B. 1988 年版         C. 1990 年版         D. 1996 年版

5. 现行流通的 1 美元纸币正面主景人像是_____。

    A. 富兰克林         B. 林肯         C. 华盛顿         D. 杰克逊

6. 现行流通的 5 美元纸币正面主景人像是_____。

    A. 富兰克林         B. 林肯         C. 华盛顿         D. 汉密尔顿

7. 现行流通的 100 美元纸币背面主景景观是_____。

    A. 财政部大楼         B. 独立堂         C. 国会大厦         D. 白宫

8. 现行流通的 50 美元纸币背面主景景观是_____。

    A. 财政部大楼         B. 独立堂         C. 国会大厦         D. 白宫

9. 现行流通美元纸币正面的"联邦储备银行行印"中的英文字母代表_____意义。

    A. 联邦储备银行所在的州名、城市名         B. 版号

    C. 券种                                 D. 检查字母

10. 欧元纸币共有_____种面额。

    A. 6         B. 7         C. 8         D. 10

11. 欧元初发行时,欧盟国家参加欧元货币体系的有_____个国家。

    A. 10         B. 11         C. 12         D. 15

12. 欧元纸币正面主景图案采用罗马式门设计的是_____面额的欧元。

    A. 500         B. 100         C. 50         D. 10

13. 欧元纸币的"阴阳互补对印图案"是_____。

    A. 花卉         B. 古钱币         C. 数字         D. 人物头像

14. 下列欧元中具有光变油墨印刷的是_____。

    A. 50         B. 20         C. 10         D. 5

15. 港币计价单位为元、毫、仙。1 元等于_____毫;1 毫等于__仙。

    A. 10　100         B. 10　10         C. 100　10         D. 100　100

16. 中国银行发行的第一张港币纸币是____。

    A. 1987 年 12 月 1 日                   B. 1992 年 5 月 1 日

    C. 1994 年 5 月 1 日                   D. 1997 年 12 月 1 日

17. 中国银行发行的港币 1 000 元面额纸币的背面主景图案为____。

    A. 香港第一条海底隧道                 B. 九龙尖沙咀

    C. 香港葵涌货柜码头                 D. 港岛中区的商业大厦

18. 香港上海汇丰银行券纸币 1 000 元的水印是____。

    A. 紫荆花         B. 狮头         C. 座狮         D. 武士头像

19. 香港渣打银行 1 000 元纸币券的正面右侧主景图案是____。

    A. 北狮         B. 麒麟         C. 龙         D. 凤凰

20. 现行流通英镑 E 序列纸币的安全线为____。

    A. 封闭式安全线    B. 半开窗式安全线    C. 全开窗式安全线    D. 无安全线

21. 现行流通英镑 E 序列纸币的水印在钞票正面的____。

  A. 左侧     B. 右侧     C. 中间     D. 中间偏右

22. 现行流通的日元纸币最大面额为____。

  A. 5 000 日元         B. 10 000 日元

  C. 50 000 日元        D. 100 000 日元

23. 现行流通日元纸币的水印有其独特的特点，迎光透视非常清晰，它使用了____的生产工艺。

  A. 黑水印    B. 白水印    C. 不固定水印    D. 彩色水印

24. 现行流通的新加坡元纸币最大面额为____。

  A. 500 元    B. 1 000 元    C. 10 000 元    D. 100 000 元

25. 现行收兑的人民币为____。

  A. 第一、二套        B. 第三、四套

  C. 第四、五套        D. 第一、二、三、四、五套

26. 现行收兑的美元为____发行的。

  A. 1789 年以后        B. 1928 年以后

  C. 1990 年以后        D. 1996 年以后

**三、多项选择题（多选或少选不得分）**

1. （  ）面额欧元纸币背面采用了珠光油墨技术？

  A. 5 欧元    B. 10 欧元    C. 20 欧元    D. 50 欧元

2. （  ）面额欧元纸币采用了光变油墨技术？

  A. 50 欧元    B. 100 欧元    C. 200 欧元    D. 500 欧元

3. （  ）面额欧元纸币采用了凹印盲文标记？

  A. 200 欧元    B. 500 欧元    C. 20 欧元    D. 50 欧元

4. （  ）面额欧元纸币采用了缩微文字防伪技术？

  A. 5 欧元    B. 10 欧元    C. 20 欧元    D. 50 欧元

5. 欧元纸张中采用了无色荧光纤维，在紫外光下显现（  ）。

  A. 红色    B. 紫色    C. 蓝色    D. 绿色

6. 在紫外光下，欧元纸币正面欧盟旗帜和欧洲中央银行行长签名变为____色，欧盟旗帜上的星变为____色。

  A. 红    B. 橙    C. 黄    D. 绿

7. 美元经常改变年号，从 1985 年版以后，又发行了（  ）。

  A. 1988 年版    B. 1990 年版    C. 1993 年版    D. 1995 年版

8. 继 1996 年发行了 100 美元新版纸币以后，又先后发行了（  ）面额的纸币？

  A. 50 美元    B. 20 美元    C. 10 美元    D. 5 美元

9. 下列（  ）版别的 1 000 元港币纸张中含有无色荧光纤维。

  A. 汇丰银行 2000 年版      B. 中国银行 1996 年版

  C. 中国银行 2001 年版      D. 渣打银行 2001 年版

10. 汇丰银行发行的 2000 年版 1000 港元纸币新增了（  ）防伪措施？

  A. 全埋安全线      B. 全息开窗文字安全线

  C. 白水印         D. 无色荧光纤维

11. 中国银行发行的 1996 年版和汇丰银行发行的 1993 年版港元纸币水印图案分别为 _____和_____。

    A. 罗马军人头像　　　　B. 石狮　　　　　　　　C. 总督府大楼　　　　　　D. 狮头

12. 香港 3 家发钞银行的港币采用了下列（　　　）相同的防伪措施？

    A. 对印图案　　　　　　　　　　　　　　　B. 无色荧光图案

    C. 异形号码　　　　　　　　　　　　　　　D. 凹印缩微文字

13. 造假分子伪造人民币安全线一般有（　　　）。

    A. 用油墨在票面上印刷一个线条

    B. 在纸张夹层中放置与安全线等宽的聚酯类线状物

    C. 在票面对应开窗位置留有断口，使聚酯类线状物，从一个断口伸出，再从另一个断口埋入，用以伪造开窗安全线。

    D. 直接用聚酯类线状物贴在票面上。

14. 造假分子一般采用以下（　　　）方式伪造人民币的光变面额数字。

    A. 用彩色笔直接涂上　　　　　　　　　　B. 用无色荧光油墨印刷

    C. 使用珠光油墨丝网印刷　　　　　　　　D. 用普通单色油墨平版印刷

# 点钞技能训练

| 项目描述 | 点钞与捆钞是金融、财会从业人员必须掌握的一项基本业务技能，一般分为手工点钞和机器点钞两种方法。柜员在整点票币时，不仅要做到点数准确无误，还必须对损伤票币、伪造币及变造币进行挑拣和处理，保证点钞的质量和速度。在此基础上还要将钞票平摊整理和捆扎好。 | |
|---|---|---|
| 项目目标 | 知识目标 | ◇ 掌握钞票整点要求和步骤等相关知识<br>◇ 了解手工点钞的行业标准<br>◇ 熟悉点钞相关用品的使用 |
| | 技能目标 | ◇ 掌握手持式单指单张点钞<br>◇ 了解手持式单指多张点钞<br>◇ 熟悉手持式多指多张点钞<br>◇ 掌握伏案式单指单张点钞<br>◇ 熟悉伏案式多指多张点钞<br>◇ 熟悉扇面点钞<br>◇ 掌握机器点钞<br>◇ 掌握硬币清点<br>◇ 掌握钞票捆扎技术 |
| 项目任务 | | 任务1　钞票整点基本要求<br>任务2　手工点钞方法<br>　　活动1　手持式单指单张点钞<br>　　活动2　手持式单指多张点钞<br>　　活动3　手持式多指多张点钞<br>　　活动4　伏案式单指单张点钞<br>　　活动5　伏案式多指多张点钞<br>　　活动6　扇面点钞<br>任务3　机器点钞<br>任务4　硬币清点<br>任务5　钞票的扎把和捆扎 |
| 建议学时 | | 10学时 |

# 任务1　钞票整点基本要求

【**任务描述**】 点钞与捆钞是金融、财会从业人员必须掌握的一项基本业务技能，一般分为手工点钞和机具点钞两种方法。柜员在整点票币时，不仅要做到点数准确无误，还必须对损伤票币、伪造币及变造币进行挑拣和处理，保证点钞的质量和速度。在此基础上还要将钞票平摊整理和捆扎好。本次学习任务在于了解点钞的基本知识。

➤ **活动目标**

　　掌握钞票整点要求和步骤等相关知识。

➤ **基本知识**

## 一、钞票整点要求

　　1. 凡收入现金，必须进行复点整理。未经复点整理的现金不得直接对外付出，不得上交业务库或支行内部调用。

　　2. 票币未整点准确前，不得将原封签、腰条丢失，以便在发现差错时，证实和区分责任。

　　3. 整点坚持一笔一清、一捆一清、一把一清。

　　4. 整点纸钞按券别、版别分类，以百张为把，每把钞票第一张正面朝上，最后一张背面朝下，把腰条扎在中央，十把为捆，正面均朝上，并加以垫纸，双十字捆扎，结头应垫于垫纸之上封签之下的中位。

　　5. 整点硬币应按面额分类，100枚（或50枚）为卷，10卷为捆。

　　6. 整点损伤币，除按上述规定整理外，必须双腰条在票币的1/4处捆扎，整点两截、火烧等损伤币，必须用纸粘贴好，严禁用金属物连接。

　　7. 凡经复点整理的票币，应逐把（卷）加盖带行号的经办员名章，不得打捆后再补章；成捆票币应在绳头接口处贴封签，注明行名、券别、金额、封捆日期，并加盖封包员、复核员名章，整捆损伤票应在封签上加盖"损伤"字样戳记，以便识别。

　　8. 凡经复点整理的票币，应达到"五好线捆"标准，即点数准确、残币挑净、平铺整齐、把捆扎紧、印章清楚。

## 二、点钞的相关知识

　　在钞票的清点工作中、为了保证清点工作的顺利进行，一些必要用品要事先备好，常用的有以下几种用品：

　　1. 海绵缸。海绵缸一般为塑料材质，呈水池状，池内放有海绵块。将适量甘油挤入海绵缸内的海绵上，点钞时用捻钞的手指蘸少许甘油，用来加大手指与钞面的摩擦力，防止打滑（见图4-1-1）。

图 4 - 1 - 1　海绵缸

2. 挡板。挡板也称书挡，用来挡住需要立放的钞票（见图 4 - 1 - 2）。

图 4 - 1 - 2　挡板

3. 捆钞条。捆钞条是用来将钞票扎成整把的纸条。捆钞条有两种：一种是硬纸条，纸材厚重，比较脆；第二种是棉条，纸质柔软轻薄，有弹性，拉力好（见图 4 - 1 - 3）。

4. 名章。名章是操作人的个人名章，规格为统一的会计用长方形图章，目前多数是原子章，印油一次注入，可以长时间使用，不必再每次盖章时现蘸油（见图 4 - 1 - 4）。

图 4 - 1 - 3　捆钞条

图 4 - 1 - 4　名章

## 三、点钞的基本步骤

柜员进行点钞时，应按以下程序进行操作，避免技术性失误。

1. 准备工作。收到票币前，应保持桌面干净整齐，不得乱放其他杂物，尤其是现金，避免出现混杂不清的情况。

2. 按券别分类。出纳员收到票币后，先按硬币和纸币分类，再按不同的面值分类。硬币应当码齐，纸币应当平放铺开。

3. 整理票币。清分票币时，损伤券要挑出来。断裂的纸币可用纸粘好，但不得用大头针、回形针或订书针随意夹钉。对于破损严重难以辨认的损伤票币应予以退回；不便退回的应作书面记录并由交款人确认，待送存银行时按照有关规定办理。对于伪造、变造的票币必须当场向有关当事人声明，同时予以退回或作废处理。对于停止流通的票币应予以退回。挑净选好后，将票币墩好码齐，准备清点。

4. 清点数量。出纳人员清点数量时，按券别由大到小，按一定的要求（如好、破损等分开）清点张（枚）数，进行一次初点。初点后，应采用不同的点钞方法再重点一次，核对无误后即可捆扎并写好数量。

5. 计算金额。根据复点无误的数量与相应的票币面值进行计算，得出现钞的实有金额，最后统计并与收款依据核对金额，确认无误后收好现钞并出具收款单据，完成点钞工作。

## 四、点钞的基本要求

1. 坐姿端正。点钞的坐姿会直接影响点钞技术的发挥和提高。正确的坐姿应该是直腰挺胸，身体自然，肌肉放松，双肘自然放在桌上，持票的左手腕部接触桌面，右手腕部稍抬起，整点货币轻松持久，活动自如。

2. 操作定型，用品定位。点钞时使用的印泥、图章、沾水台、腰条等要按使用顺序固定位置放好，以便点钞时使用顺手。

3. 点数准确。点钞技术关键是一个"准"字，清点和记数的准确是点钞的基本要求。点数准确一要精神集中，二要定型操作，三要手点、脑记，手、眼、脑紧密配合。

4. 钞票墩齐。钞票点好，必须墩齐后（四条边水平，不露头，卷角拉平）才能扎把。

5. 扎把捆紧。扎小把，以提起把中第一张钞票不被抽出为准。按"#"字形捆扎的大捆，以用力推不变形，抽不出票把为准。

6. 盖章清晰。腰条上的名章，是分清责任的标志，每个人整点后都要盖章，图章要清晰可辨。

7. 动作连贯。动作连贯是保证点钞质量和提高效率的必要条件，点钞过程的各个环节（拆把、清点、墩齐、扎把、盖章）必须密切衔接，环环相扣。清点中双手动作要协调，速度要均匀，要注意减少不必要的小动作。

➤ 模拟演练

请选择一家商业银行柜台实地观摩柜员点钞过程。

➤ 知识拓展

## 一、点钞技能考核标准（见表4-1-1）

表4-1-1　　　　　　　部分金融机构点钞技能考核标准一览

| 银行名称 | 考核项目（手持式单指单张） |
| --- | --- |
| 中国工商银行 | 挑错点：10分钟16把 |
| 中国建设银行 | 挑错点：10分钟18把　抓点：10分钟16把 |
| 中国农业银行 | 挑错点：10分钟20把（优秀） |
| 中国交通银行 | 抓点：10分钟16把 |
| 中国民生银行 | 抓点：10分钟18把 |
| 中国招商银行 | 抓点：10分钟16把 |
| 中国华夏银行 | 挑错点：10分钟15把（及格） |

资料来源：王玉玲. 点钞与账表算. 高等教育出版社，2009.

## 二、操作检测标准

表4-1-2　　　　　　　　　手持式单指单张点钞各阶段测试

| 阶段 | 测试方式 | 备钞 | 时间要求 | 内容要求 | 准确率要求 |
|------|----------|------|----------|----------|------------|
| 一 | 百张单把抽张测试 | 100~105张 | 2~8张 | 40秒内 | 只点不捆 |
| 二 | 百张单把抽张测试 | 100~105张 | 2~8张 | 30秒内 | 只点不捆 |
| 三 | 百张单把抽张测试 | 100~105张 | 2~8张 | 35秒内 | 清点与捆扎 |
| 四 | 百张五把抽张测试 | 5把（每把100~105张） | 每把抽出2~8张 | 3分钟 | 只点不捆并填制记录单 |
| 五 | 抓点 | 散放2 000张 | — | 10分钟8~10把 | 抓、点、捆、盖四环节 |
| 六 | 抓点 | 散放2 000张 | — | 10分钟12~14把 | 抓、点、捆、盖四环节 |
| 七 | 抓点 | 散放2 000~2 500张 | — | 18把 | 抓、点、捆、盖四环节 |

# 任务2　手工点钞方法

【任务描述】手工点钞，根据持票姿势不同，又可划分为手持式点钞方法和手按式点钞方法。手按式点钞方法，是将钞票放在台面上操作；手持式点钞方法是在手按式点钞方法的基础上发展而来的，其速度远比手按式点钞方法快，因此，手持式点钞方法在全国各地应用比较普遍。

## 活动1　手持式单指单张点钞

➤ 活动目标

掌握手持式单指单张点钞法。

➤ 基本知识

手持式单指单张点钞法是目前应用最为广泛的一种点钞方法，可用于收款、付款和钞票清点。手持式单指单张技术是指在清点时，左手将钞票完全拿在手中，右手拇指一次捻动一张，并且逐张记数的方法。

## 一、手持式单指单张点钞的特点

1. 操作中票面的可视面积大，易于识假挑残。

2. 清点时对钞票质量的要求不高，不论钞票新旧或是有折叠印记均能够顺利清点。

3. 速度快，经过规范化训练，每小时可数近 2 万张。

## 二、手持式单指单张点钞的操作要领

### （一）准备姿势

点钞时要注意姿势正确，身体端正，两肩要平。持币的左手手腕贴于桌面，右小臂也贴于桌面，手腕抬起，两臂夹角成 90 度角。

### （二）拆把

左手拇指和中指将钞票的两个长边往中心用力，使钞票呈现凹形。右手将捆条掳掉。

### （三）起把

钞票背面向上，平放于桌面，左手持钞，食指、中指、五名指、小拇指并拢，然后中指、无名指分开，夹住钞票左侧 1/2 处（见图 4-2-1）。

**图 4-2-1　起把**

中指、无名指、小拇指自然弯曲，食指伸直托在钞票背面，防止点钞过程中钞票的抖动（见图 4-2-2）。

**图 4-2-2　夹钞**

翻转钞票，左手大拇指沿钞票上边边缘向上推至 1/2 处，形成 90 度到 100 度的弧形，再向外推，使钞票呈 70 度左右的角，自然使钞票形成扇面（见图 4 - 2 - 3）。

图 4 - 2 - 3　持钞

提示：左手持钞方法。左手良好的配合技术，是点钞综合技术的重要组成部分，左手持钞要做到"三度"：夹钞有力度，保证整把钞票操作完毕时，扇面基本不变形；钞票的方面与桌面呈 90 度，保持钞票的立面始终垂直于桌面；拇指扶钞要适度，拇指扶钞不捏钞，虎口打开，呈椭圆状。

**（四）点钞的基本指法**

右手拇指蘸好甘油，与食指、中指配合捏住钞票右上角。右手食指和中指在钞票背面，沿着钞票扇面边缘托住钞票，大拇指指尖的内侧点钞票的右上角，大拇指之间的内侧点钞票的右上角（见图 4 - 2 - 4）。

图 4 - 2 - 4　点钞

点钞时，大拇指的第一关节要伸直，用第二关节带动第一关节与食指摩擦，向下轻轻点一张钞票，同时用无名指将大拇指点下来的钞票向怀里弹开。这样，一个点钞的动作完成，依次逐一把整把钞票点完。

提示：右手大拇指捻钞时下拉幅度不超过 1.5cm；扇面开扇最宽不超过 3cm；3 分捻力，7 分弹力。

**（五）计数**

计数方法主要有三种：

1. 自然数计数法：在计数过程中，以自然数顺序完成计数。

2. 首位数定组分组计数法：在计数过程中，以 10 个数字为一组，每组数的第一位数表示组数，100 张钞共计 10 组，具体计数过程如下：

1，2，3，4，5，6，7，8，9，10；

2，2，3，4，5，6，7，8，9，10；

3，2，3，4，5，6，7，8，9，10；

4，2，3，4，5，6，7，8，9，10；

……

10，2，3，4，5，6，7，8，9，10。

3. 末位数定组分组计数法：在计数过程中，以 10 个数字为一组，每组的最后一位数表示组数，100 张钞票共计 10 组，具体计数过程如下：

1，2，3，4，5，6，7，8，9，1；

1，2，3，4，5，6，7，8，9，2；

1，2，3，4，5，6，7，8，9，3；

……

1，2，3，4，5，6，7，8，9，10。

**（六）挑残损币**

在点钞过程中，如果发现残损票要挑出来，具体操作如下：当清点整把钞票时，如发现残损票时，左手拇指按住未清点的部分钞票，右手大拇指和食指夹住钞票的右上角，迅速将钞票向外翻折一定角度，夹在钞票之间，如图 4 - 2 - 5 所示。翻折后右手大拇指继续点钞，待整把钞票清点完，再把折叠的钞票更换，并补充完整的钞票。

图 4 - 2 - 5　发现假钞上折

## 三、注意事项

1. 点钞时，左手中指、无名指要夹紧钞票，以防止点钞过程中未点钞票的数量逐步减少而散把。

2. 点钞过程中，左手的大拇指随着钞票的减少要一点一点向前推进钞票，辅助右手点钞。

3. 右手的食指和中指要托住扇面，大拇指要做到每一次捻动钞票的位置相同。点钞的幅度要小，以大拇指把钞票点到无名指刚好能将其弹开的位置恰好，大拇指接触钞票的面积越小越好，这样的利于提高点钞速度。

4. 计数时是在用心计数，而不是用嘴数数，点钞过程中，如遇到漏数和带张的情况时，在计下一数时，要马上补计一个数或少计一个数，不要待清点完整绑钞票时以后再计总数，这样做容易出现计数错误。

5. 点钞时，眼睛要看钞票的左上方，注意看是否有夹票、残损票或假票。

6. 在点钞过程中，要注意心、手、眼三者的默契配合，经过一段时间的练习。准确率和速度就会迅速提高。

➤ **模拟演练**

手持式单指单张点钞练习。

训练分组进行，每组连续操作 5 把（每把 100 张）。

1. 左右手配合好，并且默念"一念二弹"，力争每个动作的准确到位，从第 1 张到第 100 张，反复多遍直至熟练。

2. 将训练分组进行，每组连续操作 5 把，并逐把复核。

## 活动 2　手持式单指多张点钞

➤ **活动目标**

了解手持式单指多张点钞法。

➤ **基本知识**

手持式单指多张点钞法是手持式单指单张点钞法的进一步发展。是用右手大拇指一次点两张及两张以上的点钞方法。这种点钞方法的优点是计数简单、省力效率高，缺点是单指一次点多张钞票，不容易看清假钞和残损券。因此，这种方法适用于对外付款或整把钞票的复核工作。

手持式单指多张点钞法除去点钞的基本指法和计数方法与手持式单指单张点钞法不同外，其他程序均与手持式单指单张法相同，具体操作如下。

### 一、点钞的基本指法

右手大拇指的内侧放于钞票的右上角，指尖超出票面，食指和中指沿着桌面托住钞票，点双张时，右手大拇指内侧，靠近第一关节处为第一点，轻轻点一张钞票，指尖处为第二点，稍加用力再点一张钞票，一次将两张钞票向下方呈 45 度捻动，同时用无名指将两张钞票一次弹开，一个点钞动作结束。并依次将整把钞票清点完。单指点三张及点三张以上钞票时，以大拇指靠近第一关节处为第一点，大拇指内侧分成三个点。均匀用力，指尖处稍加用力，一次点下多张钞票，并用无名指一次将多张钞票弹开，如此即完成了一个点钞动作。

**提示**：右手大拇指的捻拉幅度要明显加大，并且适度加力，防止捻重张。

## 二、计数方法

这种点钞方法采用以手数的计数方法，如点双张时，每点两张为一手，整把钞票共点50 手即为 100 张，如果一次点三张钞时，每三张为一手，整把钞票共点 33 手余 1 张时，即为 100 张。以此类推手持式单指多张点钞法均用此种方法计数。

## 三、注意事项

1. 初练单指多张点钞时，要掌握动作要领，在练习过程中，动作要连贯，不能脱节，以免影响点钞速度。

2. 点钞幅度要小，以能看清所点钞票的张数为准，大拇指捻动钞票时，用力要由轻到重，做到一手清。

3. 计数时，一手没点清，要在下一手中及时补记或少记，不要把整把钞票点完后再累计计数。

➤ **模拟演练**

1. 左手正确持钞，右手大拇指捻钞时适当增大触钞面积，每次下捻 2 张，一次弹出，并且分组计数，从第 1 组到第 50 组，完成 100 张清点。

2. 连续操作 5 把（每把 100 张），并逐把复核。

## 活动 3　手持式多指多张点钞

➤ **活动目标**

熟悉手持式多指多张点钞法。

➤ **基本知识**

## 一、手持式四指四张

手持式四指四张点钞法是一种应用广泛、适用性强的点钞方法。优点是速度快、工作效率高，四指同时动作，下张均匀，票面可视度大，便于识别假钞和挑残损券。缺点是钞票不齐和硬旧的钞票不容易清点，初学时掌握正确点钞姿势较难。

这种点钞方法的持钞比较特殊，俗称"兰花指"。具体操作如下：

（一）起把

钞票正面向前，立于工作台左侧，左手手心向下，大拇指自然下垂，食指压住钞票上面以 2/5 处，中指弯曲，顶在钞票正面，无名指和小拇指压在钞票背面，食指沿钞票上边向怀里方向带；使钞票形成一个小的弧形，同时用大拇指按住钞票的左上角，使钞票形成扇面；中指在钞票内侧的转弯处，向外顶住钞票，食指在钞票外侧转弯处压住钞票，做挡住钞票的动作，到此整把钞票形成弓形，手腕向内转，始起钞票的右上角（见图 4 - 2 - 6）。

（二）基本指法与计数

右手大拇指沿着扇面托住钞票，其余四个手指并拢、弯曲，四个手指指尖呈一条线，四个手指指尖呈一条线，四个指头内侧分别与大拇指摩擦，从小拇指开始逐张将钞票点下，双手之间夹角呈 120 度，右手与钞票的夹角呈 45 度，一次清点 4 张为一手，共点 25 手为一整把钞票（见图 4 - 2 - 7）。

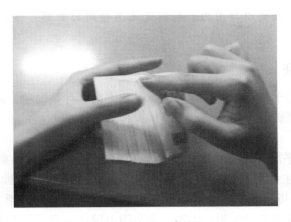

**图 4 - 2 - 6  起把**

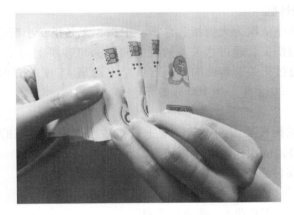

**图 4 - 2 - 7  基本指法**

**（三）注意事项**

左右手动作配合要协调，右手每点一手，左手大拇指要轻轻抬起，待一手点完，左手大拇指再轻轻压下（见图 4 - 2 - 8）。

**图 4 - 2 - 8  左右手配合协调**

　　**提示：**右手每个手指要均匀用力，特别是无名指用力要够，防止出现划过但未捻动的现象。

## 二、手持式五指五张

　　这种点钞方法适用于整点工作。它的优点是效率高，计数简单，减轻劳动强度。缺点是对票面要求严格，钞票破旧不容易清点。具体操作如下。

### （一）起把

　　钞票正面向下，平放于工作台上，小拇指和无名指分开夹住钞票左边 1/2 处，自然弯曲。右手手心向上托住钞票右侧；将钞票向左上方垂直托起，使钞票右端正面与桌面呈90～120 度角，左手中指和大拇指沿钞票的上、下两边伸去卡住钞票，大拇指要高于中指，中指稍用力，食指在钞票背面弯曲，用第一关节用力顶住钞票的中上方，使钞票的右上角稍向后倾斜成弧形，以便清点。

### （二）基本指法和计数

　　右手五个手指按顺序依次为大拇指、食指、中指、无名指、小拇指，每次每指顺次点一张钞票，大拇指用外侧指尖，通过指关节的弯曲向下，与钞票上边呈 45 度的方向捻动，其余四个手指以指尖内通过指关节弯曲向下，与钞票上边呈 45 度的方向捻动，一指一次点一张，五指为一手，共点 20 手为一把 100 张钞票。

### （三）注意事项

　　1. 手指动作之间的衔接要协调，前一个手指将钞票捻出一指宽的纸边时，等第二个手指到位，捻下一张钞票，依次连续动作到清点完整把钞票。

　　2. 五个手指要点在钞票的右上角，点钞过程中要做到一手清。

➤ **模拟演练**

　　连续操作 5 把（每把 100 张），并逐把复核。

## 活动 4　伏案式单指单张点钞

➤ **活动目标**

　　掌握伏案式单指单张点钞。

➤ **基本知识**

　　伏案式点钞技术，对钞票的票面质量要求比较低，适用于票面新旧差异大或者全部为残破钞票的情况。这种清点方法虽然速度慢，但准确率高。

## 一、起把

　　钞票正面向上，平放于工作台，钞票下边与工作台下边呈 45 度角。钞票右下角部分露出工作台下边，左手小拇指、无名指、中指压住钞票的 1/3 处，大拇指帮助右手推翻钞票，食指夹住右手推上来的钞票（见图 4 - 2 - 9）。

图 4 – 2 – 9　起把

## 二、基本指法

右手大拇指拾起钞票的右下角，食指伸直，中指、无名指、小拇指自然弯曲，利用食指与大拇指的摩擦，食指拉起一张钞票，左手大拇指向上推起右手食指拉起的钞票，然后用左手食指夹住右手推上来的钞票，依此连续操作，直至点完整把钞票，即完成了一次点钞的动作。

图 4 – 2 – 10　基本指法

## 三、计数

由于这种点钞方法速度比较慢，因此在计数时，可以采用从 1 数到 100 的方法。

## 四、原则

点钞过程中，点钞的动作要连贯，左右手配合要协调。点钞时，眼睛要看钞票的右下角，检查是否有夹票或假钞。

➤ **模拟演练**

（1）快速准备训练：将钞票墩齐，左右手配合将钞票按住并且横放于桌面。

（2）右手大拇指掀起部分钞票，同时用食指单张拉点。

## 活动5　伏案式多指多张点钞

➤ **活动目标**

熟悉伏案式多指多张点钞。

➤ **基本知识**

## 一、伏案式四指四张点钞法

这种点钞方法是伏案式单指单张点钞法的发展与延伸四个手指一次点四张，每个手指一次清点一张，这种点钞方法的优点是每个手指逐张清点，既能清楚地看清票面，手指的感觉又好。所以，能有效地识别假钞和挑残损券。这种点钞方法既省力省脑，又能提高工作效率，适用于收款、付款和整点工作。这种方法的缺点是不容易掌握，提高点钞速度较难。具体操作如下：

### （一）基本指法

这种点钞方法的起把动作与伏案式单张单张点钞法的基本指法相同，点钞的基本指法如下：

右手大拇指拾起钞票的右下角，其余四个手指尖的内侧分别与大拇指摩擦，小拇指与大拇指摩擦，拉起一张钞票后出现空隙，插入中指……最后食指与大拇指摩擦捻起一张钞票后出现空隙，插入左手大拇指，左手大拇指将这四张钞票一起推翻向上，同时用左手食指将这四张钞票夹住，一个点钞动作结束，依次逐一将整把钞票清点完毕（见图4-2-11）。

图4-2-11　基本指法

### （二）计数方法

计数方法采用手数计数方法，即每四张为一手，共点25手为一把100张钞票。

（三）注意事项

1. 点钞时动作要连贯、不脱节，做到一手清。

2. 点钞时要看钞票的右下角，做到仔细识别假钞，认真挑拣残券。

➤ 模拟演练

连续操作 5 把（每把 100 张），并逐把复核。

## 活动6　扇面点钞

➤ 活动目标

熟悉扇面点钞。

➤ 基本知识

把钞票捻成扇面状进行清点的方法叫扇面式点钞法。这种点钞方法速度快，是手工点钞中效率最高的一种。但它只适合清点新票币，不适于清点新、旧、破混合钞票。

## 一、持钞

钞票竖拿，左手拇指在票前下部中间票面约 1/4 处。食指、中指在票后同拇指一起捏住钞票，无名指和小指拳向手心。右手拇指在左手拇指的上端，用虎口从右侧卡住钞票成瓦形，食指、中指、无名指、小指均横在钞票背面，做开扇准备（见图 4 – 2 – 12）。

图 4 – 2 – 12　持钞

## 二、开扇

开扇是扇面点钞的一个重要环节，扇面要开得均匀，为点数打好基础，做好准备。其方法是：

以左手为轴，右手食指将钞票向胸前左下方压弯，然后再猛向右方闪动，同时右手拇指在票前向左上方推动钞票，食指、中指在票后面用力向右捻动，左手指在钞票原位置向逆时针方向画弧捻动，食指、中指在票后面用力向左上方捻动，右手手指逐步向下移动，至右下角时即可将钞票推成扇面形。如有不均匀地方，可双手持钞抖动，使其均匀。

　　打扇面时，左右两手一定要配合协调，不要将钞票捏得过紧，如果点钞时采取一按十张的方法，扇面要开小些，便于点清。

图 4 – 2 – 13　开扇

　　**提示：**打扇面时要保证每张钞票均匀打开，防止出现叠张现象。

## 三、点　数

　　左手持扇面，右手中指、无名指、小指托住钞票背面，拇指在钞票右上角 1cm 处，一次按下 5 张或 10 张；按下后用食指压住，拇指继续向前按第二次，以此类推，同时左手应随右手点数速度向内转动扇面，以迎合右手按动，直到点完 100 张为止。

## 四、记　数

　　采用分组记数法。一次按 5 张为一组，记满 20 组为 100 张；一次按 10 张为一组，记满 10 组为 100 张。

## 五、合　扇

　　清点完毕合扇时，将左手向右倒，右手托住钞票右侧向左合拢，左右手指向中间一起用力，使钞票竖立在桌面上，两手松拢轻墩，把钞票墩齐，准备扎把。

➤ **模拟演练**

　　单项演练：

　　1. 左右手协调配合，采用双手开扇法，反复练习，将扇面均匀打开。

　　2. 运用双手开扇、单手点数的方法进行清点。

　　3. 采用分组计数的方法，每 5 张为一组完成清点任务。

　　4. 连续操作 5 把（每把 100 张），并逐把复核。

　　综合演练：

　　请利用点钞券进行不同方法的点钞训练，并按以下考核标准进行评价。附一般考核标准：

| 等　级 | 考　核　指　标 |
|---|---|
| ＊ 优秀 | 5 分钟　单指单张 600 张；单指多张 800 张 |
| ＊ 良好 | 5 分钟　单指单张 400 张；单指多张 600 张 |
| ＊ 及格 | 5 分钟　单指单张 300 张；单指多张 500 张 |

➤ **知识拓展**

大家可以连接以下地址观看点钞视频：

手持式单指单张点钞法视频：http：//www. 56. com/u92/v_NDg1ODI2ODE. html

手持式五指五张点钞法视频：http：//www. 56. com/u38/v_MjYyNjE1MTU. html

手持式四指四张点钞法视频：http：//www. 56. com/u35/v_NDE2NzExOTI. html

手扳式点钞法视频：http：//www. 56. com/u50/v_MjYyNjE5Njc：html

扇面式一指多张点钞法视频：http：//www. 56. com/u79/v_MTUwMDU5MTY. html

手按式单指单张点钞法视频：http：//www. 56. com/u13/v_MjYyNjIy0DI. html

以上视频资源仅供参考，学员可自行选择一些视频进行巩固学习。

**提示**：现在银行柜员办理业务时，为了安全起见，常常是手工预点后再用点钞机点钞，因此不能因为有点钞机就忽略手工点钞的重要性。

# 任务 3　机器点钞

**【任务描述】**随着金融行业内工作日趋繁忙，大多数金融机构已经选择机器点钞来替代手工点钞，由此，点钞机的使用应当是金融从业人员必须掌握的一项技能，旨在通过本任务的学习，熟知机器点钞法的基本流程，掌握纸币点钞机的操作。

➤ **活动目标**

掌握点钞机的操作要领，熟练使用点钞机整点钞券。

➤ **具体操作**

机器点钞法也称点钞机点钞法，是用机器代替手工点钞操作的点钞方式。当计数器反应 100 张时，即可将出钞口的钞票捆成一把。

机器点钞用机械代替手工劳动，是手工点钞的 2 ~ 3 倍，不但有效减轻了工作人员的劳动强度，还提高了工作效率，而且点钞的同时还可以鉴别钞票的真伪。由此，机器点钞大量地运用于现金收入又多又频繁的金融机构，主要用于清点整齐的大面额钞票。

## 一、点钞机介绍

点钞机如图 4 - 3 - 1 所示。

### （一）点钞机构造

点钞机的种类和型号有很多种，但其功能主要都是点钞和鉴伪，在点钞过程中，检测到

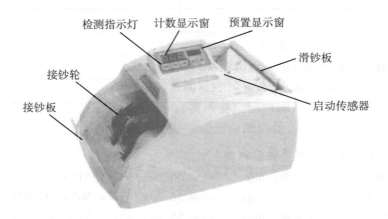

検测指示灯　计数显示窗　预置显示窗
滑钞板
接钞轮
启动传感器
接钞板

**图 4 - 3 - 1　点钞机的构造**

假钞将报警。点钞机一般在电源开关打开时，便具有点钞和紫光验钞功能，其他功能需要按相应功能键方可完成。其基本构造由 7 部分构成：（1）滑钞板；（2）启动传感器；（3）预置显示窗；（4）计数显示窗；（5）检测指示灯；（6）接钞轮；（7）接钞板。

**（二）点钞机基本功能键介绍**

1. 启动键：当停机需再运行或使用手动键时，按动此键。

2. 清零键：当需要清除当前计数值，即回到"0"更新计数时，按动此键。

3. 光检键（或光检指示灯）：按动此键（或光检指示灯亮），可以清点任何不同面值无紫光反应的钞票。一般情况下，开启机器时紫光鉴伪也同时具备，尤需设置。

4. 磁检键（或磁检指示灯）：按动此键（或磁检指示灯亮），能混点不同面值有磁性反应的钞票。

5. 数码键（或数码指示灯）：按动此键（或数码指示灯亮），第四套人民币和第五套人民币的部分面值不能混点，第四套人民币 100 元和 50 元可以混点，第五套人民币 50 元、20 元、10 元、5 元可以混点。

6. 累加键：累加功能可连续累计清点数的总值，直至数值显示"9999"张后，即回到"0"重新计数。

7. 预置键：按动此键，预置显示窗将会依次显示为 10、20、25、50、100、空白等字样，再按动"＋"或"－"键设置理想的数字，设置完毕就可以进行票面的清点，要取消预置数直接按动此键。

## 二、点钞机点钞的具体操作程序

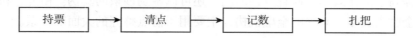

持票　→　清点　→　记数　→　扎把

1. 持票。用右手将已拆把的钞券移至点钞机下钞斗上面，右手拇指和食指捏住钞券上侧边，中指、无名指、小指松开，使钞券自然形成微扇面。

2. 清点。将钞券放入下钞斗，不要用力。钞券经下钞斗通过捻钞轮自然下滑至传送带，落至接钞台。下钞时，点钞员眼睛要注意传送带上的钞券面额，看钞券是否夹有其他票券、损伤券、假钞等，同时观察数码显示情况。

3. 记数。当下钞斗和传送带上的钞券下张完毕，且数码显示为"00"或"100"时，表示点数完毕。再进行一次复点即可。

4. 扎把。一把点完，计数为100张，即可扎把。扎把时，左手拇指在钞券上面，手掌向上，将钞券从接钞台里拿出，把钞券墩齐进行扎把。

## 三、点钞机的正确操作方法

1. 打开电源开关，蜂鸣发出嘀声自检停止后再开始点钞。

2. 点钞时先将钞票整理。如果放钞票不正确时，会产生真钞误报或机器提示出现点钞不准，可把接钞器上的纸币重新摆好，放到进钞台，按任意键再重新清点。放钞正确可使鉴别能力更强，计数或计算数字更正确。

3. 按不同的面值分开清除钞票上的纸补贴及杂物。如果在点钞鉴别过程中发现假币、疑币、半张、斜张等异常币都将停机报警，蜂鸣发出嘀嘀报警声，并在显示窗显示报警提示代码，我们可以根据情况在接钞台上取出纸币，按任意键继续。

4. 将钞票均匀扇开成小斜坡状。

5. 成捆钞票应先拍松再扇开，再放入滑钞。

6. 如果中途出现异常报警，可能会产生总额不准确，要进行重新清点。

## 四、机器点钞的操作技巧

掌握机器点钞的要领，可熟记下列口诀：

认真操作争分秒，左右连贯用技巧；右手投下欲点票，左手拿出捻毕钞；两眼查看票面跑，余光扫过记数表；顺序操作莫慌乱，环节动作要减少；原钞腰条必须换，快速扎把应做到；维修保养经常搞，正常运转功效高。

➤ **模拟演练**

1. 将机器点钞的相关用品规范摆放。

2. 开机检查待机状态。

3. 整理钞票上机清点。

4. 常见故障排除。

➤ **知识拓展**

### 点钞机使用与保养的小窍门

保养点钞机最关键的就是除尘，如果积尘过多会造成计数、识别不准确，灰尘也不利于我们的身体健康，所以至少每星期用毛刷清扫灰尘一次，防止灰尘的沉积。点钞机放置位置应该避开强光源，如果光线过强，会使硅光电池损坏，进秒光耦短路等，减短了点钞机的使用寿命。我们使用完点钞机后，应及时关闭电源，这样既能延长点钞机的使用寿命，又能节约用电。

**点钞机常见问题及解决办法**

| 故障表现 | 解决方法 |
| --- | --- |
| 吃钞：当钞票比较旧时，容易卷到输钞轴上或带进机器内，形成吃钞现象。 | 调整好面板和调节螺丝，使下钞流畅、整齐，当出现输钞紊乱、挤扎时要重新清点一遍，工作后要检查机器底部和前后输钞轴是否有钞票夹住。 |
| 多计数：清点辅币、旧币时飞张造成多计数，还有因钞票开挡破裂或把钞内残留纸条和杂物也会有多计数情况。 | 将钞票掉头再清点一遍，仔细检查机器内的钞票，将杂物盒纸条取出。 |
| 其他问题：光电管、小灯泡积灰或电源电压大幅升降都会造成多计数或少计数情况。 | 经常打扫光电管和小灯泡，及时清除灰尘，发现荧光数码管忽然计数不准时要立即停机，检查机器线路或测试电压等。 |

# 任务4　硬币清点

【任务描述】金融行业的工作中时常会接触到硬币清点的业务，本任务旨在通过学习掌握如何准确快速地完成硬币清点的操作。

➤ **活动目标**

掌握清点硬币的方法，包括手工清点和工具清点。

➤ **具体操作**

硬币亦称铸币或硬辅币，是金属货币。它是国家铸造的具有一定形状、重量、成色和面值的金属货币。铸币主要用做辅币（如1分、2分、5分、1角、2角、5角），也有小部分用做主币（如1元的金属货币）和纪念币。金属货币属于国家的法定货币，可与同面额的纸币价值相等，同时在市场上混合流通。

硬币的整点基本方法有两种：一是纯粹手工整点；二是工具整点。手工整点硬币一般用于收款时收点硬币尾零款；大批硬币整点需用工具来整点。

## 一、手工整点硬币

1. 拆卷。清点后需要使用的新包装纸平放在桌子上。右手持硬币卷的1/3处放在新的包装纸中间；左手撕开硬币包装纸的一头，然后用右手从左端到右端压开包装纸；包装纸压开后用左手食指平压硬币，右手抽出已压开的包装纸。这样即可准备清点。

2. 清点。从右向左分组清点。清点时，用右手拇指和食指将硬币分组清点。每次清点的枚数因个人技术熟练程度而定，可一次清点5枚或10枚或更多。

3. 记数。采用分组记数法，一组为一次。如一次清点10枚，则10次即为100枚。

4. 包装。清点完毕即可包装。硬币每100枚包1卷。包装时，用双手的无名指分别顶住硬币的两头，用拇指、食指、中指捏住硬币的两端，再用双手拇指把里半边的包装纸向外掀起并用食指掰在硬币底部，然后用右手掌心用力向外推卷，随后用双手的拇指、食指和中指分别把两头包装纸向中间方向折压紧贴硬币，再用拇指将后面的包装纸往前压，食指将前面的包装纸往后压，使包装纸与硬币贴紧，最后再用拇指、食指向前推币，包装完毕。

5. 盖章。硬币包装完毕，按上下方向整齐的平放在桌面上，卷缝的方向一致。右手拿名章，左手推动硬币卷，名章依次盖在硬币卷上。

## 二、工具整点硬币

工具整点硬币主要是借助硬币整点器进行。

1. 拆卷。将整卷硬币掰开或用刀划开包装纸，使硬币落入硬币整点器内。

2. 清点。硬币落入整点器内后，两手的食指和中指放在整点器两端，将整点器夹注，再用右手食指将硬币顶向左端。然后两手拇指放在整点器两边的推钮上用力推动推钮，通过动槽的移动，分币等量交错，每槽 5 枚。检查无误后，两手松开，硬币自动回到原位。

3. 包装。两手的中指顶住硬币两端，拇指在卷里边、食指在卷外边将硬币的两端捏住。两手向中间稍用力，将硬币从整点器中提出放在准备好的包装纸中间。其余包装方法同手工整点硬币。

4. 盖章。盖章方法同手工整点硬币。

➢ **模拟演练**

自己准备 100 枚相同面值的硬币，进行手工清点和在实训室用硬币整点器进行清点。

1. 将不同面值散放的硬币快速挑选分类。

2. 挑选顺序先大后小。

3. 分类包扎训练。

# 任务5　钞票的扎把和捆扎

【任务描述】通过本任务的学习，主要了解钞票的扎把和捆扎技术。钞票的捆扎是点钞过程中的一个非常重要的环节，常用的捆扎方法有：缠绕式和扭结式。钞票捆扎结束后，还应该在捆钞腰条的侧面加盖点钞人员的名章，是以明确责任。

➢ **活动目标**

熟练地对清点完毕的钞票进行扎把和打捆。

➢ **具体操作**

实际工作中，纸币不论票面金额的大小，都是以 100 张为一把，按券别用宽 1.5 厘米左右，长 46 厘米左右的纸条（腰条）分别扎把，扎把后应在腰条上边加盖经办人员个人名章，常用扎把方法有两种，具体操作方法如下：

## 一、单把缠绕式捆扎方法

单把捆扎形式有捆腰条（捆在钞票的横向中间）和边条之分（捆在钞票的是位置不同，

其捆扎方法相同。本部分介绍腰条的捆扎方法。）

1. 夹条式。将墩齐的钞票横向立于桌面，左手用食指将一沓钞票从中间可分开，右手将捆条的一端放入并夹住，然后沿中心线缠绕（可根据捆条长度决定缠绕圈数），最后剩下的尾巴用来在钞票的边缘折叠做扣，同时左手稍加力向中心捏，使钞票弯曲，右手顺势将折叠后的捆条塞入（见图 4 - 5 - 1）。

（a）分开钞票

（b）捆条缠绕

（c）捆条翻折

（d）捆条塞入

（e）捆钞完成

**图 4 - 5 - 1　夹条式捆扎方法**

2. 压条式。压条式有两种捆扎方法。

方法一：将墩齐的钞票横向立于桌面，大拇指在内，其余四指在外，右手将捆钞条与钞票同向（横放），用左手的食指或中指压住捆钞条的一端，其右手的操作方法与夹条式相同。

方法二：将墩齐的钞票横握左手中，并用左手大拇指压住捆钞条一端，其右手的操作方法与夹条式相同。

## 二、扭 结 式

考核、比赛采用此种方法，需使用绵纸腰条，其具体操作方法介绍如下：

1. 将点过的钞票 100 张墩齐。

2. 左手握钞，使之成为瓦状。

3. 右手将腰条从钞票凸面放置，将两腰条头绕到凹面，左手食指、拇指分别按住腰条与钞票厚度交接处。

4. 右手拇指、食指夹住其中一端腰条头，中指、无名指夹住另一端腰条头，并合在一起，右手顺时针转 180 度，左手逆时针转 180 度，将拇指和食指夹住的那一头从腰条与钞票之间绕过、打结。

5. 整理钞票。

➤ **具体操作**

捆钞是把已经扎把盖章后的钞券，按照一定的方向排列，按"#"字形每 10 把捆扎成一捆。捆钞有手工捆钞和机器捆钞两种。

**（一）手工捆钞的操作程序**

双手各取 5 把钞券，并在一起墩齐。然后将 10 把钞券叠放，票面向下，面上垫纸，并将票面的 1/4 伸出桌面。左手按住钞券，右手取绳子，右手拇指与食指持绳置于伸出桌面处，然后用左手食指按住绳子一端，右手将绳子另一端从右往下再往左上绕一圈与绳子的另一端合并，将钞券自左向右转两圈，形成一个麻花扣。

这时钞券横放在桌上，已束好的一头在右边，再将横放的钞券的 1/4 伸出桌面，左手按住绳子的一头，右手将绳子从右向钞券底下绕一圈，绕至钞券上面左端约占钞券长度的 1/4 处拧一个麻花扣，然后将钞券翻个面再拧一个麻花扣，最后左手食指按住麻花扣以防松散，右手捏住绳子的另一头，从横线穿过结上活结。捆好后再垫纸上贴上封签，加盖日期戳和点钞员、捆钞员名章。

**提示：**捆扎后的小捆要做到捆钞条缠绕时每圈要重合、捆钞条的位置要居中、折角整齐、钞票四边墩齐、钞面平整、松紧适度、捆扎后提起第一张不松动。

捆扎后的大捆要做到压紧、捆牢、不松动、不变形。

**（二）机器捆钞的操作程序**

将线绳拧成麻花扣，按"#"字形放置在捆钞机底面平台的凹槽内。用两手各取 5 把钞券并在一起墩齐。然后将 10 把钞券叠起，票面向上，放在捆钞机的平台上，再放好垫纸。合上活动夹板，右手扳下压力扶手，反复操作，使钞券压至已调整好的松紧度。

如为电动捆钞机则按下"紧"开关。两手分别捏住绳子的两头，从上端绳套穿过，然后双手各自拉紧，从两侧把绳子绕到钞券的正面，使绳子的两头合拢拧麻花扣。然后用左手按住交叉点，右手捏住绳子的一头从钞券上面竖线穿过结上活扣，贴上封签，加盖点钞员、捆钞员名章和日期戳。

➤ **模拟演练**

1. 夹条式捆钞。

（1）左右手配合下列训练：分钞、入条、缠绕、折角塞条、整理钞等步骤连贯，动作协调。

（2）自查或互查，评价捆扎质量。

（3）将已经捆扎好的若干把摆好，右手捏紧，左手持章，清晰地将名章盖在每把钞票的侧面捆条上。

2. 用 100 张相同规格的点钞券练习扎把，手工将 10 把点钞券打成一捆（有条件的可以利用机器练习捆钞）。

📖 **项目小结**

点钞技术在金融领域是完成日常业务的一项必备技能。点钞的基本程序包括拆把、点数、扎把、盖章四个环节组成。手工点钞的方式多种多样，日常工作中常用的有手持式单指单张、伏案式单指单张点钞，而在点钞比赛或者现金整点的业务中会用到手持式的多指多张以及扇面点钞等。现实工作当中，越来越多地启用机器来替代人力，由此，点钞机的使用已经是金融系统工作人员必须掌握的一项能力，此外，还需要学会对清点完的钞币进行捆扎。

手持式单指单张点钞法是目前应用最为广泛的一种点钞方法，可用于收款、付款和钞票清点。手持式单指单张技术是指在清点时，左手将钞票完全拿在手中，右手拇指一次捻动一张，并且逐张记数的方法。

　　手持式单指多张点钞法是手持式单指单张点钞法的进一步发展。是用右手大拇指一次点两张及两张以上的点钞方法。这种点钞方法的优点是计数简单、省力效率高，缺点是单指一次点多张钞票，不容易看清假钞和残损券。因此，这种方法适用于对外付款或整把钞票的复核工作。

　　手持式四指四张点钞法是一种应用广泛、适用性强的点钞方法。优点是速度快、工作效率高，四指同时动作，下张均匀，票面可视度大，便于识别假钞和挑残损券。缺点是钞票不齐和硬旧的钞票不容易清点，初学时掌握正确点钞姿势较难。

　　伏案式单指单张点钞技术，对钞票的票面质量要求比较低，适用于票面新旧差异大或者全部为残破钞票的情况。这种清点方法虽然速度慢，但准确率高。

　　伏案式多指多张，这种点钞方法是伏案式单指单张点钞法的发展与延伸四个手指一次点四张，每个手指一次清点一张，这种点钞方法的优点是每个手指逐张清点，既能清楚地看清票面，手指的感觉又好。所以，能有效地识别假钞和挑残损券。这种点钞方法既省力省脑，又能提高工作效率，适用于收款、付款和整点工作。这种方法的缺点是不容易掌握，提高点钞速度较难。

　　把钞票捻成扇面状进行清点的方法叫扇面式点钞法。这种点钞方法速度快，是手工点钞中效率最高的一种。但它只适合清点新票币，不适于清点新、旧、破混合钞票。

### 知识考核

　　1. 点钞的方法多种多种，通过本项目的学习，你了解了几项？还有其他的点钞方法么？

　　2. 采用手持式多指多张点钞法清点钞票时，有哪些动作要领？

　　3. 手持式单指单张点钞法、多指多张点钞法和扇面点钞法都分别适合清点什么样的钞票？

　　4. 钞票捆扎的要求是什么？

　　5. 点钞机使用方便快捷，为什么还要学习手工点钞呢？

### 技能训练

　　1. 手持式单指单张：邻座两位同学进行一对一计时练习，重点在点钞的准确性。

　　2. 伏案式单指单张：准备 10 把练功券，计时 5 分钟，分别用手持式单指单张和伏案式单指单张点法，看哪种速度更快。

　　3. 捆扎腰条：练习拆捆腰条，准备一把练功券和若干腰条，先拆后捆，反复 20 次。

# 项目五

# 数字、文字录入

| 项目描述 | 要掌握数据与文字录入技术，首先必须了解计算器的键位功能，电子计算器与计算机小键盘的数据和文字录入技术是金融行业工作人员必备的一项基础业务技能。因此，本项目旨在通过学习，使学生了解数字与文字录入技术，并能够熟练应用各种录入工具。 | |
|---|---|---|
| **项目目标** | 知识目标 | ◇ 了解计算器在金融行业的应用<br>◇ 了解计算机小键盘在金融财会行业的应用<br>◇ 了解键盘的结构和按键功能<br>◇ 了解常用的汉字输入法<br>◇ 掌握五笔字型输入 |
| | 技能目标 | ◇ 规范操作计算器翻打百张传票<br>◇ 规范操作计算机小键盘录入数据<br>◇ 熟练掌握英文的录入<br>◇ 熟练掌握汉字的录入 |
| **项目任务** | | **任务 1　财务计算器录入**<br>　　活动 1　银行专用计算器常识及功能键介绍<br>　　活动 2　财务计算器录入指法<br>　　活动 3　财务计算器翻打百张传票训练<br>**任务 2　计算机小键盘录入**<br>　　活动 1　小键盘键位认知<br>　　活动 2　小键盘录入指法<br>　　活动 3　用小键盘翻打传票训练<br>**任务 3　英文录入**<br>　　活动 1　键盘初步认识<br>　　活动 2　键盘操作规则<br>**任务 4　汉字录入**<br>　　活动 1　常用输入法<br>　　活动 2　五笔字型录入<br>　　活动 3　拼音输入法<br>**任务 5　计算机录入传票训练**<br>　　活动 1　计算机录入传票训练 |
| **建议学时** | | 8 学时 |

# 任务1　财务计算器录入

> 【任务描述】首先必须了解计算器的键位功能，电子计算器是金融行业工作人员必备的一项基础业务技能。因此，本项目旨在通过学习，使学生熟练掌握运用银行专用计算器进行翻打百张传票的业务操作。

## 活动1　银行专用计算器常识及功能键介绍

> **活动目标**

了解财务计算器的基本常识，掌握功能键的使用。

> **基本知识**

### 一、银行专用计算器的构造和功能键

银行专用计算器的外观如图5－1－1所示。

**图5－1－1　银行专用计算器**

1. 显示器。显示器位于计算器的上方，一般为液晶显示，用于显示输入的数据、计算公式、标记符号和运算结果，它说明计算器当前的工作状态和性质。

2. 各功能键介绍。计算器依靠键盘输入各种数据，利用按键来进行各种操作，不同的计算器，按键的个数和排列会略有不同。

台式计算器是财经工作人员在日常工作中必备的计算工具，如果掌握了计算器盲打技术，可以极大地提高工作效率。在此，以银行专用计算器为例进行按键说明，如表5－1－1所示。

**表 5 - 1 - 1**　　　　　　　　　　　　银行专用计算器按键说明

| | |
|---|---|
| | 数字累计 |
| | 四舍五入键 |
| | 保留小数键 |
| | 统计笔数 |
| | 清零 |
| | 快速增零键 |
| | 百分比运算键 |
| | 记忆加法键（可加上屏幕上的数值） |
| | 记忆减法键 |
| | 清除记忆键 |
| | 可调出记忆的总值（未按 MC 以前有效） |
| | 损益运算键 |
| | 退位键，每按一次，清除一个数字 |

## 二、使用计算器时应注意的问题

1. 使用计算器时，放置要平稳，以免按键时晃动。
2. 使用前，应逐一按下数字键，查看显示器上的显示有无异常。
3. 每次运算前，要清除计算器里的数据，按一下清除键【C】或【AC】。
4. 计算器的键盘较小，按键排列密集，按键时用力要均匀，以免数据输入失误。
5. 停止使用时，要及时关闭，节约能源。

➤ 模拟演练

练习使用计算器上的功能键。

## 活动 2　财务计算器录入指法

➤ 活动目标

熟练掌握财务计算器的录入指法。

➤ 录入指法（见表 5 – 1 – 2）

表 5 – 1 – 2　　　　　　　　　财务计算器录入指法

| 图片 | 说明 |
|---|---|
| | 右手食指、中指、无名指放在 4、5、6 键位上 |
| | 食指控制 "00、1、4、7、CE、0" 键 |
| | 中指控制 "000、2、5、8" 键 |
| | 无名指控制 ".、3、6、9" 键 |
| | 小指控制 " + " 键 |
| | 拇指控制 "C" 键 |

➤ **操作要点**

1. 各手指要放在基本键上，输入数字时，每个手指只负责相应的几个键，不要混淆。

2. 手腕平直，手指弯曲自然，击键只限于手指指尖，身体其他部分不要接触工作台或键盘。

3. 输入时，手稍微抬起，只有要击键的手指才伸出击键，击完后立即收回，停留在基准键上。

4. 击键速度要均匀，用力要轻，有节奏感，不可用力过猛。

5. 在击键时，必须依靠手指和手腕的灵活运动，不能靠整个手臂的运动来打。

➤ **模拟演练**

打百子：借助计算器功能，从 $1+2+3+4+\cdots+99+100$。

## 活动 3　财务计算器翻打百张传票训练

➤ **活动目标**

熟练掌握财务计算器翻打百张传票流程，通过练习达到考核标准。

➤ **基本知识**

### 一、翻打百张传票的概念

翻打百张传票是银行操作计算机人员应该掌握的基本技能之一，也是熟练操作各项业务的基础。它的计算方法表面看起来比较单一，练习起来也比较枯燥，但需要一定的技巧。

### 二、传票的种类

传票本分为两种：第一种是订本式传票，是在传票的左上角装订成册，一般在比赛中使用。第二种，是活页式，全国会计技能大赛采用。

### 三、眼手脑协调

左右手协调：左手翻传票时，右手直接看完上面的将传票上的数字敲入计算器。

眼手脑协调：左手翻开传票时，眼睛应看数字，大脑同步记住数字，右手连续不断地将此行数字敲入计算器。确保右手未打完当页数时，左手已经翻到下一页，保持动作流畅。

➢ 操作流程（见表 5 – 1 – 3）

表 5 – 1 – 3　　　　　　　　　财务计算器翻打百张传票流程

| | |
|---|---|
|  | 端正坐姿 |
|  | 墩齐：双手拿起传票侧立于桌面墩齐 |
|  | 开扇：左手固定传票左上角，右手沿传票边沿轻折，打开成扇形，扇形角度 20°至 25° |
| 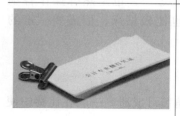 | 固定：右手用夹子固定左上角，防止翻打时散乱 |
| 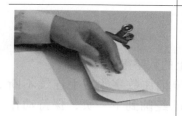 | 左手小指、无名指、中指按住传票 |
|  | 拇指翻开传票 |

续表

| | |
|---|---|
| 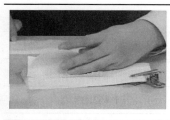 | 食指与中指夹住传票 |
|  | 左手翻开传票，右手将传票上的数字输入计算器 |
| 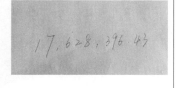 | 答案的分节号、小数点要书写规范准确 |

　　**提示**：1. 扇面折开角度要适中，扇面角度过大，不易翻页，扇面角度过小，传票易连张；2. 笔放在你右手拿得到的地方；3. 目视传票，右手盲打。

➤ **模拟演练**

　　1. 盲翻训练。指在整理好扇面后，左手压住传票，不看票面，从第 1 页连续向后翻动传票，直到最后一页为止，时间不得超过 1 分钟。

　　2. 找页训练。从第一页开始，每五页一翻，要求一次性翻到。

　　3. 看数训练。用百张传票做翻读练习，翻一页看一笔数字，再翻到下一页看同一行数字，在规定时间内看谁翻看更快。

　　4. 用计算器或计算机小键盘练习表 5 – 1 – 4 内练习。

**表 5 – 1 – 4**　　　　　　　　　　**数字累加练习**

| （一） | （二） | （三） |
|---|---|---|
| 43. 67 | 6 215 438. 26 | 618. 99 |
| 513. 75 | 791. 42 | 67. 91 |
| 3 481. 35 | 2 435. 83 | 4 565. 24 |
| 25 637. 84 | 73 464. 13 | 85 136. 22 |

续表

| （一） | （二） | （三） |
|---|---|---|
| 377 913. 56 | 275 163. 14 | 848 154. 57 |
| 492. 67 | 529. 08 | 562. 58 |
| 352 169. 73 | 696. 19 | 1 453. 37 |
| 5 472. 38 | 53. 24 | 2 453 464. 29 |
| 24 136. 92 | 39 248. 14 | 28 429. 37 |
| 652 126. 51 | 731 876. 33 | 396 185. 38 |

5. 用传票本练习翻打百张传票，考核参照行业考核标准。

➤ **知识拓展**

### 金融机构财务计算器业务考核标准

（一）测评内容

翻打传票 3 本；平打账表 3 页；本外币折算 40 笔。

（二）出题标准

1. 翻打 3 本传票，每本 50 页，其中 4 位数 5 页，9 位数 5 页，5 至 8 位数各 10 页。

2. 平打账表 3 页，每页 50 行数，其中减数 20 行，位数要求同上。

3. 外币折算，各种外币金额 20 笔，按汇买价折人民币；人民币 20 笔，按汇卖价折成各种外币，外汇牌价表为总行资金部对外公布的格式。

（三）评分标准

1. 总分为 100 分。

2. 翻打传票每本打对，得 10 分，共 30 分。

3. 平打账页每页打对，得 10 分，共 30 分。

4. 外币折算题，每做对一笔，得 1 分，共 40 分。

5. 扣分标准：

（1）翻打题、平打题分节号不标或标写不清楚的，每处扣 1 分，折算题扣 0.5 分。

（2）答案数字允许划杠重写。书写不清无法辨认或涂、描、硬改视为错。

（3）答案数字没有角分的要用零补齐，否则视为错。

（四）要求

准备时间 3 分钟，测试时间 20 分钟。

（五）等级标准

一级能手：100 分，14 分钟内完成。二级能手：98 分以上，17 分钟内完成。三级能手：96 分以上，20 分钟内完成。

# 任务 2　计算机小键盘录入

【任务描述】首先必须了解计算机小键盘的键位功能，计算机小键盘是金融行业工作人员必备的一项基础业务技能。因此，本项目旨在通过学习，使学生熟练掌握运用计算机小键盘进行翻打百张传票的业务操作。

## 活动 1　小键盘键位认知

➤ **活动目标**

　了解计算机小键盘键位。

➤ **基本知识**

### 一、认识基准键盘

　　数字小键盘区是键盘中除主键盘外使用最为频繁的键区。和计算机主键盘区一样，数字小键区同样存在基准键位和原点键，数字小键盘区的基准键位是 4、5、6 三个键。将右手的食指、中指和无名指一次按顺序放在基准键位上，以确定手在键盘的位置和击键时相应手指的出发位置。原点键也称盲打定位键，在小键盘基准键区中间位置的 "5" 键上有一个凸起的短横条（一些键盘上为小圆点），这个键就是小键盘盲打定位键，可用右手中指触摸相应的横条标记以使标记以使右手各手指归位。

### 二、认识其他键位

　　掌握了基准键位置，就可以进一步掌握小键盘区其他键位了。其中，右手食指负责击打 1、4、7 三个键，右手中指负责击打 2、5、8、/ 四个键，右手无名指负责击打 3、6、9、* 键，右手小指负责击打 Enter、+、- 键，右手食指负责击打 0 键。通过划分，整个小键盘手指分工明确，击打任何键时，只需要手指从基准键位移到相应的键位上，正确输入后再返回基准键即可。

➤ **模拟演练**

　通过计算机小键盘进行指法练习。

## 活动 2　小键盘录入指法

➤ **活动目标**

　掌握小键盘的击键方法及录入指法。

➤ 基本知识

## 一、掌握击键方法

开始击键之前将右手拇指、食指、中指、无名指分别放置在 0、4、5、6、+ 键上，同时右手拇指可自然向掌心弯曲，手掌与见面基本平行。击键时，右手对应的手指从基本键位出发迅速移向目标键，当指尖在目标键上方 1 厘米左右时，指关节瞬间发力，以第一指关节的指肚前端击键，力度适中，每次击打一键，注意不要用指甲击键。击键后，击键的手指立即回归基本键位，恢复击键前的手形。由于数字小键盘各键位之间的距离短，击键数量少，从基准键位到其他键位的路径简单易记，所以很容易实现盲打，减少击键错误，提高输入速度。

## 二、数字小键盘击键指法技巧介绍

使用数字小键盘时，掌握击键指法技巧有利于提高输入速度。在操作数字小键盘时，右手手指应稍微弯曲拱起，轻放在 4、5、6 三个基准键上，当需要点击其他各键时，右手相应手指要快速屈伸，轻而迅速地点击后立即返回基本键位。击键时还要注意，应是突发击键，即轻而迅速地点键，点击后手指立即返回。另外，无须通过视觉来找键位，更不能用 1 个手指击键。数字小键盘的面积不大，通过正确的键位练习逐步训练键盘的感觉，更有利于提高输入速度。

**提示：** 在练习时，一定要练习盲打，熟悉主键区上的字母与数字键，并且一定要按按键盘指法操作。

➤ 模拟演练

选择一种打字练习软件进行小键盘输入训练，如金山打字精灵。

## 活动3　用小键盘翻打传票训练

➤ 活动目标

掌握翻打传票技能的两个步骤：传票的整理、传票的翻页及计算，使得柜员在运用计算工具计算一定量数据时达到一定的速度和准确度，一般要求柜员需在 6 分钟内完成 100 张传票翻打，且准确率 100%。

➤ 基本知识

## 一、传票的整理

### （一）传票检查

在进行传票运算前，要先对传票进行检查，主要是看有无少页、重页、破页和数字印刷不清等错漏的地方。

### （二）传票捻成扇面

为了加快翻页的速度和避免翻重页的现象，在运算前需要将传票捻成扇面形状。

捻扇面的方法：用左手拿住传票的左端，左手拇指在传票的封面中部稍左，其余四指放在传票的封底的中部稍左；右手拿住传票的右端，右手拇指放在传票封面上，其余四指传票的封底。以左手为轴，右手轻轻向内捻动，一般右手向内转动两次就可以打成扇形。扇形要求是页页均匀散开，传票封面向里凸出，封底向外凸出，扇形面不宜过大，最后用夹子将传票的左上角夹住，使扇形固定，防止错乱。由于传票最后几页紧挨桌面，较难翻起，还可以用一个小夹子在传票的右下角将第 100 页与封底夹在一起，使之与桌面有一点间隙，便于翻动。

**（三）传票的放置位置**

传票放置的位置有几种：一是放在算盘或计算器上框左半部略高部位；二是放在算盘或计算器左边；三是放在算盘或计算器的下框左半部略低部位，与传票算题答案纸呈并列状。总之，传票的摆放位置要贴近算盘或计算器，易于看数、有利于翻页与拨珠（或计算器输入）。

## 二、传票的翻页及计算

目前大部分银行都使用计算器进行翻打传票，所以我们在这里讲述最普遍的一种方法，即一次翻一页打法。方法是拇指翻起传票的起始页，将有关数字从左到右（从高位到低位）依次敲入计算器或计算机，然后翻起下一页，再将有数字从左到右敲入计算器或计算机，直至终页。

翻页方法：把左手小指、无名指呈弯曲形压在传票封面中部稍左，拇指同传票平行，用拇指最凸出部位轻轻把要翻之页掀起，将此页有关数字从左到右拨入算盘，接着拇指马上翻起此页，拇指立即弯、缩跨过此页，放到刚翻上去一页传票的下面，中指和食指将传票夹住，以便看清一下页传票的数字。然后按同样的方法翻页，直至运算完毕。

**提示：**计算器与计算机翻打百张传票的操作过程与珠算翻打百张传票的过程基本相同。需要说明的是：珠算翻打百张传票是在本页数据拨入算盘还剩下两个数码时，翻起本页夹住，然后继续翻起下一页；而计算器、计算机翻打百张传票是在输入本页数据末两位时，默记末位数，然后翻起本页夹住，再接着翻下一页。

➤ **模拟演练**

用算盘、计算器或计算机小键盘对一本百张传票（账簿）上的数字金额进行加减运算。要在 6 分钟以内完成，且完全准确。

# 任务 3　英文录入

**【任务描述】**文字录入在很多人看来可能是一项最简单的工作，但确是金融行业各项工作技能中最基础的技能，在以后的工作中起到非常大的作用。日常的无纸化办公都需要我们要有较快的文字录入水平。本任务旨在掌握键盘基本结构的基础上，熟练操作英文信息的录入。

## 活动 1　键盘初步认识

➤ **活动目标**

了解键盘的基本结构和各键的功能。

➢ **基本知识**

　　键盘是计算机中最常用的输入设备之一，键盘的主要功能是把文字信息和控制信息输入到计算机中。其中，文字信息的输入是其最重要的功能，因此，在使用计算机前应首先认识键盘，了解按键的分布情况，掌握其最基本的操作规则。

　　常用的键盘有 104 键，如图 5 - 3 - 1 所示。整个键盘分为五个区域：上面的一行，是功能键区和状态指示区；下面的五行是主键盘区、编辑键区和辅助键区。

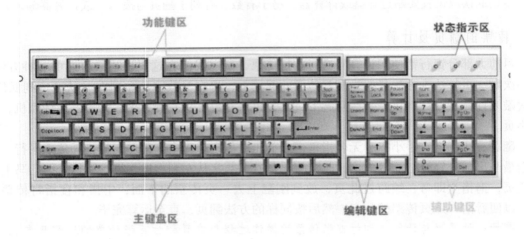

**图 5 - 3 - 1　键盘分区图**

　　（1）功能键区：键盘上方第一排，从 Esc 键至 F12 键。

　　（2）主键盘区：中间区域，包括 0~9 数字键，A~Z 字母键及部分符号键和一些特殊功能键。

　　（3）编辑键区：位于主键盘区右边，主要用于控制光标的移动。

　　（4）辅助键区：位于键盘右侧，是为提高数字输入的速度而增设的，由打字键区和编辑控制区中最常用的一些键组合而成，一般被编辑成适合右手单独操作的布局。

　　（5）状态指示区：Num 是数字灯，Caps 灯就是大小写开关，Scroll 灯是滚动锁。

➢ **模拟演练**

　　请在电脑上尝试操作后，并将已知的答案填入表 5 - 3 - 1 中。

**表 5 - 3 - 1**

| 键位 | 作用 | 键位 | 作用 |
|---|---|---|---|
| Enter | | Print Screen | |
| Space | | Insert | |
| Shift | | Delete | |
| Ctrl | | Back Space | |
| Caps Look | | Home | |
| Tab | | End | |
| Alt | | Page Up（Down） | |
| Delete | | Num Lock | |

## 活动2　键盘操作规则

### ➤ 活动目标

掌握键盘的正确操作规则。

### ➤ 基本知识

## 一、正确的坐姿

操作键盘时首先要有正确的姿势，错误的姿势不但容易引起疲劳，同时也会影响录入的正确性和速度。正确的坐姿，如图 5 - 3 - 2 所示。

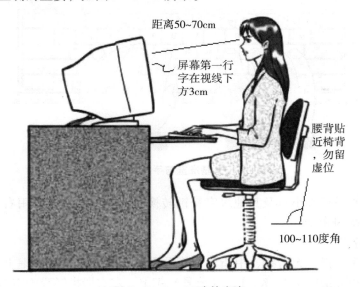

距离50~70cm

屏幕第一行字在视线下方3cm

腰背贴近椅背，勿留虚位

100~110度角

**图 5 - 3 - 2　正确的坐姿**

1. 使用专门的电脑桌椅，电脑桌的高度以达到自己臀部为准，电脑椅应是可以调节高度的转椅。

2. 腰要挺直，双脚自然地踏在地板上，身体稍向前倾，与键盘的距离为 30 ~ 40cm。

3. 屏幕第一行字在视线下方 3cm，眼睛与显示器的距离为 50 ~ 70cm。

4. 上臂和手肘靠近身体，下臂和手腕向上倾斜，但不可拱起手腕，也不可使手腕触到键盘上，手指轻放于规定的键上。

## 二、键盘指法

键盘指法是键盘录入的基础，练就较快的键盘录入速度，其关键在于熟练掌握键盘指法。

所谓指法就是指击键时运用手指的方法，即规定每个手指管辖哪些键位，以充分发挥全部 10 个手指的作用，并可实现盲打（不看键盘输入），从而提高击键的速度。如果指法不正确，不但录入速度无法提高，还容易出错。因此初学者必须掌握正确的键盘指法并不熟练运用。

**（一）基准键位**

键盘上有 100 多个键位，首先需要掌握手指在键盘上是如何放置的。打字键中划分出基准键区域。在键盘中，第三排键中的 A、S、D、F 和 J、K、L、；这 8 个键称为基本键（也叫基准键）。

基本键是十个手指常驻的位置，其他键都是根据基本键的键位来定位的。在打字过程中，每只手指只能打指法图上规定的键，不要击打规定以外的键，不正规的手指分工对后期速度提升是一个很大的障碍。

空格键由两个大拇指负责，左手打完字符键后需要击空格时用右手拇指打空格，右手打完字符键后需要击空格时用左手拇指打空格（见图 5 - 3 - 3）。

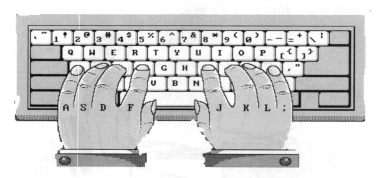

**图 5 - 3 - 3　基准键与手指对应位置图**

Shift 键是用来进行大小写及其他多字符键转换的，左手的字符键用右手按 Shift，右手的字符键用左手按 Shift 键。

**（二）指法分工**

打字时将左手小指、无名指、中指、食指分别置于 A、S、D、F 键上，右手食指、中指、无名指、小指分别置于 J、K、L、；（分号）键上，左右拇指轻置于空格键上。如图 5 - 3 - 4 左右 8 个手指与基本键的各个键相对应，固定好手指位置后，不得随意离开，千万不能把手指的位置放错，一般来说现在的键盘 F 和 J 键上均有凸起（手指可以明显地感觉到），这两个键就是左右手食指的位置。打字过程中，离开基本键位置去打其他键，击键完成后，手指应立即返回到对应的基本键上。

每一只手指都有其固定对应的按键：

（1）左小指：[ ` ]、[1]、[Q]、[A]、[Z]。

（2）左无名指：[2]、[W]、[S]、[X]。

（3）左中指：[3]、[E]、[D]、[C]。

（4）左食指：[4]、[5]、[R]、[T]、[F]、[G]、[V]、[B]。

（5）左、右拇指：空白键。

（6）右食指：[6]、[7]、[Y]、[U]、[H]、[J]、[N]、[M]。

（7）右中指：[8]、[I]、[K]、[，]。

（8）右无名指：[9]、[O]、[L]、[．]。

（9）右小指：[0]、[ - ]、[ = ]、[P]、（ [ ）、（]）、[；]、[ ' ]、[／]、[ \ ]。

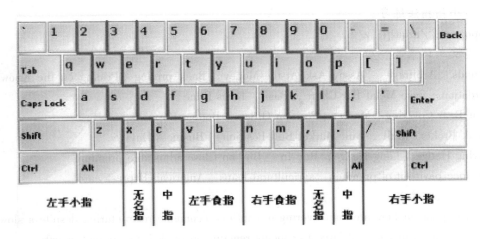

图 5 - 3 - 4　指法分工图

**（三）手指击键的技巧**

1. 掌握动作的准确性，击键力度要适中，节奏要均匀，普通计算机键盘的三排字母键处于同一平面上，因此，在进行键盘操作时，主要的用力部分是指关节，而不是手腕，这是初学时的基本要求。待练习到较为熟练后，随着手指敏感度加强，再扩展到与手腕相结合。

2. 以指尖垂直向键盘使用冲力，要在瞬间发力，并立即反弹。切不可用手指去压键，以免影响击键速度，而且压键会造成一下输入多个相同字符。这也是学习打字的关键，必须花点时间去体会和掌握。在打空格键时也是一样要注意瞬间发力，立即反弹。

3. 各手指必须严格遵守手指指法的规定，分工明确，各守岗位。任何不按指法要操作都会造成指法混乱，严重影响速度的提高和正确率的提高。

4. 每一手指上下两排的击键任务完成后，一定要习惯地回到基本键的位置。这样，再击其他键时，平均移动的距离比较短，因而有利于提高击键速度。

5. 手指寻找键位，必须依靠手指和手腕的灵活运动，不能靠整个手臂的运动来找。

6. 击键不要过重，过重不光对键盘寿命有影响，而且易疲劳。另外，幅度较大的击键与恢复都需要较长时间，也影响输入速度。当然，击键也不能太轻，太轻了会导致击键不到位，反而会使差错率升高。

➤ **模拟演练**

1. 基本指法练习。

（1）食指指法练习。

FhgjfhgjfhtuhgnbvnbrtyHGJfhfjFH

Ttughrhgjtufnbnghvgtfjnvtr

（2）中指指法练习。

Ik，kiedcdeik，diek，ckde

3EDC8IK，ike，cdie，ed83，ce

（3）无名指指法练习。

Lolwsxwx29olxlwowlsx

Wols. xlsowls. xlsow. x

（4）小指指法练习。

Pqpqzazp；/azqazp；z/

2. 英文单词录入。

Actuals   Arbitrage    Assay Ask At-the-Money    Back pricing（Pricing on the Known）
Backwardation   Base Metal Bar Chart    Basis   Basis Price

Bear Bear Covering   Market   Position Orders   Bottom Borrowing

Break Broker   Bull    Bull Market Bull Position    Business Day

Buying Hedge（Long Hedge）Buy In    Buy on Close adjustable premium

Advance payment of premium   agricultural loans   American Express card

3. 英文文章输入。

Chinese policymakers are maneuvering to continue economic restructuring despite a slowdown. Analysts say the world's second largest economy remains on track for sustained growth.

Official statistics released last week show that China's gross domestic product slowed to 7. 6 percent in the second quarter, the lowest level in three years. Industrial production growth also dropped to a record low of 9. 5 percent year-on-year since 2009, below market expectations of 9. 8 percent.

Economists told Xinhua that the market has fully digested the news and remains comfortable with the economic fundamentals of China after initially mixed responses to the relatively weak figures.

Beijing has set a full-year growth target at 7. 5 percent for 2012 but the actual growth has typically exceeded the mark in the past.

"The last couple of numbers are at the lower end of the comfort zone. That's why they（market economists）are a bit worried. They are OK with the numbers slowing down … still in the comfort zone," said Song Seng Wun, a regional economist at CIMB Research in Singapore.

Wellian Wiranto, an Asia investment strategist at Barclays Wealth, also said that the second quarter GDP growth figures, though relatively low, came well within market expectations and are likely to be the trough for the year.

Song said the numbers reflected a slowdown in economic activities in the beginning of the second quarter, but the latest advancing indicators, such as the purchasing managers' indices for key services, showed that activities have been slightly firmer toward the end of the second quarter.

➤ **知识拓展**

## 金融机构计算机英文录入标准

（一）测评内容

使用微机录入英文。

（二）出题标准

1. 业务和非业务试卷各 1 份，每份试卷含英文字母、标点符号和空格约 2 600 字，两份试卷共计 5 200 字左右。

2. 先做业务试卷，后做非业务试卷。

（三）评分标准

1. 凡出现错、漏字母，空格、错空、大小写不符、标点符号不符及其他错误，错1处扣5个字母。

2. 试卷录入有效字数等于两份试卷实打字母（符号）总数减去差错扣除的字数，每分钟录入字数等于试卷有效字数除以时间。

（四）要求

1. 准备时间3分钟，可做以下工作：

（1）开机并启动系统，进入录入状态。

（2）录入单位和姓名。

2. 测试时间10分钟。

3. 打印时间除外。

（五）等级标准

一级能手：每分钟300字以上。

二级能手：每分钟260字以上。

三级能手：每分钟220字以上。

合　　格：35岁（含）以下，每分钟190字以上。

35岁以上，每分钟180字以上。

# 任务4　汉字录入

【任务描述】在金融机构为客户提供服务，办理各项业务时都离不开汉字输入，特别是临柜工作人员应当熟练掌握要求柜员至少掌握一种音码输入法和一种形码输入法，且每分钟输入汉字超过40个，另外还必须掌握一些生僻字的输入方法。

## 活动1　常用输入法

➢ 活动目标

了解一些常见汉字录入方法。

➢ 基本知识

## 一、了解汉字输入方法分类

汉字输入主要方法有键盘输入、联机手写输入、语音输入、光电扫描输入几大类。目前柜员要求掌握键盘输入方法。

键盘输入方法是通过键入汉字的输入码方式输入汉字，通常要敲击1~4个键输入一个汉字，它的输入码主要有拼音码、区位码、纯形码、音形码、形音码等，用户需要会拼音或记忆输入码才能使用。

联机手写输入是近年来发明的一种新技术，手写输入系统一般由硬件和软件两部分构成，硬件部分主要包括电子手写笔和写字板，软件部分是汉字识别系统。使用者只需用与主机相连的书写笔把汉字写在书写板上，写字板中内置的高精密的电子信号采集系统，就会将汉字笔迹的信息转换为数字信息，然后传送给识别系统进行汉字识别。利用软件读取书写板上的信息，分析笔画特征，在识别字库中找到这个字，再把识别的汉字显示在编辑区中，通过"发送"功能将编辑区的文字传到其他文档编辑软件中。汉字识别系统的作用是将硬件部分传送来的信息与事先存储好的大量汉字特征信息相比较，从而判断写的是什么汉字，并通过汉字系统在计算机的屏幕上显示出来。这种输入法的好处是只要会写汉字就能输入，不需要记忆汉字的输入码，与日常写字一样，但受识别技术的限制，速度一般。手写输入系统的难点在于汉字笔迹的识别，因为每一个人的书写汉字笔迹都不一样，因此手写笔迹比较系统就必须能允许一定的模糊偏差，才能有较高的识别率。目前已经开发了许多种手写输入系统，简称为"手写笔"系统。有些手写笔可以代替鼠标进行操作。

语音输入也是近年来一种新技术，它的主要功能是用与主机相连的话筒读出汉字的语音，利用语音识别系统分析辨识汉字或词组，把识别后的汉字显示在编辑区中，再通过"发送"功能将编辑区的文字传到其他文档的编辑软件中。语音识别技术的原理是将人的话音转换成声音信号，经过特殊处理，与计算机中已存储的已有声音信号进行比较，然后反馈出识别的结果。这项技术的关键在于将人的话音转换成声音信号的准确性，以及与原有声音信息比较时的智能化程度。语音识别技术是人工智能的有机组成部分。这种输入的好处是不再用手去输入，只要会读出汉字的读音即可，但是受每个人汉字发音的限制，不可能都满足语音识别软件的要求，因此在实际应用中错误率较键盘输入高。特别是一些专业技术方面的语言，识别系统几乎不能确认，错误率较高。

光电扫描输入是利用计算机的外部设备——光电扫描仪，首先将印刷体的文本扫描成图像，再通过专用的光学字符识别（Optical Character Recognition，OCR）系统进行文字的识别，将汉字的图像转成文本形式，最后用"文件发送"或"导出"输出到其他文档编辑软件中。这种输入方法的特点是只能用于印刷体文字的输入，要求印刷体文字清晰，才能识别率高，好处是快速、易操作，但受识别系统识别能力的限制，后期要做一些编辑修改工作。

**提示：**目前柜员只要求掌握键盘输入方法即可。

## 二、键盘输入法分类

目前的中文输入法有以下几类：

1. 对应码（流水码）：这种输入方法以各种编码表作为输入依据，因为每个汉字只有一个编码，所以重码率几乎为零，效率高，可以高速盲打，但缺点是需要的记忆量极大，而且没有什么太多的规律可言。

常见的流水码有区位码、电报码、内码等，一个编码对应一个汉字。这种方法适用于某些专业人员，比如，电报员、通信员等。但在电脑中输入汉字时，这类输入法已经基本淘汰，只是作为一种辅助输入法，主要用于输入某些特殊符号。

2. 音码：这类输入法，是按照拼音规定来进行输入汉字的，不需要特殊记忆，符合人的思维习惯，只要会拼音就可以输入汉字。但拼音输入法也有缺点：一是同音字太多，重码率高，输入效率低；二是对用户的发音要求较高；三是难于处理不识的生字。某些拼音输入法虽然有满足南方音的容错码设计，但目前主流拼音是立足于义务教育的拼音知识、汉字知识和普通话水平之上，所以对使用者普通话和识字及拼音水平的提高有促进作用。拼音定型输入法通过分词连打，分化定型同音字、词等手段，可以较好地解决重码问题。中国普及率最高的音码输入法是搜狗拼音输入法。

3. 形码：形码是按汉字的字形（笔画、部首）来进行编码的。汉字是由许多相对独立的基本部分组成的，例如，"好"字是由"女"和"子"组成，"助"字是由"且"和"力"组成，这里的"女""子""且""力"在汉字编码中称为字根或字元。形码是一种将字根或笔画规定为基本的输入编码，再由这些编码组合成汉字的输入方法。

4. 音形码：音形码吸取了音码和形码的优点，将二者混合使用。自然码（其实就是一种双拼，而且是实际上的标准双拼方案）是目前比较常用的一种混合码。这种输入法以音码为主，以形码作为可选辅助编码，而且其形码采用"切音"法，解决了不认识的汉字输入问题。自然码 6.0 增强版，保持了原有的优秀功能，新增加的多环境、多内码、多方案、多词库等功能大大提高了输入速度和输入性能。

拼音之星输入法的谭码（双拼＋偏旁，双拼编码可以由用户定义）输入方式，第一个实现了音形码整句输入，新版拼音之星 6.6 以上版本还实现了不用切换和控制键，即可利用辅助码进行语句和字词输入功能。

这种输入法的特点是速度较快，又不需要专门培训。适合于对打字速度有些要求的非专业打字人员使用，如记者、作家等。相对于音码和形码，音形码使用的人还比较少。

## 三、键盘输入方法简介

### （一）全拼输入法

全拼输入法属于音码输入，是初学者常用的一种方法。这种方法是输入汉语拼音的全部字母，就可以得到相应的同音汉字。它适用于学过汉语拼音的人，一般不需要经过专门的训练就可掌握，它的缺点是要求必须会汉字的读音，并且要准确，当一组同音字较多时，需要选字，这正是这种方法输入速度不快的主要原因。

### （二）双拼输入法

双拼输入法是将多于一个字符的声母和韵母用一个字母编码，从而比全拼输入的编码大大缩减，提高了键盘输入的速度，适用于经常需要用拼音输入汉字的人，比全拼的速度快。但要记忆十几个声母和韵母的编码。双拼输入法也称简拼输入法。

### （三）智能 ABC 输入法

智能 ABC 输入法也是一种常用的输入法，有全拼、双拼和笔形三种输入模式，以拼音为基础输入单字或词组，特别是词组输入方面具有较高的效率，适用于一些经常输入某一方面专业词汇的人，如果进行智能化设置，可以大大提高输入效率。

### （四）区位码

区位码输入是利用国标码作为汉字编码，每个国标码对应一个汉字或一个符号，没有重码，因此输入速度快，但国标码不易记忆，一般使用区位码是输入国标码中的符号。

### （五）自然码输入法

自然码汉字输入法以字输入为基础，以词或短语输入为主导，并辅以语句输入功能。它的汉字编码简单易学，以双拼为主，允许全拼混合输入，并且为生字的输入提供了简明的形码辅助功能。自然码输入法属于音形码输入，适用于拼音不太熟练的人。

### （六）母字全能输入法

母字全能汉字输入法是以汉字（母字）编"汉字"的全能编码。它以 25 个自然汉字作为拼形、拼音的编码"母字"，每个母字均包孕所有汉字的"声母、韵母、全形、象形"四大编码要素，使编码记忆量减少到最小程度。简单易学，录入快速且不易遗忘，主要码型属于形音码和音形码范畴，对于专业和非专业人员非常适合使用。

### （七）五笔字型输入法

五笔字型输入法是形码输入，它将汉字拆分成若干块，无论多么复杂的汉字，最多只需击四键即可输入计算机，重码率低。由于它的拆分规则比较特殊，需要专门的训练才能掌握，因此适用于专业打字员。这种输入方法重码率低，便于盲打，输入速度较音码要快得多。

**提示：**对于基本汉字的输入，柜员可以采取自己习惯的输入方法，但是遇上一些不认识的字，就无法用音码打出来，所以柜员至少掌握一种音码输入法，一种形码输入法。

➢ **知识拓展**

### 金融机构微机中文录入考核标准

（一）测评内容

使用微机录入中文。

（二）出题标准

使用试卷为汉字文章 3 000 字以上。

（三）评分标准

（1）试卷中每一个汉字、标点符号、数字均按一个汉字计算（如 5.6 代表 3 个汉字）。

（2）录入中每错一个汉字、标点符号、数字或多录、漏录，均按错字计算，错 1 个字扣 5 个字。

（3）格式错误，如未另起行、随意断行等，错 1 处扣 5 个字。

（4）丢行落段，按实际丢落字数乘以 5 计算。

（5）试卷录入有效字数等于录入字数减去差错扣除的字数，每分钟录入字数等于试卷有效字数除以时间。

（6）差错率按实际录入的字数计算。

（四）要求

1. 准备时间 3 分钟，可做以下工作：

（1）开机并启动系统，进入录入状态。

（2）录入单位和姓名。

2. 测试录入时间为 10 分钟。

（五）等级标准

1. 专业打字员等级标准：

一级能手：每分钟 180 字以上。

二级能手：每分钟 160 字以上。

三级能手：每分钟 150 字以上。

合 格：35 岁（含）以下，每分钟 100 字以上；35 岁以上，每分钟 80 字以上，差错率不高于 7‰。

2. 非专业打字员等级标准：

一级能手：每分钟 90 字以上。

二级能手：每分钟 70 字以上。

三级能手：每分钟 50 字以上。

合 格：每分钟 30 字以上，差错率不高于 10‰。

## 活动 2 五笔字型录入

➤ **活动目标**

熟练五笔字型输入。

➤ **基本知识**

## 一、汉字分为三个层次

笔画、字根、单字。也就是说由若干笔画符合连接交叉形成相对不变的结构组成字根，再将字根以一定位置关系拼合起来构成汉字。五笔字型究竟是遵从人们的习惯书写顺序，以字根为基本单位组字编码、拼行输入汉字。

汉字的是"一、丨、丿、丶、乙"，除基本笔画外，对其他笔势变形进行了归类（见表 5-4-1）。

**表 5-4-1** 五种基本笔画

| 笔画名称 | 笔画代码 | 笔画走势 | 笔画及其变形 |
|---|---|---|---|
| 横 | 1 | 左→右 | 横一提／ |
| 竖 | 2 | 上→下 | 竖丨竖左勾 |
| 撇 | 3 | 右上→左下 | 撇 |
| 捺 | 4 | 左上→右下 | 捺 点 |
| 折 | 5 | 带转折 | 各种带转折的笔划 |

## 二、汉字可以分为三种字形

汉字可以分为三种字形：左右型、上下型、杂合型（见表 5-4-2）。

**表 5 - 4 - 2**　　　　　　　　　　　　　汉字字形

|  | 左右型（1） | 上下型（2） | 杂合型（3） |
|---|---|---|---|
| 横　1 | G（11） | F（12） | D（13） |
| 竖　2 | H（21） | J（22） | K（23） |
| 撇　3 | T（31） | R（32） | E（33） |
| 捺　4 | Y（41） | U（42） | I（43） |
| 折　5 | N（51） | B（52） | V（52） |

## 三、所有汉字都由基本字根组成

字根间的位置关系可以分为四种类型：单、散、连、交。

单——基本字根就单独构成一个汉字，这类字在 130 个基本字根中占比例很大，有近百个。如"由、雨、竹、斤、车"。

散——构成汉字不止一个字根，且字根之间保持一定的距离，不相连也不想交。如"讲、肥、明、张、吴"等。

连——一个基本字连一单笔画，如"丿"下连"目"成为"自"，"丿"下连"十"成为"千"。另一种情况是指"带点结构"，如勺、术、太、主等。单笔画与字根之间存在连的关系，字根与字根之间不存在连的关系。

交——多个字根交叉迭构成汉字。如"申"是由"日、丨"，"里"是由"日、土"交叉构成的等。

## 四、汉字拆分的原则

汉字拆分的原则是：取大优先，兼顾直观，能连不交，能散不连。

五笔字型的基本字根有 130 种，加上一些基本字根的变型，共有 200 个左右。按照每个字根的起笔代号，分为五个"区"。它们是 1 区横区、2 区竖区、3 区撇区、4 区捺区、5 区折区。每个区又分为五个"位"，区和位对应的编号就称为"区位号"。

这样，就把 200 个基本字根按规律地放在 25 个区位号上，这些区位号用代码 11、12、13、14、15；21、22…；51、52、53、54、55 来表示，分布在计算机键盘的 25 个英文字母键上。每个区位上有一个最常用的字根称为"键名字根汉字"，键名字根汉字即组字频率高的字根，很常用的汉字。图 5 - 4 - 1 是各个区位上的键名字根，每个字根左面的括号里的数字代码表示这个字的区位号。

1区(横区)：王(11) 土(12) 大(13) 木(14) 工(15)
2区(竖区)：目(21) 日(22) 口(23) 田(24) 山(25)
3区(撇区)：禾(31) 白(32) 月(33) 人(34) 金(35)
4区(捺区)：言(41) 立(42) 水(43) 火(44) 之(45)
5区(折区)：已(51) 子(52) 女(53) 又(54) 纟(55)

**图 5 - 4 - 1　键名字根汉字**

## 五、汉字字根记忆规则

基本字根与键名字根形态相似；字根首笔代号与区号一致，次笔代号与位号一致；首笔代号与区号一致，笔画数目与位号一致；与主要字根形态相近或有渊源（见图 5 – 4 – 2）。

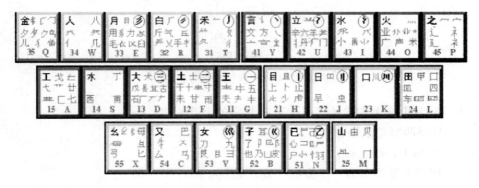

图 5 – 4 – 2　键名字根

1. 首笔画与区号一致，次笔画与位号一致。

第一笔为横，第二笔为横，在 G 键（编码 11），如"王"。

第一笔为横，第二笔为竖，在 F 键（编码 12），如"十"。

2. 首笔画符合区号，且笔画数目与位号相符。

在横区，G 键的笔画代码为"一"，F 键的笔画代码为"二"，D 键的笔画代码为"三"。

在竖区，H 键的笔画代码为"丨"，J 键的笔画代码为"刂"，K 键的笔画代码为"川"。

字根记忆：（见图 5 – 4 – 3）

横区字根记忆如图 5 – 4 – 3 所示。

图 5 – 4 – 3　横区字根分布图

11 – G　王旁青头戋（兼）五一（"兼"与"戋"同音），

12 – F　土士二干十寸雨，

13 – D　大犬三羊古石厂（"羊"指羊字底），

14 – S　木丁西，

15 – A　工戈草头右框七（"右框"即"匚"）。

竖区字根记忆如图 5 – 4 – 4 所示。

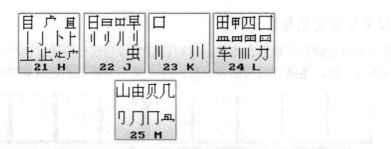

图 5 - 4 - 4　竖区字根分布图

21 - H　目具上止卜虎皮（"具上"指具字的上部），

22 - J　日早两竖与虫依，

23 - K　口与川，码元稀，

24 - L　田甲方框四车力（"方框"即"口"），

25 - M　山由贝，下框几。

撇区字根记忆如图 5 - 4 - 5 所示。

图 5 - 4 - 5　撇区字根分布图

31 - T　禾竹一撇双人立（"双人立"即"彳"），

　　　　反文条头共三一（"条头"即"夂"），

32 - R　白手看头三二斤，

33 - E　月彡（衫）乃用家衣底（"家衣底"即"豕、"），

34 - W　人和八，三四里（"人"和"八"在 34 里边），

35 - Q　金勹缺点无尾鱼（指"勹、鱼"），

　　　　犬旁留叉儿一点夕（指"犭、乂、灬、夕"），

　　　　氏无七（妻）（"氏"去掉"七"）。

捺区字根记忆如图 5 - 4 - 6 所示。

图 5 - 4 - 6　捺区字根分布图

41 - Y　言文方广在四一，

　　　　高头一捺谁人去（高头""，"谁"去"亻"为"讠、口"）。

42 - U　立辛两点六门疒，

43 - I　水旁兴头小倒立（指"氵、⺍、⺌、⺌"），

44 - O　火业头，四点米（"业头"即"⺌"），

45 – P　之字军盖建道底（即"之、宀、冖、廴、辶"），

　　　　　摘礻（示）衤（衣）（"礻、衤"摘除末笔画即"礻"）。

折区字根记忆如图 5 – 4 – 7 所示。

**图 5 – 4 – 7　折区字根分布图**

51 – N　已半巳满不出己，

　　　　　左框折尸心和羽（"左框"即"卩"），

52 – B　子耳了也框向上（"框向上"即"凵"），

53 – V　女刀九臼山朝西（"山朝西"即"彐"），

54 – C　又巴马，丢矢矣（"矣"去"矢"为"厶"），

55 – X　慈母无心弓和匕（"母无心"即"口"），

　　　　　幼无力（"幼"去"力"为"幺"）。

## 六、五笔字型基本输入法则

1. 键名汉字：有 25 个，输入方法是把键名所在的键连击四下。要注意的是，由于每个汉字最多输入四个编码，输入了四个相同字母后，就不要再按空格键或回车键了。

2. 成字字根汉字：除汉字以外本身又是字根的汉字，其输入方法为击字根所在键一下，再击该字根的第一、二笔，末笔单笔画。即键名（报户口）＋首笔代码＋次笔代码＋末笔代码。如十：FGH，刀：VNT"报户口"后面的首、次、末笔一定是指单笔画，而不是字根；如果成字字根只有两个笔画，即三个编码，则第四码以空格键结束。在成字字根中，还有五种单笔划作为成字字根的一个特例：一（GGLL），丨（HHLL），丿（TTLL）、丶（YYLL）、乙（NNLL）。

3. 合体字：由字根组合的汉字叫合体字，它们的输入有两种：由至少四个字跟组成的汉字依照书写顺序击入第一、二、三、末字根；由不足四个字根组成的汉字按书写顺序依次输入击入字根后加末笔字形交叉识别码。如露：雨口止口 FKHK；缩：纟宀亻日 XPWJ。

4. 高频字：是汉语中使用频度最高的 25 个汉字。输入方法为每个字只击一下高频字所在键，再按一下空格键。

## 七、五笔字型简化输入

一级简码：在五个区的 25 个位上，每键安排一个使用频度最高的汉字，成为一级简码，即前面介绍的高频字。这类字只要按一下所在的键，再按一下空格键即可输入。一级键码字如图 5 – 4 – 8 所示。

图 5-4-8 一级简码分布图

二级简码：共 589 个，占整个汉字频度的 60.04%，只打入该字的前两个字根码再加上空格键。如红：纟工 YT　首笔代码 + 次笔代码；张：弓长 XT；妈：女马 VC；克：古儿 DQ。

三级简码：三级简码由单字的前三个字根码组成，只要一个字的前三个字根码在整个编码体系中是唯一的，一般都选做三级简码，共计有 4000 个之多。此类汉字，只要打其前三个字根代码再加空格键即可输入。如毅：全码：UEMC 简码：UEM 首笔代码 + 次笔代码 + 次笔代码；唐：全码：YVHK 简码：YVH。

打法如下：

1. 刚好两个字根："好" = "女" + "子" + 空格。

2. 三个以上字根：只打前面两个，如"渐" = "氵" + "车" + 空格。

3. 成字字根：即是字根也是单个汉字，打法：先打字根键，再打该字第一笔，如"米" = "米" + "丶" + 空格。

4. 键名汉字：在键盘上每个字母键都有一个英文名称，如 A 键、B 键等，在五笔输入法中，也给每个字母键对应的键起了一个中文名称，如"工"键对应 A 键，"大"键对应 D 键，所以总共有 25 个键名字。打法：连击两次键名字所在键后再加空格，如"大" = "大" + "大" + 空格。就是先报户口 + 字根。

总结：在汉语应用中，二级汉字占了大部分，熟练掌握对提高输入速度很有帮助。

关于五笔字型 98 版的补码字根：绝大多数字根只有一个编码，如"木"字根编码为"S"，但有三个特殊字根有两个编码，即"犭""礻""衤"，"犭"编码为"QT"，"礻"编码为"PY"，"衤"编码为"PU"，如"猎"应打"QTAJ"，"祁"应打"PYB"，"初"应打"PUV"。

打法如下：

1. 三个或多于三个字根：打法 = 第一字根 + 第二字根 + 第三字根 + 空格，如"些" = "止" + "匕" + "二" + 空格。

2. 二个字根：打法 = 第一字根 + 第二字根 + 末笔识别码 + 空格，如"里" = "日" + "土" + "三" + 空格。

末笔识别码：在打完字根而还打不出该字的时候，需要加一个"末笔识别码"。定位"末笔识别码"分两步：一是该字末笔是哪种笔划（一、丨、丿、丶、乙）。二是该汉字是什么结构，如左右结构、上下结构、其他结构。

末笔识别码公式：末笔识别码 = 末笔画 × 字结构（左右1、上下2、集合3）。

例："玟"的末笔识别码 = 末笔画（丶）× 字结构（左右1）= 丶 × 1 = 丶 = y

王+文+末笔（末笔为、左右结构，所以应该是Y）。"青"的末笔识别码 = 末笔画（一）× 字结构（集合2）= 一 × 2 = 二 = f。"里"的末笔识别码 = 末笔画（一）× 字结构（集合3）= 一 × 3 = 三 = d。

3. 成字字根：打法 = 字根键 + 该字第一笔 + 第二笔 + 空格，如"丁" = "丁" + "一" + "丨" + 空格。

4. 三级键名汉字：打法 = 键名键 + 键名键 + 键名键 + 空格，如"言" = 言 + 言 + 言 + 空格。

四级字打法：

1. 四个或四个以上字根的汉字，打法 = 第一字根 + 第二字根 + 第三字根 + 末字根，如"命" = "人" + "一" + "口" + "卩"。注意不能再加空格！

2. 只有三个字根的汉字，打法 = 第一字根 + 第二字根 + 第三字根 + 末笔识别码。如"诵" = "讠" + "厶" + "用" + "H－21"（末笔识别码原理请参见三级字打法中的介绍）。

3. 四级成字字根，打法 = 字根键 + 字根第一笔 + 字根第二笔 + 字根末笔，如"干" = "干" + "一" + "一" + "丨"（注意不是末字根，也不是末笔识别码）。

4. 四级键名汉字，打法 = 键名键 + 键名键 + 键名键 + 键名键，如"土" = "土" + "土" + "土" + "土"。

词组打法：

1. 二字词 = 首字第一字根 + 首字第二字 + 第二字第一字 + 第二字第二字根，如"明天" = "日" + "月" + "一" + "大"。"我们" = "丿" + "扌" + "亻" + "门"（注意："我"字是一级简码，打词级时不能按一级简码打，而要按"第一字根" + "第二字根"的打法，其他一级简码如"发""为"字等类推，"发现" = 乙 + 丿 + 王 + 见，其他多字词同样如此）。

2. 三字词 = 首字第一字根 + 第二字第一字根 + 第三字第一字根 + 第三字第二字根，如"计算机" = "讠" + "竹" + "木" + "几"。

3. 四字词 = 按顺序打每个字的第一个字根，如"民主党派" = "乙" + "丶" + "⺌" + "氵"。

4. 多字词 = 按顺序打前三个字的第一个字根 + 最后一个字的第一个字根，如"中华人民共和国" = "口" + "亻" + "人" + "口"。

➤ **模拟演练**

用五笔输入法练习输入《百家姓》

赵钱孙李 周吴郑王 冯陈褚卫 蒋沈韩杨 朱秦尤许 何吕施张 孔曹严华 金魏陶姜戚 谢邹喻柏 水窦章云 苏潘葛奚 范彭郎鲁 韦昌马苗 凤花方俞 任袁柳鄯鲍史唐 费廉岑薛 雷贺倪汤 滕殷罗毕 郝邬安常 乐于时傅 皮卞齐康 伍余元卜顾孟平 黄和穆萧 尹姚邵湛 汪祁毛禹 狄米贝明 臧计伏成 戴谈宋茅 庞熊纪舒屈项祝 董梁杜阮 蓝闵席季 麻强贾路 娄危江童 颜郭梅盛 林刁钟徐 邱骆高夏蔡田樊 胡凌霍虞 万支柯昝 管卢莫经 房裘缪干 解应宗丁 宣贲邓郁 单杭洪包诸左石 崔吉钮龚 程嵇邢滑 裴陆荣翁 荀羊於惠 甄曲家封 芮羿储靳 汲邴糜松井段富 巫乌焦巴 弓牧隗山 谷车侯宓 蓬全郗班 仰秋仲伊 宫宁仇栾 暴甘钭

厉戎祖武符刘景詹束龙叶辛司韶郜黎蓟薄印宿白怀蒲台丛鄂索咸籍赖卓蔺屠蒙池乔阴郁胥能苍双闻莘党翟谭贡劳逄姬申扶堵冉宰郦雍却璩桑桂濮牛寿通边扈燕冀郏浦尚农温别庄晏柴瞿阎充慕连茹习宦艾鱼容向古易慎戈廖庚终暨居衡步都耿满弘匡国文寇广禄阙东殴殳沃利蔚越夔隆师巩厍聂晁勾敖融冷訾辛阚那简饶空曾毋沙乜养鞠须丰巢关蒯相查后荆红游竺权逯盖益桓公 万俟 司马 上官 欧阳 夏侯 诸葛 闻人 东方 赫连 皇甫 尉迟 公羊 澹台 公冶 宗政 濮阳 淳于 单于 太叔 申屠 公孙 仲孙 轩辕 令狐 钟离 宇文 长孙 慕容 鲜于 闾丘 司徒 司空 亓官 司寇 仉督 子车 颛孙 端木 巫马 公西 漆雕 乐正 壤驷 公良

## 活动 3　拼音输入法

### ➤ 活动目标

掌握拼音输入法。

### ➤ 基本知识

输入法是指为了将各种符号输入计算机或其他设备（如手机）而采用的编码方法。汉字输入的编码方法，基本上都是采用将音、形、义与特定的键相联系，再根据不同汉字进行组合来完成汉字的输入的。拼音输入法是按照拼音规定来进行输入汉字的，不需要特殊记忆，符合人的思维习惯，只要会拼音就可以输入汉字。目前主流拼音是立足于义务教育的拼音知识、汉字知识和普通话水平之上，所以对使用者普通话和识字及拼音水平的提高有促进作用。

## 一、常见输入方法

### （一）单字拼音输入方法

1. 全拼输入，输入要打的字的全拼中所有字母，如中国：zhong guo。

2. 首字母输入法（又叫简拼输入），输入要打的字的全拼中的第一个字母，如中国 z g。

3. 双拼输入（也称双打）是建立在全拼输入基础上的一种改进输入，它通过将汉语拼音中每个含多个字母的声母或韵母各自映射到某个按键上，使得每个音都可以用最多两次按键打出。这种对应表通常称之为双拼方案。目前的流行拼音输入法都支持双拼输入，不过现在拼音输入以词组输入甚至短句输入为主，双拼的效率低于全拼和简拼综合在一起的混拼输入，从而边缘化了。双拼多用于低配置的且按键不太完备的手机、电子字典等。

由于中文字库数量庞大，同音字有很多，当采用拼音输入法（尤其是采用首字母输入法）输入中文时，会出现大量同音字，当你要输入的字不在第一位时，按下相对应的数字即可输入该字。如果在第一位则敲下空格键即可输入该字。

**提示**：由于不同的双打拼音方案可能不同，使用时要先查看说明。如在 Sogou 拼音的双打方案中，你要打"张"字，你要敲入"vh"，而在智能 ABC 输入法中的双打方案中，你要敲入"ah"，如图 5 - 4 - 9 和图 5 - 4 - 10 所示。

| 键位 | Q | W | E | R | T | Y | U | I | O | P |
|---|---|---|---|---|---|---|---|---|---|---|
| 定义 | ei | ian | e | iu,er | uang<br>iang | ing | u | i | uo<br>o | uan<br>ûan |
| 键位 | A | S | D | F | G | H | J | K | L | |
| 定义 | a | ong<br>iong | ua,ia | en | eng | ang | an | ao | ai | |
| 键位 | Z | X | C | V(ü) | B | | N | | M | |
| 定义 | iao | ie | in,uai | | ou | | un(ün) | | üe(ue),ui | |

**图 5 - 4 - 9　ABC 输入法双打方案**

**图 5 - 4 - 10　搜狗输入法双打方案**

**（二）两字词拼音输入方法**

A + B 全拼输入法，输入要打的两字词的全拼中所有字母，如中国（zhongguo）、美丽（meili）A + B 首字母输入法，输入要打的两字词的每个字全拼中的首字母，如中国（zg）。

A 首字母 + B 全拼输入法，当采用 A + B 首字母输入的两字词并没有出现在输入框首页上，这时采用翻页键查找功能虽然也能找到你要打的字，但没有直接输入 B 全拼来得快，如命令（ml），当输入 ml 时并没有出现这个词，这时只要在补充输入 ing 即成为 mling，也就是 A 首字母 + B 全拼形式，命令出现在第一位上，比翻页查找要快得多。

**（三）三字词和四字词拼音输入方法**

A + B + C 首字母，如计算机（jsj）；

A + B + C + D 首字母，如欣欣向荣（xxxr）。

# 二、常用拼音输入法

**（一）智能 ABC**

智能 ABC 是一种在全拼输入法基础上加以改进的常用拼音类汉字输入法。

智能 ABC 不是一种纯粹的拼音输入法，而是一种音形结合输入法。因此在输入拼音的基础上如果再加上该字第一笔形状编码的笔形码，就可以快速检索到这个字。笔形码所代替的笔形见图 5 - 4 - 11：

图 5 - 4 - 11

例如，输入"吴"字，输入"wu8"即可减少检索时翻页的次数，检索范围大大缩小。对于智能 ABC 标准输入法来说，只要你懂一点拼音，哪怕你的拼音带有比较重的南方口音，你都可以借助键盘来自如地输入汉字，在智能 ABC 标准输入法中，对于常用的字、词或词组，只要键入其声母就能显示出对应的内容，智能输入法还有很强的自动造词功能。对于不会发音的字，智能 ABC 提供了笔形输入法，只要我们在其属性中选中"笔形输入"，就可以利用笔形码输入来弥补音码输入的不足。

1. 简拼输入。

如果对汉语拼音把握不甚准确，可以使用简拼输入。规则：取各个音节的第一个字母组成，对于包含 zh、ch、sh 的音节，也可以取前两个字母组成。

例如：汉字　　全拼　　　　　简拼

　　　长城　changcheng　c'c，c'ch，ch'c，ch'ch

隔音符号"'"是汉语拼音使用的特殊符号，例如 xian（先），在加入隔音符号后为 xi'an（西安），拼音含义发生变化。

2. 双打输入。

双打输入规则：一个汉字在双打方式下，只需要击键两次：奇次为声母，偶次为韵母。

有些汉字只有韵母，称为零声母音节：奇次键入"o"字母（o 被定义为零声母），偶次为韵母。提示：

（1）在双打变换状态，下列场合对双打键盘的定义不起作用：大写字母；第一键为"u"，"u"用于输入用户定义的新词；第一键为"i"或"I"，用于输入中文数量词。

（2）在双打变换方式下，简拼的输入采取全部大写。

3. 笔形输入。

（1）进入笔形输入：用鼠标右键单击"智能 ABC 输入法"状态条，屏幕上就会出现"属性设置"选项，单击"属性设置"选项，即可进入"智能 ABC 输入法设置"对话框。单击"笔形输入"复选框，最后单击"确定"命令按钮可进入笔形输入（见表 5 - 4 - 3）。

**表 5 - 4 - 3**　　　　　　　　　　　　**笔形输入表**

| 笔形代码 | 笔形 | 笔形名称 | 实例 | 注　　解 |
|---|---|---|---|---|
| 1 | 一 | 横（提） | 二、要、厂 | "提"也算作横 |
| 2 | 丨 | 竖 | 同、师、少 | |
| 3 | 丿 | 撇 | 但、箱、斤 | |
| 4 | 丶 | 点（捺） | 写、忙、定 | "捺"也算作点 |
| 5 | ㄱ | 折 | 对、队、刀 | 顺时针方向弯曲，多折笔画，以尾折为准，如"了" |
| 6 | ㄴ | 弯 | 匕、她、绿 | 逆时针方向弯曲，多折笔画，以尾折为准，如"乙" |
| 7 | 十，（乂） | 叉 | 草、希、档 | 交叉笔画只限于正叉 |
| 8 | 口 | 方 | 国、跃、是 | 四边整齐的方框 |

（2）独体字的取码：按笔画顺序取码。

（3）合体字的取码：可以将其分为左右、上下或内外两块的字称为合体字。合体字的输入方法是每个字块最多取三个笔画，如果第一个字块不足三笔，则顺序取第二个字块的笔画。

**（二）搜狗拼音输入法**

1. 全拼的使用方法。全拼输入是拼音输入法中最基本的输入方式。你只要用 Ctrl + Shift 键切换到搜狗输入法，在输入窗口输入拼音即可输入。然后依次选择你要字或词即可。你可以用默认的翻页键是"逗号（，）句号（。）"来进行翻页。比如"搜狗拼音"，输入：sougoupinyin。

2. 简拼的使用方法。简拼是输入声母或声母的首字母来进行输入的一种方式，有效地利用简拼，可以大大地提高输入的效率。搜狗输入法现在支持的是声母简拼和声母的首字母简拼。例如，你想输入"金融技能"，你只要输入"jrjn"就可以输入"金融技能"。

同时，搜狗输入法支持简拼全拼的混合输入，例如，你输入"srf""sruf""shrfa"都是可以得到"输入法"的。请注意：这里的声母的首字母简拼的作用和模糊音中的"z，s，c"相同。有效的用声母的首字母简拼可以提高输入效率，减少误打，例如，你输入"指示精神"这几个字，如果你输入传统的声母简拼，只能输入"zhshjsh"，需要输入的多而且多个 h 容易造成误打，而输入声母的首字母简拼，"zsjs"能很快得到你想要的词。

还有，简拼由于候选词过多，可以采用简拼和全拼混用的模式，这样能够兼顾最少输入字母和输入效率。例如，你想输入"指示精神"你输入"zhishijs"、"zsjingshen"、"zsjingsh"、"zsjingsh""zsjings"都是可以的。打字熟练的人会经常使用全拼和简拼混用的方式。

3. 双拼的使用方法。双拼是用定义好的单字母代替较长的多字母韵母或声母来进行输入的一种方式。例如，如果 T = t，M = ian，键入两个字母"TM"就会输入拼音"tian"。使用双拼可以减少击键次数，但是需要记忆字母对应的键位，但是熟练之后效率会有一定提高。

如果使用双拼，要在设置属性窗口把双拼选上即可。特殊拼音的双拼输入规则有：对于单韵母字，需要在前面输入字母 O + 韵母。例如，输入 OA→A，输入 OO→O，输入 OE→E。而在自然码双拼方案中，和自然码输入法的双拼方式一致，对于单韵母字，需要输入双韵母，例如，输入 AA→A，输入 OO→O，输入 EE→E。

4. 拆字辅助码。拆字辅助码让你快速地定位到一个单字，使用方法如下：想输入一个汉字【娴】，但是非常靠后，找不到，那么输入【xian】，然后按下【Tab】键，在输入【娴】的两部分【女】【闲】的首字母 nx，就可以看到只剩下【娴】字了。输入的顺序为 xian + tab + nx。

独体字由于不能被拆成两部分，所以独体字是没有拆字辅助码的。

## （三）全拼输入法

使用全拼输入法作为主要输入法的人大概不多，但作为一种辅助输入还是有它的利用价值的。

1. 查偏旁部首。在文本编辑过程中有时需要输入汉字的偏旁部首，虽然用五笔输入法就能做到，但毕竟不经常输入偏旁部首，因此有时不一定能立刻打出你要的偏旁部首，而且系统中碰巧没有装五笔输入法又该怎么办呢？你可以采用以下步骤：首先选择全拼输入法，接着输入"pianpang"（其实输"pianp"就已经够了），这时你就会发现一些汉字的偏旁部首出现了，如果发现自己需要的偏旁不在当前的显示窗口中，还可以通过单击切换符号来进行前后换页，直到找到你需要的偏旁出现为止。

2. "智能"查询。用"？"键可以实现"智能"查询，操作过程是：在输入合法的任何外码后，键入"？"键，系统会在重码选择区显示以这个外码开始编码的汉字或符号序列。"？"代表一位编码，多位查询可键入多个"？"。比如输入"南宁"时，不知道"宁"字是"ling"还是"ning"，则输入"nan？ing"即可。

3. 帮助拆字。使用五笔字型输入时可能都有这样的体验，某些字很难拆分，怎么也打不出来。其实我们完全可以利用全拼输入法来帮我们"拆字"，对不会输入的汉字，只要用全拼输入法输入以后，记住出现在编码框中的相应五笔型码，下一次再碰到这个字，就可以用五笔型码输入了。比如"未"和"末"字，若不熟悉其五笔编码，很容易搞混，因此切换到全拼输入状态，用鼠标右键点击全拼输入条，在弹出的菜单中选"设置"，在弹出的"输入法设置"对话框中选"五笔型码"，按"确定"钮后退出，在全拼输入方式下键入"wei"，用数字键 3 选取后，编码框中就会出现绿色的"fii"，这就是"未"字的五笔编码，根据拆字规则记住它，以后就能用五笔型码输入这个字了。

4. 输入标点符号。用鼠标右键点击全拼条右边的小键盘图标，选择其中的"标点符号"，在弹出的软键盘中，各种标点符号即可随手拈来，再次用鼠标右键点击小键盘图标，选择其中的"标点符号"，又将软键盘隐藏起来了。至于其他方面的应用待同学们在使用过程中继续探索。

## ➤ 模拟演练

用拼音输入法联系常见易错生僻字输出。

犇 bēn，　猋 biāo，　驫 piāo，　蟲 chóng，　麤 cū，　毳 cuì，　淼 miǎo，　羴 pá，

焱 yàn，　垚 yáo，　鑫 xīn，　森 sēn，　磊 lěi，　晶 jīng，　品 pǐn，　矗 chù，

卉 huì，　芔 huì，　鱻 xiǎn，　飍 xiū，　姦 jiān，　贔 bì　覬覦 jìyú　龃龉 jǔyǔ

囹圄 língyǔ　魍魉 wǎngliǎng　纨绔 wánkù　鳜鱼 guìyú　耄耋 màodié　饕餮 tāotiè

痤疮 cuóchuāng　踟蹰 chíchú　倥偬 kǒngzǒng　倥侗 kōngdòng　彳亍 chìchù　谄媚 chǎnmèi

女红 nǚgōng　佝偻 gōulóu　龟裂 guīliè　蓓蕾 bèilěi　蹀躞 diéxiè　迤逦 yǐlǐ

呷茶 xiāchá　狡黠 jiǎoxiá　猥亵 wěixiè　猥狎 wěixiá　委蛇 wēiyí　蟾蜍 chánchú

迷惘 míwǎng　趔趄 lièqie　窥觑 kuīqù　肄业 yìyè　徜徉 chángyáng　叱咤 chìzhà

绸缪 chóumóu　纶巾 guānjīn　咄嗟 duōjiē　雁难 línàn　龌龊 wòchuò　促狭 cùxiá

皈依 guīyī　旮旯 gālá　戛然 jiárán　参差 cēncī　鳏夫 guānfū　髑髅 dúlóu

皴裂 cūnliè　妊娠 rènshēn　老鸨 lǎobǎo　东莞 dōngguǎn　孑孓 jiéjué　逡巡 qūnxún

趑趄 zīqiè　斡旋 wòxuán　弹劾 tánhé　旌旗 jīngqí　沟壑 gōuhè　菁华 jīnghuá

拈花 niānhuā　旖旎 yǐnǐ　褴褛 lánlǚ　蒯草 kuǎicǎo　执拗 zhíniù　匍匐 púfú

阿訇 āhōng　暴殄 bàotiǎn　拥趸 yōngdǔn　氤氲 yīnyūn　鹄的 gǔdì　整饬 zhěngchì

贲临 bìlín　踽踽 jǔjǔ　弑君 shìjūn　舐犊 shìdú　澹台 tántái　单于 chányú

尉迟 yùchí　噱头 xuétóu　劓刑 yìxíng　木讷 mùnè　薄荷 bòhe　徘徊 páihuái

耆宿 qísù　确凿 quèzáo　枣核 zǎohé　给予 jǐyǔ　说客 shuìkè　腌臜 āzā

## ➤ 知识拓展

输入中文时使用智能 ABC 输入法，可是要想更快速、更方便，你就一定得了解其中"v"和"i"这两个字母的秘密。

### "v"的妙用

用智能 ABC 输入含有英文的中文语句时，使用 Ctrl + Space 切换中英文输入状态十分麻烦。其实智能 ABC 在输入拼音的过程中，如果需要输入英文，可以不必切换到英文方式。键入"v"再输入想输入的英文，按空格键，英文字母就会出现，而"v"不会显现出来。比如输入"venglish"按空格，就会得到"english"。

"v"也可输入图形符号。在智能 ABC 输入法的中文输入状态下只要输入"v1 – v9"就可以输入 GB – 2312 字符集 1 – 9 区各种符号。比如想输入"Δ"，就可以输入"v6"然后选择"4"就得到了"Δ"；想输入"&&"，输入"v3"然后选择"6"等等，非常方便。

**表 5 – 4 – 4**　　　　　　　　　"i"也神奇

| |
|---|
| a：秒 b：百 c：厘 d：第 e：亿 f：分 g：个 |
| h：时 i：毫 j：斤 k：克 l：里 m：米 n：年度 |
| p：磅 q：千 r：日 s：十 t：吨 u：微 |
| w：万 x：升 y：月 z：兆 |

**字母和量词的对应**

智能 ABC 还提供了阿拉伯数字和中文大小写数字的转换能力，可以对一些常用量词简化输入。"i" 为输入小写中文数字的前导字符，"I" 为输入大写中文数字的前导字符。比如输入 "i7" 就可以得到 "七"，输入 "I7" 就会得到 "柒"。输入 "i2000" 就会得到 "二〇〇〇" 这几个困扰很多人的数字。输入 "i +" 会得到 "加"，同样 "i –"、"i *"、"i/" 对应 "减"、"乘"、"除"。

对一些常用量词也可简化输入，输入 "ig"，按空格键，将显示 "个"；"ij" 得到 "斤"（系统规定数字输入中字母的含义见表 5 – 4 – 4）。"i" 或 "I" 后面直接按空格键或回车键，则转换为 "一" 或 "壹"。

# 任务 5　计算机录入传票训练

> **【任务描述】** 计算机录入传票业务是银行工作人员每天都要进行的业务操作，并且这项操作需要综合数字及汉字输入等各项技能。本任务旨在锻炼学生数字及汉字输入的综合能力，通过反复锻炼提高工作效率。

## 活动 1　计算机录入传票训练

### ➤ 活动目标
熟练操作计算机录入传票技能。

### ➤ 模拟演练
1. 在 20 分钟内在 EXCEL 表格中输入完以下内容，同座同学相互检查业务录入是否正确，16 笔正确为及格。

| | 题目 | | 题目 |
|---|---|---|---|
| 1 | 727270100352261827 | 2 | 727010135210055368 |
| | 安鑫建筑装饰公司 | | 美凯乐效果颜料公司 |
| | 2443500 | | 5240600 |
| | 自动扣款 | | 补发折 |
| 3 | 081010100311029421 | 4 | 727040100310016441 |
| | 沙城五金机电经营部 | | 鑫博燃料物资公司 |
| | 2666400 | | 467200 |
| | 煤气费 | | 还贴现 |

| | 题目 | | 题目 |
|---|---|---|---|
| 5 | 751010100115325946<br>美凯龙服装有限公司<br>11560<br>汇款汇出 | 6 | 727122800311388392<br>宜峰电缆施工队<br>4440600<br>柜员取款 |
| 7 | 727090112801023182<br>方圆水泥制品有限公司<br>4401700<br>同业担保 | 8 | 727180112957064107<br>蛟滩湖渔业养殖合作社<br>5079700<br>存款息 |
| 9 | 727122947101447532<br>长浔吊装有限公司<br>1909700<br>贷款回收 | 10 | 617010164101389213<br>银苑装饰工程有限公司<br>2244300<br>收汇业务 |
| 11 | 781010100140205330<br>沃鑫化工有限公司<br>4848900<br>还欠息 | 12 | 081010100120322351<br>历源整流设备有限公司<br>298700<br>利息税 |
| 13 | 611010100220441129<br>乐野科技有限公司<br>4358600<br>商票收款 | 14 | 727200163337427462<br>双龙特种耐火材料有限公司<br>3354400<br>汇划费 |
| 15 | 727010100299099855<br>博莱农业生态园有限公司<br>4189600<br>煤气费 | 16 | 727270100140360311<br>务实建设监理有限公司<br>12590000<br>贴现款 |
| 17 | 727022300399127756<br>县布兰奇高质洗衣店<br>2701400<br>柜员取款 | 18 | 727010176599272180<br>金巢彩涂钢板有限公司<br>4521200<br>承付划款 |
| 19 | 727100162623060947<br>陈国芳禽蛋零售部<br>2889800<br>汇款退汇 | 20 | 0750302110100088480<br>赣北地质工程勘察队<br>3435400<br>固定话费 |

➤ 知识拓展

## 金融机构计算机录入传票考核标准

（一）测评内容

使用计算机录入传票。

（二）出题标准

使用试卷为储蓄传票 50 笔以上。

（三）评分标准

（1）试卷中每 1 个汉字按 1 个字计算，"币别"、"储种"、"账户类别"、"存期"栏的数字代号按 1 个汉字计算，"金额"栏的数字按 2 个汉字计算，身份证号码的数字按 5 个汉字计算。

（2）录入时必须按顺序号逐项、逐笔完整录入，每错录、漏录、多录 1 个汉字或 1 个数字，均按错字计算，错 1 个字扣 5 个字。

（3）试卷录入有效字数等于录入字数减去差错扣除的字数，每分钟录入字数等于试卷有效字数除以时间。

（4）差错率按实际录入的字数计算。

（四）要求

1. 准备时间 3 分钟，可做以下工作：

（1）开机并启动系统，进入录入状态。

（2）录入单位和姓名。

2. 测试录入时间为 10 分钟。

（五）等级标准

一级能手：每分钟 80 字以上。

二级能手：每分钟 60 字以上。

三级能手：每分钟 50 字以上。

合　　格：每分钟 20 字以上。

差错率不高于 15‰。

✒ 项目小结

要掌握数据与文字录入技术，首先必须了解计算器的键位功能，电子计算器与计算机小键盘的数据和文字录入技术是金融行业工作人员必备的一项基础业务技能。

电子计算器和计算机小键盘输入数字是金融行业工作人员的一项常用技能。专用计算器的使用首先必须了解计算器的键位功能，然后通过练习掌握录入技巧，最后熟练操作运用专用计算器进行翻打百张传票的操作。翻打百张传票是金融行业最为常见的业务操作，讲究眼脑手的协调，需要反复地练习才能达到较高水平。

文字录入在很多人看来可能是一项最简单的工作，但确是金融行业各项工作技能中最基础的技能，在以后的工作中起到非常大的作用。日常的无纸化办公都需要我们要较快的文字录入水平。

在金融机构为客户提供服务，办理各项业务时都离不开汉字输入，特别是临柜工作人员应当熟练掌握要求柜员至少掌握一种音码输入法和一种形码输入法，且每分钟输入汉字超过

40 个，另外还必须掌握一些生僻字的输入方法。

计算机录入传票业务是银行工作人员每天都要进行的业务操作，并且这项操作需要综合数字及汉字输入等各项技能。

### 📜 知识考核

1. 使用电脑操作时正确的坐姿有哪些要点？

2. 银行专用计算器有哪些功能键？分别如何使用？

3. 用计算器和计算机小键盘进行翻打百张传票时需要注意哪些问题？

4. 五笔打字输入的字根表能否熟记？

### 📑 技能训练

1. 计算器或者计算机小键盘输入运算下表数据。

| （一） | （二） | （三） |
| --- | --- | --- |
| 416. 38 | 852. 63 | 4 126. 27 |
| 7 927. 55 | 5 247. 14 | 246. 47 |
| 16 168. 43 | 88 264. 72 | 852 168. 53 |
| 26. 21 | 3 249 373. 14 | 49 451. 63 |
| 493 217. 36 | 249 389. 63 | 48. 71 |
| 246. 79 | 24. 79 | 2 735 279. 29 |
| 479 479. 17 | 7 283. 45 | 3 247. 24 |
| 54 798. 16 | 471. 34 | 497 417. 31 |
| 2 473. 49 | 28 159. 47 | 349. 15 |
| 8 476 179. 46 | 249 476. 27 | 31 426. 43 |

2. 英文输入考核：输入字母数在 2 000 以上的文章，输入时间为 5 分钟。

The presidential election is over, but there seems to be no end to the so-called policy paralysis. The government also seems reluctant to take strong measures like hike in diesel/LPG prices or freeing up FDI in retail or aviation.

In short, there is no talk of reforms at all in the political circles. Worse, the monsoon has been weak so far and we are close to a drought like situation.

Reflecting the gloom, market bellwether BSE Sensex has fallen from 17 500 to 16 800 — a fall of close to 700 points, or 4% in July itself. Needless to say, equity investors are really worried, as the fortunes of the stock market are closely linked to the fortunes of the economy.

What should equity investors do? "Invest only 30% – 50% of your money now, with the balance to be invested in a staggered manner depending on how the macro economic situation pans out. Keep an eye on companies that declare good results," says Sanjay Sinha, founder, Citrus Advisors.

"At this juncture, invest in large-cap companies instead of small – and mid-cap companies," says Prateek Pant, director (products & services), private banking, Royal Bank of Scotland.

Buy into companies with good quarterly numbers. The result season has thrown up some companies which have managed to do well despite a slowdown in the economy. Investors should closely track companies that have posted good numbers and are offering impressive guidance for the rest of the year.

Once you have identified such companies, you could look at accumulating them at declines. "Even if the market was to correct from here, companies that report good numbers may not fall, since valuations will support them," says Kartik Mehta, AVP (research), Sushil Finance. He recommends buying Larsen and Toubro (L&T) at 1 350.

Despite being in the capital goods segment, which has gone through a rough phase due to low economic growth, net profit of L&T increased from Rs 746 crore to Rs 864 crore, a rise of 16% for the quarter ended June 2012.

Order inflows at Rs 19 594 crore recorded an impressive year-on-year growth of 21%, despite the weak investment sentiment and prevailing global uncertainties. Similarly, in the banking space, private sector banks like HDFC Bank and ICICI bank came up with strong numbers.

HDFC Bank maintained its stellar growth. Profit for the quarter ended June 2012, grew by 30.6% to Rs 1 417.4 crore. ICICI Bank too saw a 25% increase in consolidated profit after tax to Rs 2 077 crore for the June quarter.

"We recommend private sector banks over PSU banks due to their strong asset quality," says Dipen Shah, head of fundamental research at Kotak Securities.

3. 汉字输入考核：输入字数在 1000 以上的文章，输入时间为 5 分钟。

（1）布里斯定律：好的计划是成功的开始。（美国行为科学家布里斯——用较多的时间为一次工作事前计划，做这项工作所用的总时间就会减少。）

（2）二八法则：重要的多数和烦琐的少数。（意大利经济学家帕累托——20% 的人占有80% 的财富。）

（3）洛克定律：跳一跳，够得着。（美国管理学家洛克——当目标是指向未来的，又是富有挑战的时候，它便是最有效的。）

（4）全员决策法则：善用员工智慧。（韦尔奇提出：如果你希望部属全然支持你，你就必须让他们参与决策，而且愈早愈好——其特征是将所有能够下放到基层的管理权限全部下放，避免了权力过分集中的官僚主义弊端。）

（5）贝尔效应一：想着成功，成功的景象就会在内心形成。（美国布道家、学者贝尔——成功者与失败者的最大不同，就在于前者坚信自己会成功，而后者则不是。）

（6）马太效应：贫者越贫，富者越富。美国社会学家莫顿——在"赢者通吃"的社会里，游戏规则往往都是赢家制定的。因此，任何个体、群体或地区，一旦成为竞争的优胜者而占据了有利的位置，就会产生一种累计优势，以后就有更多的机会获取所需。

（7）合作的负效应（责任分散）：美国拉绳试验——一个人敷衍了事，两个人互相推诿，三个人则永无成事之日——人与人合作不是人力的简单相加，而是要复杂和微妙得多。

（8）玻璃式法则：开放、公开化的经营。（松下幸之助——要求企业对员工，甚至对外部社会增强透明度，强调开放式、公开化的经营原则。其作用在于唤起员工的责任感，消除依赖心。）

（9）乔治定理：只有每一小步都受到鼓励，人们才敢尝试迈出更大的步子。（美国管理学家乔治提出。其内容是：有效地进行适当的意见交流，对一个组织的氛围和生产能力会产生有益的积极影响——其常常被引申为管理者对员工采取持续的、行之有效的激励测试。）

（10）从众效应：要走在别人的前面。（从众效应指由于群体的引导或施加的压力而使个人的行为朝着与群体大多数人一致的方向变化的现象——社会心理学家研究成果。管理中也容易发生从众行为，表现为放弃自己的正确观点和特点，而盲目地、非理性地跟从他人的行为。因此，管理者要克服盲目从众，正确的做法是"敢为天下先。"）

（11）马蝇效应：强化人的追求，形成心理压力。（美国前总统林肯的发现。其本意为利用马蝇促马快跑——对管理者的启发：越是有能力的员工越不好管理，因为其有强烈的占有欲，如果他们得不到想要的东西，要么会跳槽，要么会捣乱。所以要让他们安心、卖力地工作，就一定要有能激励他的东西。——出色的管理者，都深谙激励之术。）

（12）250 定律：顾客就是上帝。（美国著名汽车推销员乔·杰拉德提出。其认为每一位顾客身后都大约站着 250 个人，这些人是他比较亲近的同事、邻居、亲戚、朋友。所以，如果你赢得了一位顾客的好感，也就赢得了 250 人的好感；反之就意味着得罪了 250 名顾客。其由此得出结论：在任何情况下，都不要得罪哪怕是一个顾客——企业的生命之源在于使顾客满意。）

4. 在 20 分钟内在 EXCEL 表格中输入完以下内容，同座同学相互检查业务录入是否正确，16 笔正确为及格。

| | 题目 | | 题目 |
|---|---|---|---|
| 1 | 6110129766153111137 | 2 | 727192800399350576 |
| | 凌龙图文广告有限公司 | | 南安进出口公司 |
| | 3308900 | | 3277600 |
| | 综合理财 | | 定期开户 |
| 3 | 617010142330180569 | 4 | 611010100199147304 |
| | 粮油副食经营部 | | 华特家电销售公司 |
| | 5834200 | | 5033000 |
| | 收汇业务 | | 电话银行 |
| 5 | 727270100352261827 | 6 | 727260100305420501 |
| | 欧斯雅文具有限公司 | | 远洋贸易有限公司 |
| | 2443500 | | 2677400 |
| | 自动扣款 | | 定期开户 |
| 7 | 727100194280340582 | 8 | 771012200340429088 |
| | 友源特种气体有限公司 | | 新创业运输有限公司 |
| | 5760600 | | 5293500 |
| | 贷款利息 | | 煤气费 |

续表

| | 题目 | | 题目 |
|---|---|---|---|
| 9 | 771010162299214137 | 10 | 727210100262374491 |
| | 高精密冲压件有限公司 | | 昕欣贸易有限公司 |
| | 2536100 | | 2514100 |
| | 手续费 | | 回单箱 |
| 11 | 727160100108014772 | 12 | 787010128420116489 |
| | 青峰众兴酒业有限公司 | | 东风汽车股份有限公司 |
| | 1638400 | | 1561900 |
| | 隔日冲账 | | 贷款利息 |
| 13 | 081011500140443550 | 14 | 611010100101459949 |
| | 仙客来生物科技有限公司 | | 西北有色地质研究院 |
| | 1935200 | | 4371400 |
| | 贷款利息 | | 商票收款 |
| 15 | 727010100311101827 | 16 | 727178100310381306 |
| | 亚希尔电器有限公司 | | 艺炼服饰有限公司 |
| | 4196700 | | 1993000 |
| | 还贴现 | | 定期部支 |
| 17 | 727310118811346415 | 18 | 727250100115370711 |
| | 扬泰建筑干粉公司 | | 庐鑫服饰有限公司 |
| | 4782200 | | 2917900 |
| | 挂失新开 | | 汇转钞 |
| 19 | 771010100170007295 | 20 | 727110100104263898 |
| | 新兴铸造厂 | | 前进系统工程公司 |
| | 1039800 | | 5839500 |
| | 还贴现 | | 商标收款 |
| 21 | 611012976615311137 | 22 | 727192800399350576 |
| | 凌龙图文广告有限公司 | | 南安进出口公司 |
| | 3308900 | | 3277600 |
| | 综合理财 | | 定期开户 |

# 项目六

# 珠算基本技能训练

| 项目描述 | 尽管目前电子计算器具的广泛使用，使得珠算不再是用于计算的必备工具，但是珠算是中华民族的优秀文化瑰宝，历史悠久，在上下五千年的历史长河中，珠算有着三千年的历史。它对我国经济、文化、社会、教育的发展，对社会进步都起过不可估量的推动作用，同时也得到了广泛传播。珠算技能是金融、财会专业所必需的基本知识、基本技能和技巧，本次学习任务在于介绍珠算知识并要求掌握珠算的加减、乘除法的计算方法。 | |
|---|---|---|
| 项目目标 | 知识目标 | ◇ 了解珠算的历史作用<br>◇ 熟悉并掌握珠算的指法要求 |
| | 技能目标 | ◇ 掌握珠算的三指拨珠法<br>◇ 掌握珠算的加法计算题<br>◇ 掌握珠算的减法计算题<br>◇ 掌握珠算的乘法计算题<br>◇ 掌握珠算的除法计算题 |
| 项目任务 | | **任务1 珠算认知**<br>　活动1 珠算基本知识<br>　活动2 学习使用算盘<br>**任务2 珠算加减法学习**<br>　活动1 珠算加法<br>　活动2 珠算减法<br>　活动3 简捷加减法<br>**任务3 珠算乘法学习**<br>　活动1 珠算乘法的背景知识<br>　活动2 乘法定位法<br>　活动3 珠算乘法<br>　活动4 简捷乘法<br>**任务4 珠算除法学习**<br>　活动1 珠算除法的背景知识<br>　活动2 珠算商除法<br>　活动3 珠算简捷除法 |
| 建议学时 | | 8 学时 |

# 任务1 珠算认知

【任务描述】珠算有着无限广阔的发展前景。这主要是由于珠算本身有着丰富的内涵和独特的功能，它不仅计算方法易学方便，而且有良好的教育功能和启迪功能，因此，它是任何其他计算技术、计算工具所不能取代的。通过本任务的学习旨在掌握珠算的概念与功能、认识算盘的构造和种类以及算盘的记数的相关知识。

## 活动1 珠算基本知识

### ➤ 活动目标

掌握珠算的概念与功能、认识算盘的构造和种类以及算盘的记数。

### ➤ 基本知识

## 一、珠算的概念及功能

### （一）珠算的基本概念

珠算是以算盘为工具进行数字计算的一种方法。"珠算"一词，最早见于汉代徐岳撰《数术记遗》，其中有云："珠算，控带四时，经纬三才。"北周甄鸾为此作注，大意是：把木板刻为三部分，上下两部分是停游珠用的，中间一部分是作定位用的。每位各有五颗珠，上面一颗珠与下面四颗珠用颜色来区别。上面一珠当五，下面四颗，每珠当一。可见当时"珠算"与现今通行的珠算有所不同。

珠算，起源于珠。算珠，并不总是一颗珠子表示1，它在不同的空间位置上表示不同的数值。如在算盘上同样的一颗珠子，在梁下表示1，在梁上表示5；左档上的一珠就表示本档上的10等等。

现将基本概念分述如下：

算珠：具有一定的赋值（由于空间位置不同，而可以有不同赋值）用以示数和进行计算的珠子，叫做算珠。

算盘：有算珠系统构成的计算工具。

珠算：研究和运用算珠系统的科学技术，运用算盘进行加、减、乘、除等的计算方法，叫做珠算。

### （二）珠算的功能

珠算科技有着无限广阔的发展前景。这主要是由于珠算本身有着丰富的内涵和独特的功能，它不仅计算方法易学方便，而且有良好的教育功能和启迪功能，因此，它是任何其他计算技术、计算工具所不能取代的。近年来，珠算的教育功能已日益得到社会的重视和应用，开展珠算（包括珠心算）教学，对数学的学习是极为有利的。经过多年教学实验证明：珠算教学符合学习数学的心理特点，既形象又具体，珠动数出，直观又形象，脑、手、眼并动，手段得法，易学易懂。在教学阶段的珠算练习中，脑、眼、手并用，且不断强化作用力度，大大提高了脑神经的活动频率，提高了计算能力并有启智功效。

# 二、算盘的结构与种类

## （一）算盘的结构

算盘呈长方形，由边（框）、梁、档、珠四个基本部分所组成，改进后的算盘又增加了清盘器、记位点和垫脚等装置（见图 6-1-1）。

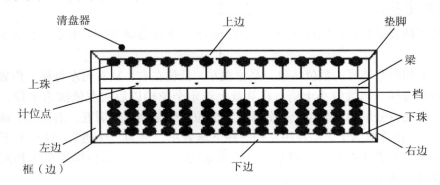

**图 6-1-1　算盘的结构**

边（框）：是算盘的四周框，用以固定算盘的梁、档、珠各部分，它决定了算盘的大小及形状。

梁：是连接左右两边的一条横木，将盘面分为上下两部分。

档：是连接上下边并穿过横梁的细柱，用以穿连算珠并表示数位。

珠：又称"算珠"或"算盘子"，梁上部分叫上珠，梁下部分叫下珠。七珠算盘最下面的颗叫顶珠，最下面的一颗叫底珠。

清盘器：是连接在横梁下面用以使算珠离梁的装置。其操作按钮装在算盘上边的左端。上要用于提高清盘的速度与质量。

垫脚：装在算盘左右两边的底面，共三个，其作用是使算盘底面离开桌面，当推（拉）算盘下面的计算资料时，防止算珠被带动。

记位点：是在梁上做出的记位标记，每隔三档一点，每点在两档之间，主要作用是为计数与看数方便。

## （二）算盘的种类

值得注意的是，算盘一词并不专指中国算盘。从现有文献资料来看，许多文明古国都有过各自的算盘。古今中外的各式算盘大致可以分为三类：沙盘类，算板类，穿珠算盘类。

1. 沙盘是在桌面、石板等平板上，铺上细沙，人们用木棍等在细沙上写字、画图和计算。

2. 后来逐渐不铺沙子，而是在板上刻上若干平行的线纹，上面放置小石子（称为"算子"）来记数和计算，这就是算板。19 世纪中叶在希腊萨拉米斯发现的一块 1 米多长的大理石算板，就是古希腊算板，现存在雅典博物馆中。算板一直是欧洲中世纪的重要计算工具，不过形式上差异很大，线纹有直有横，算子有圆有扁，有时又造成圆锥形（类似现在的跳棋子），上面还标有数码。

3. 穿珠算盘指中国算盘、日本算盘和俄罗斯算盘。日本算盘叫"十露盘"，和中国算盘不同的地方是算珠的纵截面不是扁圆形而是菱形，尺寸较小而挡数较多。俄罗斯算盘有若干弧形木条，横镶在木框内，每条穿着 10 颗算珠。在世界各种古算盘中，中国的算盘是最先进的珠算工具。

### 三、算盘的记数法

算盘是以档表示数位，以算珠表示数码，即上、下珠靠梁多少，表示记数多少，以离梁算珠表示零。

算盘上的档位与笔写的数位一致，高位在左，低位在右，从右向左每移一档数字扩大十倍，从左向右每移一档数值小十倍。在算盘上选定个位档以后向左依次为十位、百位、千位、万位……向右分别为十分位，百分位，千分位……某档下珠满五，需换用上珠表示，称为"五升"；某档算珠满十，需换用左档一颗下珠表示，称为"十进"。这种上下珠记数和进位方法称为"五升十进制"记数法。珠算就是通过上、下珠对横梁的集聚和离散来进行置数、计算及反映结果的。

我国目前数码记数的方法，是采用国际通用"三位"一分节法，即对任意一个数在其整数部分，从个位向左边数，每隔三位分成一节，节间用分节号"，"隔开。有小数部分，小数点后面数字不分节。所以算盘计数时在横梁上也按三位分节，分节号用记位点表示，在算盘上选定某一记位点为个位点时，每向左边移动三位，分别为千位、百万位……这样便于看数、记数。例：8 706 021. 53（见图 6 - 1 - 2），从高位到低位依次拨珠靠梁，遇零空档，不需拨珠。

图 6 - 1 - 2　算盘的记数

➤ **模拟演练**

熟悉算盘的构造，并上网搜索算盘起源及相关知识。

## 活动 2　学习使用算盘

➤ **活动目标**

掌握使用算盘的各种要领。

➤ 使用要领

# 一、看数、置数和写数

打算盘是一种思维综合运动。打算盘对眼、脑、手必须有机配合。先是眼静看数，再反映到脑，脑再支配手去拨珠，这就要求看数既准又快，看一遍就能记住，力争做到眼看和手动并进。计算的正确与迅速同正确看数有直接关系，如果看数慢、看错数、看漏数，就会影响手指拨珠的正确性和速度。一般开始时从左到右分节看数，熟练后要达到过目不忘、边看边打，才能节省时间，保持操作的连续性。

置数，是指把应计算的预定数拨入算盘。为提高计算效率，就要求我们熟记算盘的记数法，练成看数不停，拨珠不断的本领。计算完毕后，写数一环也很重要，尤其是小数点要点准、避免计算正确、书写错误，一定要盯盘写得数。

# 二、握笔与清盘

为了提高计算速度，应养成握笔拨珠的习惯，以便于随时书写答数，省去拿、放笔的时间。握笔方法通常有以下三种方法：

一是用无名指和小指握住笔尖部分，笔身横在拇指和食指之间，使拇指、食指和中指能够灵活拨珠（见图6-1-3）。

二是将笔夹在无名指和小指之间，笔尖在小指方向，笔身横在右手拇指与食指间（见图6-1-4）。

三是菱珠小算盘握笔法，将笔横在右手拇指与食指间，笔头上端伸出虎口，笔尖露在食指与中指之外（见图6-1-5）。

图6-1-3  握笔方法1      图6-1-4  握笔方法2      图6-1-5  握笔方法3

清盘是指在每次运算之前，要使所有算珠都离梁靠框，使盘面变为空盘，这个过程叫清盘。清盘的方法因所使用的算盘不同而有所不同。有清盘器的算盘，可直接利用清盘器清盘；无清盘器的算盘，其清盘方法是，将拇指和食指合拢，拇指在梁下，食指在梁上，顺着算盘自身的横梁由右向左迅速移动，利用手指对靠近横梁两旁算珠的推弹力，使算珠离梁靠框。

# 三、打算盘的姿势

打算盘姿势正确与否直接影响运算速度与准确程度。打算盘时，全身心都参与工作，需要全身各部分协调配合。一般要求，身要正、腰要直、两腿自然分开、肘关节抬起、小臂同桌面平行、食指立在算珠上、头稍低、眼向下、要求视线落在算盘下边与练习题交界处、运算时靠翻动眼皮看数拨珠不要摇头、眼睛距离算盘一尺远、胸距桌边一拳为宜、肘部摆幅不宜过大、算盘放在离桌沿里侧 10 ~ 15 厘米的位置、精力要高度集中。

使用菱珠小算盘时可将计算资料放在算盘下边，边打边看，左手移盘，将打完这笔数字用算盘压住，眼睛快速看下一行数值，依次运算，借以加快速度，提高运算质量。使用中型算盘时可将计算资料压在算盘下边，左手移动算题，右手拨珠，边打边看，依次运算。

## 四、学习珠算的要点

珠算是一门应用技术。学习珠算知识，若是不懂算法，不掌握熟练的操作技巧，等于纸上谈兵。因此，要在懂得算法的基础上，强化操作过程，使之产生珠算技能，把握计算技巧。

### （一）珠算技能与技巧

技能是在懂得了理论知识基础上发生的动作；技巧则是在已形成的技能基础上，经过反复练习而产生的，即所谓"熟能生巧"。珠算学习的全过程必须经过眼、手、脑的协调配合、统一、一致的动作过程。

珠算是以稳、准、快为标准衡量一个学生的珠算技术水平的。这就要求学生有扎实的基本功。

### （二）珠算的基本功

1. 练三功。所谓练三功就是指学习珠算的基本功。其含义如下：一练眼，看数清；二练指，拨珠灵；三练脑，心算精。或者是过五关。其内容是一笔清、一眼成、一口清、一手清和一盘清。所谓一笔清是不允许写二次；一眼成是指不允许看第二眼；一盘清是指不打第二遍。

2. 坚持五要五不要。为了使珠算水平达到既快又准的程度，就必须在大练基本功的前提下，遵循以下五点要求，防止出现五种偏差。

（1）五要如下：①要选择最合理的运算程序；②要事先确定计算结果的精确度；③要结合数字特点选用简捷算法；④要验算计算结果；⑤要把数码字写得正确、整齐、清楚。

（2）五不要如下：①不要三天打鱼，两天晒网；②不要用错误的指法拨珠；③不要用手在算题上指数；④不要计算时忘记持笔；⑤不要写数时忘记写分节号。

## 五、拨珠的方法

珠算是用手指进行拨珠运算的，手指拨珠的方法就叫指法。指法是学好和用好珠算技术的基础。手指拨珠要求：分工协作，配合默契；用力适度，进退有序；动作连贯，节奏明快；干净利落，行如流水。一般情况下使用菱珠小算盘，用拇指、食指拨珠，称"二指法"。使用圆珠大算盘用拇指、食指和中指拨珠，称"三指法"。

手指拨珠的分工，如表 6 - 1 - 1 所示。

**表 6 -1 -1** 　　　　　　　　　　　　　　　**手指分工**

| 指法名称 | 手指分工 | | |
|---|---|---|---|
| | 拇指 | 食指 | 中指 |
| 二指法 | 管下珠靠梁，有时管下珠离梁 | 管上珠靠梁，管上珠离梁，管下珠离梁 | |
| 三指法 | 管下珠靠梁 | 管下珠离梁 | 管上珠靠梁，管下珠离梁 |

**（一）单指独拨**

1. 拇指

二指法：管下珠靠梁，有时管下珠离梁（见图 6 -1 -6）。

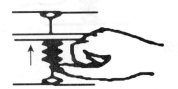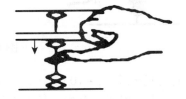

**图 6 -1 -6　拇指单指独拨**

2. 食指

二指法：管下珠离梁，管上珠靠梁和管上珠离梁（见图 6 -1 -7）。

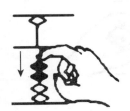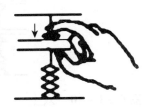

**图 6 -1 -7　食指单指独拨**

**（二）两指联拨**

1. 双合。二指法：用拇、食指，托拨上下珠靠梁（见图 6 -1 -8）。

**图 6 -1 -8　两指联拨**

（1）同档法：同一档上、下珠同时靠梁。例：在空盘上拨入 6、7、8、9 或 1 +7、2 +6、3 +6、2 +7。

（2）异档法：左档下珠和右档上珠同时靠梁。例：在空盘上拨入 15、25、35、45 或 20 +15、10 +35、12 +25。

2. 双分。

（1）同档法：用拇、食指，挑拨上下珠离梁（见图6-1-9）。一是同档上珠与全部下珠同时离梁。例：9-9、8-8、7-7、6-6。二是同档上珠与部分下珠离梁。例：8-7、9-7、9-6、8-6、9-8、7-6。

（2）异档法：一是左档全部下珠与右档上珠同时离梁。例：45-45、35-35、25-25、15-15、89-35。二是左档部分下珠和右档上珠同时离梁。例：45-25、45-15、45-35、35-15、35-15、96-15。

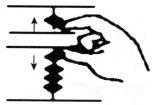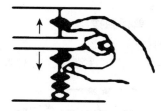

**图6-1-9 双分**

3. 双上（见图6-1-10）。

（1）同档法：用拇、食指，托下珠靠梁，挑上珠离梁。同档下珠靠梁，上珠同时离梁。例：5-1、5-2、5-3、5-4、6-1、6-2、6-3等

（2）异档法：左档下珠靠梁，右档上珠同时离梁。例：5+5、5+15、5+25、5+35、6+5、7+5、8+5、9+5。

**图6-1-10 双上**

4. 双下。

（1）同档法：用拇、食指，拨上珠靠梁，下珠离梁（见图6-1-11）。一是同档上珠靠梁，全部的下珠同时离梁。例：1+4、2+3、3+2、4+1。二是同档上珠靠梁，部分下珠同时离梁。例：4+4、4+3、4+2。

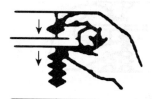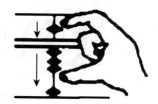

**图6-1-11 双下**

（2）异档法（见图6-1-12）。一是左档全部下珠离梁，右档上珠同时靠梁。例：10-5、20-15、30-25、40-35。二是左档部分下珠离梁，右档上珠同时靠梁。例：20-5、30-15、40-25、62-15。

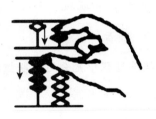 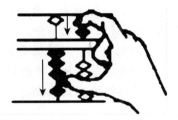

图 6 – 1 – 12　异档法

5. 扭进：用拇、食指，拨本档下珠离梁，托前档下珠靠梁（见图 6 – 1 – 13）。例：1 + 9、2 + 8、3 + 7、4 + 6、6 + 9、3 + 17、7 + 8。

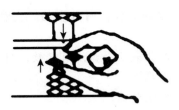

图 6 – 1 – 13　扭进

6. 扭退：用拇、食指，拨前档下珠离梁，托本档下珠靠梁（见图 6 – 1 – 14）。例：10 – 9、10 – 8、10 – 7、10 – 6、20 – 18、32 – 19。

图 6 – 1 – 14　扭退

两指法手指分工总口诀：小盘用两指，分工要明确；拇指管下珠，上下由它管；食指管上珠，上下由它管；食指下珠下，只是作支援。

**（三）三指联拨**

拇指、食指、中指三个手指同时拨动算珠的指法叫三指联拨。

1. 三指进（如拨 6 + 4、7 + 3、9 + 1 等）：食指、中指在本档拨上、下珠离梁时，拇指在前一档拨下珠靠梁。

2. 三指退（如拨 10 – 2、10 – 3、10 – 4 等）：食指在前档拨下珠离梁时，拇指、中指同时拨上下珠靠梁。

**提示：** 初学拨珠时，要严格注意手指分工，避免一些错误的拨珠指法，做到拨珠方法规范、自然，可通过练习"指法操"达到以上要求。

（1）用力要适度，算珠要拨到位。不能用力过重，也不能太轻。

（2）手指离开盘面距离要小，拨珠要连贯，做到指不离档。

（3）看准算珠再拨，力戒重复拨动某一算珠，减少不必要的附加动作。

（4）拨珠顺序。拨珠应先后有序，有条不紊为好，即便二指联拨、三指联拨，也有先后顺序，不能先后颠倒，层次不分。

（5）拨珠要顺畅自然。拨珠时要做到手指协调自然。

以上拨珠要领要熟练掌握，才能提高拨珠效率，在拨珠过程中充分运用联拨运算，力求减少单指独拨，做到拨珠既稳又准。

➤ 模拟演练

运用正确的方法，对每种珠算指法进行练习。

➤ 知识拓展

### 珠算常用术语

空档：某一档的上、下都离梁的时候，叫做空档。空档表示这一档没有记数，或者表示 0。

空盘：算盘的各档都是空档时，表示全盘没有记数，叫做空盘。

内珠：靠梁记数的算珠，叫做内珠。

外珠：离梁不记数的算珠，叫做外珠。

拨上：是指将下珠拨靠梁。

拨下：是指将上珠拨靠梁。

拨去：是指将上珠或下珠拨离梁。

本档：是指正要拨珠记数的这一档。

前档：是指本档的前一档，也叫左一档（位）。

后档：是指本档的后一档，也叫右一档（位）。

漂珠：拨珠时用力过轻，不靠梁不着框，浮漂在档中间的算珠。

带珠：拨珠时，把本档或邻档不应拨入或拨去的算珠带入或带出叫带珠。

实珠：靠梁表示正数的算珠。

虚珠：也叫负珠，是指算珠拨到既不靠梁又不靠框，表示负数的悬珠。

置数：也教布数，按照计算的要求，把数字拨入算盘，为计算作准备。

档位：也叫档次，是指档的位次。

错档：也叫错位，是指运算过程中未将算珠拨入应拨的档位。

隔档：也叫隔位，是指本数位左右空一档的第二档（位）。入隔位乘法中两数相乘，积的个位打在被乘数的右两位上；隔位除法中隔位商几，指的是被除数首位的左两位。

进位：是指本档加上一个数后，大于或等于 10，须向前位加 1，叫做进位。

退位：是指在本档减去一个数时本档不够，许向前面一位减 1，叫做退位。

首位：也叫最高位，是指一个多位数的第一个非零数字为首位。如 3 284 中的 3，0.0726 中的 7。

末位：也叫最低位，是指一个多位数的最后一个数字。如 3 275 中的 5，120 中的 0，481.29 中的 9。

次位：实质一个多位数的第二个数字。入 3 865 中的 8，0.4178 中的 1。

实数：古算书中通称被乘数和被除数为实数，简称实。

法数：古算书中通称乘数和除数为法数，简称法。

乘加：是指被乘数每位乘以乘数各位，在算盘上一边乘一边加积数。

乘减：也叫减积，是指每位商数同除数相乘，乘积在被除数里减去。

除首：是指除数的最高位数。

积首：是指积数的首位数。

商首：是指商数的首位数。

估商：在除法中，需求得每一个商数，就要用心算，估出被除数是除数的几倍，这种心算过程叫做估商。

试商：也叫初商，是指在估商时初步求得偏大或偏小的商数，叫做试商。

置商：也叫立商，是指把试商拨入算盘。

调商：置商后，经乘减证明，试商不正确，需要调整初商。

确商：置商后，经乘减证明，试商不大也不小。

除尽：是指被除数除以除数，除到某一位，刚好无余数，叫做除尽。

除不尽：是指整除出现无穷循环或不循环小数时，不能除尽的除算。如：$1 \div 3 = 0.333\cdots\cdots$；$1 \div 7 = 0.142857142857\cdots\cdots$。

余数：不能整除的除法，在商数求到各位或预定的某数位时，被除数中减剩的数叫做余数。在运算过程中，往往被除数郊区每次商与除数的乘积都有剩余的数，通常也叫做余数。

退商：初商过大，把它改小叫"退商"。

补商：初商过小，把它改大叫"补商"。

假商：在除法运算中，为了计算便捷，先确立一个商，再经过调整取得确商。先确立的商，叫做假商。

清盘：拨去各档靠梁的算珠，使全盘成为空盘，叫做清盘。

全盘练习：算盘所有档上，或大部分档上作拨珠练习，以及按基本运算法则进行全面练习，叫做全盘练习。

# 任务2　珠算加减法学习

【任务描述】通过本任务的学习旨在掌握珠算加减法计算法则、了解珠算加减法的类型、记忆珠算加减法的口诀。

## 活动1　珠算加法

### ➤ 活动目标

掌握珠算加法的计算方法。

➤ **基本知识**

# 一、珠算加法

## （一）加法的基本知识

加法是最基本的计算方法，把两个数或几个数合并成一个数的计算方法叫做"加法"。例如：$9+7=16$，$6+10+3=19$ 算式中第一个数为被加数，其余的数为加数，合并成的数叫做"和数"。两个以上的加数相加，叫"连加"。相加的符号是"$+$"，读做"加上"。加法运算用算式表示为：被加数 + 加数 = 和。

1. 加法的计算法则。加法运算的基本法则是：数位对齐，按位相加，满十进一。运算顺序，笔算一般从低位算起，珠算一般从高位算起。实际计算时从哪一位算起均可，可以灵活掌握。

加法运算的主要性质有"加法交换律"、"加法结合律"。

加法交换律：几个加数相加，交换被加数或加数的位置其和不变，这一性质叫做"加法交换律"。例如：$a+b+c=b+c+a=b+a+c=c+a+b=c+b+a$，应用加法交换律可以使一些计算简便。例如：$158+793+642=158+642+793=800+793=1\,593$。

加法结合律：三个数相加，先把前两个数相加，再加上第三个数，或者先把后两个数相加，再和第一个数相加，其和不变，即：$(a+b)+c=a+(b+c)$，加法的这一性质，叫做"加法结合律"。加法结合律可以推广到若干个数相加，先把其中任意几个加数结合起来成一组相加，再与其余的数相加，其和不变。

加法交换律与结合律是建立加法运算的基础，可以简化计算。如 $257+641=(200+50+7)+(600+40+1)=(200+600)+(50+40)+(7+1)=800+90+8=898$。

2. 加法的类别。珠算加法有不同的类别，按计算时是否使用口诀分"口诀加法"和"无口诀加法"，在运算形式中又分为"进位加法"和"不进位加法"等等。

## （二）口诀加法

口诀式加法是运用一套完整的口诀来指导拨珠动作，进行运算，口诀始见于明代。珠算口诀是根据算盘位数、档位和五升十进位等特点，结合加减数字的内容，科学地概括、总结出来的。传统珠算加法，用口诀指导拨珠计算。珠算加法口诀有 26 句如表 6-2-1 所示。

**表 6-2-1** 珠算加法口诀 26 句

| 口诀类别 | 珠算加法口诀 | 三指拨珠指法要领 | 二指拨珠指法要领 |
| --- | --- | --- | --- |
| 一、直接加（九句） | 一上一 | 拇指单拨靠梁 | 用拇指单拨靠梁 |
| | 二上二 | | |
| | 三上三 | | |
| | 四上四 | | |
| | 五上五 | 用中指单拨靠梁 | 用食指单拨靠梁 |
| | 六上六 | | |
| | 七上七 | 拇指和中指联拨靠梁 | 用拇指和食指联拨靠梁 |
| | 八上八 | | |
| | 九上九 | | |

| 口诀类别 | 珠算加法口诀 | 三指拨珠指法要领 | 二指拨珠指法要领 |
|---|---|---|---|
| 二、满五加（四句） | 一下五去四 | 用中指拨上珠靠梁，同时用食指拨下珠离梁（自上而下拨珠） | 用食指拨上珠靠梁，同时用拇指拨下珠离梁（自上而下拨珠） |
| | 二下五去三 | | |
| | 三下五去二 | | |
| | 四下五去一 | | |
| 三、进十加（九句） | 一去九进一 | 用中、食指联拨上、下珠离梁，再用拇指拨前档一颗下珠靠梁 | 先用拇、食指联拨上珠和下珠离梁，再用拇指拨前档一颗下珠靠梁 |
| | 二去八进一 | | |
| | 三去七进一 | | |
| | 四去六进一 | | |
| | 五去五进一 | 用中指拨上珠离梁，同时用拇指拨前档一颗下珠靠梁 | 用食指拨下珠离梁，同时用拇指拨前档一颗下珠靠梁 |
| | 六去四进一 | 用中指拨下珠离梁，同时用拇指拨前档一颗下珠靠梁 | 用食指拨下珠离梁，同时用拇指拨前档一颗下珠靠梁 |
| | 七去三进一 | | |
| | 八去二进一 | | |
| | 九去一进一 | | |
| 四、破五进十加（四句） | 六上一去五进一 | 用拇指拨下珠靠梁，同时用中指拨上珠离梁，再用拇指拨前档一颗下珠靠梁 | 先用拇指拨下珠靠梁，同时用食指拨上珠离梁，再用拇指拨前档一颗下珠靠梁 |
| | 七上二去五进一 | | |
| | 八上三去五进一 | | |
| | 九上四去五进一 | | |

　　口诀中第一个字表示加数，后面的字表示拨珠的动作。在中诀中，"上"表示拨下珠靠梁，"下"表示拨下珠靠梁，"去"表示把靠梁的珠拨去，"进"表示向前档（左档）拨入一颗下珠。

　　珠算是五升十进制，即算盘中下一珠当一，上一珠当五，遇十就要进位，这就必然会出现"凑五"和"补十"的问题。凑五数是把一个小于5的自然数，凑成5所要加上的数，叫做这个自然数的"凑五数"。如3的凑五数是2，4的凑五数是1等。补数也叫凑十数，是把一个小于10的自然数凑成10所要加上的数，叫做这个自然数的"补十数"。如7的补十数是3，4的补十数是6，2的补十数是8等。

　　对初学者来说，只要正确掌握口诀，按口诀的拨珠法进行运算，就能很快计算出所需要的数据。熟练后，可不用口诀直接运算。珠算加法在运算形式中可分为"不进位加法"和"进位加法"。

　　**（三）操作步骤**

1. 先在算盘上选定个位档。
2. 再拨上被加数。

3. 在相加时，要从高位向低位（即从左到右）依次加，这与笔算由低到高的方向相反。

4. 加数要和被加数的档位对齐，然后进行同位数加法运算，百位对百位，十位对十位，个位对个位。

5. 要从左到右三位或四位一节看数拨珠，熟练后边看边打。

6. 在初学时要运用中口诀，熟练以后就不用口诀。

➤ **模拟演练**

运用正确的方法，对珠算加法进行练习。

练习一

(1) 1 246 + 2 752 = 3 998

(2) 7 902 + 1 085 = 8 987

(3) 1 976 + 7 013 = 8 989

(4) 7 632 + 2 365 = 9 997

(5) 6 234 + 3 765 = 9 999

练习二

(1) 4 213 + 2 343 = 6 556

(2) 1 243 + 4 322 = 5 565

(3) 4 432 + 2 143 = 6 575

(4) 3 321 + 2 444 = 5 765

(5) 3 421 + 3 234 = 6 655

练习三

(1) 7 298 + 4 825 = 12 123

(2) 3 694 + 8 416 = 12 110

(3) 5 684 + 5 479 = 11 163

(4) 4 829 + 6 381 = 11 210

(5) 5 829 + 5 483 = 11 312

练习四

(1) 6 578 + 5 786 = 12 364

(2) 7 867 + 9 678 = 17 545

(3) 6 789 + 8 765 = 15 554

(4) 7 658 + 7 893 = 15 551

(5) 5 675 + 8 769 = 14 444

练习五

(1) 5 534 + 4 192 = 9 726

(2) 2 980 + 6 481 = 9 461

(3) 1 002 + 9 077 = 10 079

(4) 4 690 + 1 270 = 5 960

(5) 3 542 + 1 897 = 5 439

(6) 10 350 + 87 127 = 97 477

(7) 94 832 + 72 396 = 167 228

(8) 65 187 + 35 672 = 100 859

(9) 42 975 + 23 148 = 66 123

(10) 21 601 + 89 612 = 111 213

练习六

(1) 365. 79 + 24. 03 = 389. 82

(2) 1 024. 33 + 789. 46 = 1 813. 79

(3) 77. 09 + 4 533. 58 = 4 610. 67

(4) 897. 28 + 441. 51 = 1 338. 79

(5) 8 209. 60 + 93. 11 = 8 302. 71

(6) 2 774. 37 + 769. 29 = 3 543. 66

(7) 900. 30 + 576. 37 = 1 476. 67

(8) 693. 074 + 38. 88 = 731. 95

(9) 6 301. 92 + 199. 08 = 6 501

(10) 2 478. 78 + 1 650. 12 = 4 128. 90

➤ **知识拓展**

## 打百子

所谓打百子就是把1、2、…、99、100这一百个数连续相加减的计算。其计算方法是首先 $1+2+3+\cdots+99+100$，结果为5 050；然后再从5 050中 $1-2-3\cdots-100$，其结果为0。

### 百子连加对照表

| 次数 | 结 果 | 次数 | 结 果 | 次数 | 结 果 | 次数 | 结 果 | 次数 | 结 果 |
|---|---|---|---|---|---|---|---|---|---|
| 1 | 1 | 21 | 231 | 41 | 861 | 61 | 1 891 | 81 | 3 321 |
| 2 | 3 | 22 | 253 | 42 | 903 | 62 | 1 953 | 82 | 3 403 |
| 3 | 6 | 23 | 276 | 43 | 946 | 63 | 2 016 | 83 | 3 486 |
| 4 | 10 | 24 | 300 | 44 | 990 | 64 | 2 080 | 84 | 3 570 |
| 5 | 15 | 25 | 325 | 45 | 1 035 | 65 | 2 145 | 85 | 3 655 |
| 6 | 21 | 26 | 351 | 46 | 1 081 | 66 | 2 211 | 86 | 3 741 |
| 7 | 28 | 27 | 378 | 47 | 1 128 | 67 | 2 278 | 87 | 3 828 |
| 8 | 36 | 28 | 406 | 48 | 1 176 | 68 | 2 346 | 88 | 3 916 |
| 9 | 45 | 29 | 435 | 49 | 1 225 | 69 | 2 415 | 89 | 4 005 |
| 10 | 55 | 30 | 465 | 50 | 1 275 | 70 | 2 485 | 90 | 4 095 |
| 11 | 66 | 31 | 496 | 51 | 1 326 | 71 | 2 556 | 91 | 4 186 |
| 12 | 78 | 32 | 528 | 52 | 1 375 | 72 | 2 628 | 92 | 4 278 |
| 13 | 91 | 33 | 561 | 53 | 1 431 | 73 | 2 701 | 93 | 4 371 |
| 14 | 105 | 34 | 595 | 54 | 1 485 | 74 | 2 775 | 94 | 4 465 |
| 15 | 120 | 35 | 630 | 55 | 1 540 | 75 | 2 850 | 95 | 4 560 |
| 16 | 136 | 36 | 666 | 56 | 1 596 | 76 | 2 926 | 96 | 4 656 |
| 17 | 153 | 37 | 703 | 57 | 1 653 | 77 | 3 003 | 97 | 4 753 |
| 18 | 171 | 38 | 741 | 58 | 1 711 | 78 | 3 081 | 98 | 4 851 |
| 19 | 190 | 39 | 780 | 59 | 1 770 | 79 | 3 160 | 99 | 4 950 |
| 20 | 210 | 40 | 820 | 60 | 1 830 | 80 | 3 240 | 100 | 5 050 |

## 活动2 珠算减法

➤ **活动目标**

掌握珠算减法的计算方法。

➤ **基本知识**

**（一）减法的基本知识**

基本减法是加减法中的常规运算方法。减法是从一个数中减去另一个或几个数，求出它们的差是多少的计算方法。减法的算式是：被减数－减数＝差。珠算减法，应该遵守下面三个基本规则：

1. 应将被减数与减数相同的数位对齐，同位数与同位数才能相减。计算小数减法时，必须把被减数和减数的小数点对齐，然后相减。

2. 应从高位数到低位数的顺序相减。

3. 被减数与减数不可交换位置。

珠算减法也有不同的类别，按计算时是否使用口诀分"口诀减法"和"无口诀减法"，在运算形式中又分为"退位减法"和"不退位减法"等等。

**（二）口诀减法**

口诀式减法同口诀式加法一样是运用一整套完整的口诀来指导拨珠动作，进行运算。对初学者来说，只要正确掌握口诀，按口诀的拨珠法进行运算，就能很快计算出所需要的数据。熟练后，可不用口诀直接运算，减法口诀同加法口诀一样共有 26 句，如表 6 - 2 - 2 所示。

表 6 - 2 - 2　　　　　　　　　　减法口诀 26 句

| 口诀类别 | 珠算减法口诀 | 三指拨珠指法要领 | 二指拨珠指法要领 |
|---|---|---|---|
| 一、直接减（九句） | 一去一 | 食指单拨离梁 | 用食指单拨离梁 |
| | 二去二 | | |
| | 三去三 | | |
| | 四去四 | | |
| | 五去五 | 用中指单拨离梁 | 用食指单拨离梁 |
| | 六去六 | 食指和中指联拨离梁 | 用拇指和食指联拨离梁 |
| | 七去七 | | |
| | 八去八 | | |
| | 九去九 | | |
| 二、破五减（四句） | 一上四去五 | 用拇指拨下珠靠梁，同时用中指拨上珠离梁（自下而上拨珠） | 用拇指拨下珠靠梁，同时用食指拨上珠离梁（自下而上拨珠） |
| | 二上三去五 | | |
| | 三上二去五 | | |
| | 四上一去五 | | |

续表

| 口诀类别 | 珠算减法口诀 | 三指拨珠指法要领 | 二指拨珠指法要领 |
|---|---|---|---|
| 三、退十减（九句） | 一退一还九 | 用食指在前一档拨一颗下珠离梁，用拇指、中指在本档拨上、下珠离梁 | 用食指在前一档拨一颗下珠靠梁，用拇指、食指在本档拨上、下珠离梁 |
| | 二退一还八 | | |
| | 三退一还七 | | |
| | 四退一还六 | | |
| | 五退一还五 | 用食指在前一档拨一颗下珠离梁，同时中指在本档拨上珠靠梁 | 用拇指在前一档拨一颗下珠离梁，并用食指在本档拨上珠靠梁 |
| | 六退一还四 | 用中指拨前档一颗下珠离梁，并用拇指拨本档一颗下珠靠梁 | 用食指拨下珠离梁，同时用拇指拨前档一颗下珠靠梁 |
| | 七退一还三 | | |
| | 八退一还二 | | |
| | 九退一还一 | | |
| 四、退十满五减（四句） | 六退一还五去一 | 用食指拨前档一颗下珠离梁，并用中指拨本档上珠离梁，同时用食指拨下珠离梁 | 用食指拨前档一下珠离梁，并用食指拨本档一上珠靠梁，用拇指拨下珠离梁 |
| | 七退一还五去二 | | |
| | 八退一还五去三 | | |
| | 九退一还五去四 | | |

口诀中第一个字表示减数，后面的字表示拨珠的动作。在口诀中，"退十"表示从前档借一颗下珠，"还"表示退去左档的数后应在本档补加，"上"表示拨算下珠靠梁，"去"表示将靠梁的算珠拨去靠边框。根据口诀，减法运算可以分为两种情况：退位的减法和不退位的减法。

**（三）操作步骤**

1. 先在算盘上选定个位档。
2. 再拨上被减数。
3. 在相减时，要从高位向低位（即从左到右）依次减，这与笔算由低到高的方向相反。
4. 应将被减数与减数相同的数位对齐，同位数与同位数才能相减。
5. 要从左到右三位或四位一节看数拨珠，熟练后边看边打。
6. 在初学时要运用口诀，熟练以后就不用口诀。

➤ **模拟演练**

运用正确的方法，对珠算减法进行练习。

　　　　　练习一　　　　　　　　　　　　　　　　　　练习二

（1）7 683 - 5 172 = 2 511　　　　　　　　（1）7 568 - 3 244 = 4 324

（2）8 547 - 2 536 = 6 011　　　　　　　　（2）5 676 - 1 342 = 4 334

（3）9 824 - 3 613 = 6 211　　　　　　　　（3）8 565 - 4 123 = 4 442

（4）8 964 − 3 752 = 5 212

（5）5 889 − 5 767 = 122

练习三

（1）13 241 − 9 554 = 3 687

（2）25 734 − 8 945 = 16 789

（3）8 847 − 4 935 = 3 912

（4）4 315 − 2 987 = 1 328

（5）6 214 − 5 875 = 339

练习五

（1）5 346 − 2 173 = 3 173

（2）2 508 − 1 931 = 577

（3）7 429 − 3 066 = 4 363

（4）3 123 − 2 346 = 777

（5）6 050 − 4 007 = 2 043

练习六

（1）731. 95 − 693. 07 = 38. 88

（2）3 543. 66 − 769. 29 = 2 774. 37

（3）6 501 − 6 301. 92 = 99. 08

（4）1 476. 67 − 576. 37 = 900. 30

（5）4 128. 90 − 1 650. 12 = 2 478. 78

（6）1 813. 79 − 1 024. 33 = 789. 46

（7）8 302. 71 − 93. 11 = 8 209. 60

（8）4 610. 67 − 3 005. 09 = 1 605. 58

（9）389. 82 − 365. 79 = 24. 03

（10）1 338. 79 − 441. 51 = 897. 28

（4）7 567 − 3 432 = 4 135

（5）6 782 − 6 342 = 440

练习四

（1）23 552 − 6 976 = 16 576

（2）43 324 − 9 867 = 33 457

（3）13 428 − 6 899 = 6 529

（4）12 314 − 7 263 = 5 051

（5）14 337 − 7 826 = 6 511

（6）75 409 − 42 089 = 33 320

（7）31 557 − 28 463 = 3 094

（8）26 732 − 19 404 = 7 328

（9）44 008 − 17 809 = 26 199

（10）60 735 − 24 947 = 35 788

➤ **知识拓展**

**百子连减对照表**

| 次数 | 结 果 | 次数 | 结 果 | 次数 | 结 果 | 次数 | 结 果 | 次数 | 结 果 |
|------|-------|------|-------|------|-------|------|-------|------|-------|
| 1 | 5 049 | 21 | 4 819 | 41 | 4 189 | 61 | 3 159 | 81 | 1 729 |
| 2 | 5 047 | 22 | 4 797 | 42 | 4 147 | 62 | 3 097 | 82 | 1 647 |
| 3 | 5 044 | 23 | 4 774 | 43 | 4 104 | 63 | 3 034 | 83 | 1 564 |
| 4 | 5 040 | 24 | 4 750 | 44 | 4 060 | 64 | 2 970 | 84 | 1 480 |
| 5 | 5 035 | 25 | 4 725 | 45 | 4 015 | 65 | 2 905 | 85 | 1 395 |
| 6 | 5 029 | 26 | 4 699 | 46 | 3 969 | 66 | 2 839 | 86 | 1 309 |
| 7 | 5 022 | 27 | 4 672 | 47 | 3 922 | 67 | 2 772 | 87 | 1 222 |
| 8 | 5 014 | 28 | 4 644 | 48 | 3 874 | 68 | 2 704 | 88 | 1 134 |

续表

| 次数 | 结　果 | 次数 | 结　果 | 次数 | 结　果 | 次数 | 结　果 | 次数 | 结　果 |
|---|---|---|---|---|---|---|---|---|---|
| 9 | 5 005 | 29 | 4 615 | 49 | 3 825 | 69 | 2 635 | 89 | 1 045 |
| 10 | 4 995 | 30 | 4 585 | 50 | 3 775 | 70 | 2 565 | 90 | 955 |
| 11 | 4 984 | 31 | 4 554 | 51 | 3 724 | 71 | 2 494 | 91 | 864 |
| 12 | 4 972 | 32 | 4 522 | 52 | 3 672 | 72 | 2 422 | 92 | 772 |
| 13 | 4 959 | 33 | 4 489 | 53 | 3 619 | 73 | 2 349 | 93 | 679 |
| 14 | 4 945 | 34 | 4 455 | 54 | 3 565 | 74 | 2 275 | 94 | 585 |
| 15 | 4 930 | 35 | 4 420 | 55 | 3 510 | 75 | 2 200 | 95 | 490 |
| 16 | 4 914 | 36 | 4 384 | 56 | 3 454 | 76 | 2 124 | 96 | 394 |
| 17 | 4 897 | 37 | 4 347 | 57 | 3 397 | 77 | 2 047 | 97 | 297 |
| 18 | 4 879 | 38 | 4 309 | 58 | 3 339 | 78 | 1 969 | 98 | 199 |
| 19 | 4 860 | 39 | 4 270 | 59 | 3 280 | 79 | 1 890 | 99 | 100 |
| 20 | 4 840 | 40 | 4 230 | 60 | 3 220 | 80 | 1 810 | 100 | 0 |

## 活动 3　简捷加减法

➢ **活动目标**

掌握珠算简捷加减法的计算方法。

➢ **基本知识**

**（一）一目三行加法**

三笔数相加时，逐位竖看三行用心算出同数位上三个数码字的和依次拨入盘中，称此种求和的方法，为一目三行加法。

一目三行加法中常用的方法有"一目三行直接加法"、"一目三行提前进位加法"和"一目三行弃九法"。

1. 一目三行直接加法。当计算三笔数之和时，可将三笔数中的同数位上数码字，从高位依次到低位（或从低位依次到高位），边逐位心算出它们的和，边将"逐位和"拨入盘中对应档上，称此种求和方法，为"一目三行直接加法"。

2. 一目三行提前进位加法。计算三笔数之和，可从高位依次到低位，逐位竖看三行用心算出相同数位上三个数码字之和，除首数和外，均将这些和的十一位数弃掉，留下的个位数与下数位上的进位数相加，拨到盘中对应档上，称此种求和方法，为一目三行提前进位加法。

注意：进位数可能是 0，或是 1，或是 2。

3. 一目三行弃九法。三笔数相加，在其中的最高数位前一位先加 1，并拨入盘中，再由其最高数位起，逐位从每个数位上的三个数码之和满 9 便舍弃不计（即弃 9），并将具差数

（即超 9 的数）拨入盘中。最后从末位上的三个数码之和中减去 10（即弃 10），再将其差数（即超 10 的数）拨入盘中，称这种求和方法，为一目三行弃九法。

如果计算的加算题是由 15 笔数组成，计算前三笔数和时，在最高数位前先加 5，然后对各数位上数字之和弃 9，在盘上相应档上加其差数（超 9 数），对末位数字之和要弃 14，余下的各笔数也按每三笔数求和，此时，对每个数位上数字之和均弃 9，在盘上加其差数，且最高数位前不必再加 1，末位数字之和弃 9，而不是弃 10。

一目三行加法，用到"传票类"的计算，可加快计算速度，提高工作效率。

### （二）补（凑）数加减法

当加数或减数接近整数时，即可用补数（凑整）来进行加减运算。这种方法叫补数（凑整）加减法。

［例］32 746 + 9 997 = 32 746 + 10 000 − 3 = 42 743

计算说明：第一步，拨上被加数 32 746。第二步，加数 9 997 接近 10 000，即加上 10 000。第三步，减去多加的补数 3，即得答数 42 743。

［例］3 852 − 996 = 3 852 − 1 000 + 4 = 2 856

计算说明：第一步，拨上被减数 3 852。第二步，减数 996 接近 1 000，即减去 1 000。第三步，加上多减的补数 4，即得答数 2 856。

### （三）穿梭法（来回加减法）

这种运算法是：打第一笔时从左到右，打第二笔时从右到左，打第三笔时又从左到右。如此来回穿梭运算的方法称为穿梭法。以此达到减少手的往返运动，缩短拨珠时间的目的。

要强调的是，运用此法应多练习倒记数，方可更有效地提高运算速度。

➤ **模拟演练**

#### （一）加法练习

1. 加法口诀拨珠练习。

(1) 5 287 + 3 695 =　　　　　　　　(2) 358.96 + 95.47 =

(3) 4 783 + 2 159 + 6 825 =　　　　　(4) 315.87 + 2.35 + 96.57 =

(5) 800.34 + 751.66 =　　　　　　　(6) 6 834 + 2 158 + 976 =

(7) 101.01 + 989.99 =　　　　　　　(8) 100.84 + 99.16 =

(9) 5 197 + 318.46 + 5.18 =　　　　　(10) 673 + 52.91 + 41.39 =

(11) 6 473 + 5 627 + 3 819 =　　　　(12) 631 + 2 587 + 9 174 + 51 =

2. 传统加法练习题。

(1) 九九连加：在 1 的基础上，连加九次 1，和数是 10。在 2 的基础上，连加九次 2，和数是 20。……在 9 的基础上，连加九次 9，和数是 90。

(2) 七盘成（七盘清）：先拨上 123 456 789，连加七次 123 456 789，然后在最后档上再加 9，就得 987 654 321。

(3) 加百子：是从 1 起，顺序加到 100，即加 1，加 2，加 3……加到 100，和数是 5 050，要求 1 分 20 秒加完。

#### （二）减法练习

1. 减法口诀拨珠练习。

100 − 11　　　123 − 4　　　115 − 77　　　101 − 22　　　234 − 55　　　126 − 88

| | | | | | |
|---|---|---|---|---|---|
| 111 − 34 | 112 − 33 | 400 − 6 | 437 − 99 | 101 − 12 | 120 − 56 |
| 160 − 98 | 115 − 78 | 150 − 76 | 102 − 39 | 240 − 51 | 172 − 95 |
| 164 − 75 | 115 − 27 | 162 − 83 | 756 − 27 | 302 − 69 | 225 − 83 |
| 471 − 85 | 200 − 12 | 222 − 44 | 302 − 79 | 112 − 33 | 433 − 55 |
| 700 − 6 | 601 − 98 | 416 − 78 | 1 212 − 66 | 4 323 − 888 | |
| 1 212 − 777 | 3 324 − 999 | | | | |

2. 传统加减练习题。

（1）九九连减。在和数 10 里，连减九次 1，差数是 1。在和数 20 里，连减九次 2，差数是 2……在和数 90 里，连减九次 9，差数是 9。

（2）先拨上 987 654 321，再连减七次 123 456 789，就可得 123 456 789。

（3）减百子是在盘上拨出 5 050，在这个数从 1 起，顺序减到 100，即减 1，减 2，减 3……减到 100，结果为 0。

检查减百子减到某位数差的公式是：5 050 − n（n + 1）÷2。

减百子是在盘上拨出 5 050，在这个数从 1 起，顺序减到 100，即减 1，减 2，减 3……减到 100，全部减完。减百子其中部分得数如下：

| 加到数 | 10 | 20 | 24 | 36 | 44 | 55 | 66 | 77 | 89 | 95 | 100 |
|---|---|---|---|---|---|---|---|---|---|---|---|
| 和数 | 55 | 210 | 300 | 666 | 990 | 1 540 | 2 211 | 3 003 | 4 005 | 4 560 | 5 050 |

（4）加 625。连加 16 次 625，得总数 10 000，然后再连减 625，直减到 0 为止。

# 任务 3　珠算乘法学习

【任务描述】通过本任务的学习旨在了解珠算乘法的背景知识，掌握珠算乘法定位法的使用。

## 活动 1　珠算乘法的背景知识

➤ 活动目标

掌握珠算乘法的背景知识。

➤ 基本知识

求一个数的若干倍是多少的方法叫乘法。乘法也是求几个相同加数之和的简便算法。如求 4 个 6 是多少，用加法是 6 + 6 + 6 + 6 = 24。用乘法则是 4 × 6 = 24。如果将乘法表示为：a × n = c，相同的加数 a 叫做"被乘数"，a 的个数 n 叫做"乘数"，n 个 a 相加的和数 c 叫做"乘积"或"积"。"×"是乘号，读做"乘以"。a × n 读做"a 乘以 n"，或"n 乘 a"。古代把被乘数称为"实数"，乘数称为"法数"，现在也沿用下来。乘数的首位数字叫"乘首"也叫"法首",被乘数的首位数字叫"实首"。

几个数相乘叫"连乘"。连乘法所得的"积"叫"连乘积"。例如:$35 \times 62 \times 75 \times 48 = 7\ 812\ 000$,其中 $7\ 812\ 000$ 为连乘积。乘法中乘数只有一个非零数字的乘法叫"一位数乘法"。乘数是两个或两个以上非零数字的乘法叫"多位数乘法"。

乘法有以下几个性质。

1. **乘法交换律**:几个乘数相乘,交换乘数的位置(运算顺序)其乘积不变。如:$a \times b = b \times a$。

2. **乘法结合律**:几个乘数相乘,先把其中任意两个或几个结合起来,相乘其积不变。如:$a \times b \times c \times d = a \times (b \times c) \times d = a \times c \times (b \times d)$

运用乘法交换律和结合律,有时可以简化运算,提高效益。

$160 \times 800 \times 62.5 \times 1.25 = (160 \times 62.5) \times (800 \times 1.25) = 10\ 000 \times 1\ 000 = 10\ 000\ 000$

3. **乘法分配律**:几个数的代数和与另一个数相乘,其积等于各个加数与乘数相乘的代数和。

如:$(a + b + c - d + e)m = am + bm + cm - dm + em$ 利用乘法分配律,也可以简化运算,提高效率。

例如:$489 \times 350 = (500 - 11) \times 350 = 500 \times 350 - 3\ 500 - 350$

在珠算布数时,为了便于随时观察以助记忆,我们把被乘数(实数)布在算盘左边适当的位置,把乘数(法数)布于右边(熟练时乘数可默记进行计算)。

➤ **模拟演练**

请上网进一步搜索有关珠算乘法的背景知识。

## 活动2 乘法定位法

➤ **活动目标**

掌握珠算乘法定位法的使用。

➤ **基本知识**

数的位数分为正位、零位和负位。一个数有几位整数就叫"正几位",如:$3\ 560$(正四位)、$35.6$(正二位),$3.65$(正一位)。如果是纯小数就要按其首位所在的位置,也可以根据小数点后边连续"0"的个数,分为零位或负几位。纯小数小数点后边没有连续的"0"叫"零位",如 $0.56$、$0.308$ 等,纯小数后边有几位连续的"0"就叫"负几位",如 $0.012$(负一位)、$0.0026$(负二位)、$0.000\ 704$(负三位),以此类推。

珠算计算因在算盘上没有固定的个位,又是用空档表示"0",所以定位是很重要的。在算盘上有几档数,如 $123$,定位不同就表示不同的数,如 $123$、$1\ 230$、$12\ 300$ 或 $12.3$、$1.23$ 等,所以用珠算计算必须掌握定位方法,定出得数的个位。

我国古老的算书就很强调:"凡算之法,先识其位"。这里我们介绍三种便于掌握和较普遍应用的定位法,即"公式定位法"、"移档定位法"和"固定个位档定位法"。

"公式定位法",也叫通用定位法。这个方法不只适用于各种乘除法,就是在笔算、心算、计算尺、计算机上也广泛应用。我们以珠算乘法为例,加以介绍。

乘法公式定位法:一般地讲 m 位的被乘数与 n 位的乘数相乘,乘积的位数有两种可能,一是（m+n）位；二是（m+n-1）位。在乘法运算时可归纳为三种情况：

（1）被乘数的首位数字与乘数的首位数字相乘要进位时，积的位数等于 m+n（被乘数位数+乘数位数），如：$605 \times 300 = 181\,500$，积首小，乘积的位数等于 m+n（3 位+3 位=6 位）；$0.04 \times 0.008 = 0.00032$，积首小，乘积的位数等于 m+n，即：$-1+(-2)=-3$（位）；$98.75 \times 0.036 = 3.555$，积首小，乘积的位数等于 m+n 即：$2+(-1)=1$ 位。

（2）被乘数的首位数字与乘数的首位数字相乘不进位时，一般地说，积的位数等于 m+n-1（被乘数位数+乘数位数-1），如：$15 \times 45 = 675$（2 位+2 位-1 位=3 位）；$356 \times 2.34 = 833.04$（3 位+1 位-1 位=3 位）。

（3）被乘数的首位数字与乘数的首位数字相乘，虽然不进位，但后几位相乘加入仍然进位时，积的位数是 m+n（被乘数+乘数），如：$48 \times 26 = 1\,248$（2 位+2 位=4 位）。

又如：$1\,953\,125 \times 0.512 = 1\,000\,000$（7 位+0 位=7 位）。

对于第三种情况，初看二因数首位之积并不进位，实际上因数的后几位数较大，结果仍进位。这类算题经常会遇到。因此，公式定位法在计算前定位可能出错，在计算后定位较妥。为避免上述情况定位出错，可用"移档定位法"。

➤ **模拟演练**

请对照算盘进行乘法定位。

## 活动 3　珠算乘法

➤ **活动目标**

掌握珠算乘法的计算方法。

➤ **基本知识**

**（一）珠算乘法的分类**

由于珠算历史悠久，历年来产生和流行的乘法种类很多，已形成很多体系和尚未形成体系的许多算法。诸多算法中若按其运算顺序分类，可以分成两大类："前乘法"和"后乘法"。

1. 前乘法：指在珠算乘法运算时，先从实数的首位起至二位三位以至末位，分别依次与乘数的首位至末位相乘，在被乘数的位置改变算珠得出积数。这样的运算顺序叫前乘，也叫上乘。前乘法是对应后乘法而言，我国古代使用最早的是前乘，后来逐渐被后乘所代替，而近年来，前乘法又有了发展，于是凡不属"后乘"的，均称为前乘。它包括的方法有"前乘"、"空盘前乘"、"空盘乘"等。

2. 后乘法：后乘是指在珠算乘法运算时，先从实数的末位起乘的方法，也叫"下乘法"。运算的顺序一般先从实数的末位，末二位，至首位，分别与乘数相乘，在实数位置改变算珠，得出积数。后乘法包括"留头乘"、"破头乘"，"隔位乘"、"掉尾乘"、"扒皮法"、"补数乘"等。

**（二）前乘法**

前乘法，也叫巅乘或逆乘，运算时从被乘数、乘数的高位算起，操作步骤如下：

第一步，布数时，乘数有几位有效数字，就于算盘左端空几档布上被乘数，把乘数布入算盘右边或默记。

第二步，用头乘法，即从被乘数的首位、二位、三位……以至末位，逐位分别与乘数的首位，二位、三位……至末位相乘，在被乘数的位置改变算珠，得出积数。

第三步，运算时乘数有几位有效数字，就从被乘数字前几档算起。

第四步，定位方法：适用于公式定位。

［例］　48.56×370＝17 967.2

解：算盘左端空两档布实数4 856，乘数370布于右端（二位有效数字），实数4 856依次乘以37，用口诀：四三12，八三24，五三15，六三18；四七28，八七56，五七35，六七42，原数变为：179 672。按公式定位法，积首小，所以积的位数为：m＋n＝2＋3＝5，所以17 967.2为所求积。

珠算乘法，乘积由被乘数改成，乘数和被乘数是左右布数，若用前乘法运算，隔位多，不易对准位，容易出错。尤其是做多位乘法时，用前乘法运算，乘积和被乘数容易混在一起发生错误，所以珠算适用后乘。因此，珠算产生以后多用后乘，故前乘法后来几乎被后乘法所代替。但珠算前乘法也有它的优点，由于它是从实、法两数的高位逐位算起，和读数一致，便于做"空盘前乘"，又当乘数末尾有效数字是"1"时，用前乘法运算，把被乘数本身可看成是被乘数乘于1的部分积，可减少运算手续，由此又导出减一前乘法、空盘前乘法、空盘乘法。

1. 减一前乘法。把被乘数布在算盘上，再把乘数的末尾有效数字减去"1"后布在算盘上（或默记住），与被乘数做前乘，并把积加在原被乘数对应的位上。这样被乘数就成了实数与乘数1相乘的部分积，自然地加到积中，也省去了前乘法被乘数字逐位变积的过程。

但须注意：在布被乘数时，前面的空档要按原乘数的档数计算。例如：乘数为91时，是两位数，减"1"后为90，是一位数，而在布被乘数时，前面应空两档；又所谓"减一"是从乘数末尾数字中减1，而不是从数值中减1。例如：乘数是860减1布数时，是850，而不是859。

［例］　876×91＝79 716

算盘左边空两档布被乘数876，乘数91末尾减1布于右（或默记）。用前乘法以876×90加在原布被乘数上。原数变为：79 716。按公式定位法，积首小，所以积的位数为：m＋n＝2＋3＝5，所以79 716为所求积。

2. 空盘前乘法。用前乘法做乘法运算时，被乘数和乘数均不拨入算盘上，而是把题目放在旁边，照题目做乘法运算，边算边把部分积累加在算盘对应的档次上。操作步骤如下：

（1）将题目放在算盘左边，以备看题进行运算；

（2）先用被乘数的首位，从首至尾乘以乘数的各位，从算盘左第一档起算，把部分积逐次加在算盘上；

（3）再用被乘数的次位与乘数从首至尾相乘，从算盘左第二档起算，把部分积逐位加在算盘上；其他各位数字以此类推，直至把全数算完；

（4）最后用公式法定位。

［例］　486×279＝135 594

运算如下：①先以被乘数首位4×279。从算盘左边第一档起算：四二08、四七28、四九36，将部分积逐次加入算盘，得出1 116。②以被乘数次位8×279。从左第二档起算：八二16、八七 56、八九 72，逐次加入算盘中，得出 13 392。③再以被乘数第三位 6×279，从左第三档起算：六二 12，六七 42，六九 54，逐次加入盘内，得出 135 594。④根据公式定位法，因为 m＝3，n＝3，积首小，积位数是 m＋n＝3＋3＝6（位）所以，135 594 为所求积。

**（三）后乘法**

凡是从被乘数的末位数码起，同乘数首位至末位依次相乘的方法就叫后乘法。后乘法按积的位置分为隔位乘法和不隔位乘法，后乘法中主要有破头乘法、留头乘法、掉尾乘法。

1. 破头乘法。破头乘法是将被乘数、乘数分别置于算盘左、右两端，然后从被乘数的末位数码起，同乘数首位至末位依次相乘，乘得的第一位积（首码积）可以将被乘数中实施乘的那个数破去变为积，也可以将首码积置在被乘数乘的那个数后，乘完本轮积后再将实施乘的那个数破去。因此破头乘法又分为隔位破头乘法和不隔位破头乘法。

（1）隔位破头乘法。此法又称为隔位后乘法、隔位头乘法，当前应用不广。操作步骤如下：

第一步：置数与定位。将被乘数置于算盘左端（一般从左起第一档拨入），默记乘数（或置入算盘右端）。运算完后，运用公式法定位。

第二步：运算顺序。用乘数的首位至末位依次与被乘数的末位至首位相乘。

第三步：乘积的记法。乘数是第几位，乘积的十位数就放在被乘数本位右边第几档上，其个位数就在十位的右一档加上。

隔位破头乘法，在开始时不需要破去被乘数本位，直到全部乘完乘数时，才将其拨去成空档，此空档把被乘数与乘积隔开，界限分明，故称隔位破头乘法。

［例］　多位数乘一位数：465×7＝3 255

将被乘数置入算盘左端，默记乘数定积的个位。用被乘数的末位数至首位同乘数依次相乘，由公式法定位：积首小，位相加。积为：3 255。

［例］　多位数乘多位数：465×789＝366 885

将被乘数置于左端，默记乘数，用被乘数的末位数"5"同乘数首位至末位依次相乘，拨去被乘数的末尾数字 5；用被乘数的十位数"6"，同乘数首位至末位依次相乘，乘毕拨去被乘数 6；用被乘数的百位数"4"，同乘数首位至末位依次相乘，乘毕拨去被乘数 4。运用公式法定位。积首小，位相加，积为 366 885。

（2）不隔位破头乘法。一般我们称此法为破头乘法。在被乘数与乘数各位数码相乘时，因为一开始就要把被乘数的实施乘的那个数码变为首码积的起位（破本位），故称为不隔位破头乘法，也称为头乘法、变头乘、当头乘、仙人脱衣法等。操作步骤如下：

第一步：置数与定位。将被乘数置于算盘左端（一般从左起第一档拨入），默记乘数（或置入算盘右端）。运算完后，运用盘上公式法定位。

第二步：运算顺序。第一，用乘数的首位至末位依次与被乘数的末位至首位依次相乘。

第三步：乘积的记法。乘数是第几位，乘积的个位数就拨在被乘数本档右边第几档上，积的十位数就在个位的左一档加上。

［例］　多位数乘一位数：465×7＝3 255

（1）先在算盘左边第一档起拨被乘数 465 入盘，默记乘数 7。

（2）用乘数 7 去乘被乘数末位 5（一开始就要破本位），口诀"七五 35"，把被乘数末位 5 改成乘积的十位数 3，在右档加上个位数 5。

（3）用乘数7去乘被乘数次末位6；首位4口诀"六七42"；"四七28"。用公式定位法定位，积为3 255。

[例]　多位数乘多位数：465×789＝366 885

将被乘数置入算盘左端，默记乘数，用被乘数的末位数"5"，同乘数首位至末位依次相乘，（一开始就要破本位），口诀"七五35"，把被乘数末位5改成乘积的十位数3，在右档加上个位数5；用被乘数的十位数6，同乘数首位至末位依次相乘；用被乘数的百位数4，同乘数首位至末位依次相乘运用公式法定位。积首小，位相加，积为366 885。

➤ **模拟演练**

运用正确的方法，对珠算乘法进行练习。

（1）537×4＝2 148　　　　　　　　（2）873×5＝4 365

（3）429×6＝2 574　　　　　　　　（4）602×9＝5 418

（5）315×8＝2 520　　　　　　　　（6）1 835×3＝5 505

（7）2 728×8＝21 824　　　　　　　（8）3 619×5＝18 095

（9）5 023×7＝35 161　　　　　　　（10）4 678×2＝9 356

（11）8 225×9＝74 025　　　　　　　（12）6 342×7＝44 394

（13）4 551×6＝27 306　　　　　　　（14）7 684×5＝38 420

（15）9 506×4＝38 024　　　　　　　（16）23 817×7＝166 719

（17）41 353×8＝330 824　　　　　　（18）72 608×6＝435 648

（19）55 210×3＝165 630　　　　　　（20）38 495×4＝153 980

## 活动4　简捷乘法

➤ **活动目标**

掌握珠算简捷乘法的计算方法。

➤ **基本知识**

**（一）省乘法**

省乘法亦称省略乘法，截尾乘法。它是根据计算结果要求的合理精确度，用四舍五入法删掉乘数与被乘数中某些位数上的数字，运用近似计算的方法，省略一些计算过程，并对积数的尾数加以适当处理，用以提高计算效率的一种计算方法。省略乘法把计算截至在不影响精确度的档次上。操作步骤如下：

第一步：先把被乘数拨入算盘上，用截位公式求所需要的位数码。截取公式 m＋n＋精确度＋保险系数1位。截留位码后，其末位定为压尾档（又称截止档）。

第二步：将截取后的被乘数，从它的末位数起，最好用破头乘法与乘数相乘。各位相乘的积，一律加到截止档为止，以下各档都省去不乘。

第三步：截止档下档的数，若满5时，应在截止档上多拨入1（即四舍五入）。

[例]　8.326725×3.62851＝30.21（准确到0.01）

（1）先用截取公式求出位数码：m＋n＋精确度＋保险系数1位＝5位，按固定个位档法拨被乘数入盘，记住小数点保留两位，再加保险系数1位，末位看做压尾档，计算时算到压尾档为止。

（2）被乘数末位 7 乘以乘数首位 3，"七三 21"，压尾档下一位 1 舍去，乘数 3 以下的数可不再乘了，盘面数为 83 262。

（3）被乘数的第二位 6 乘以乘数 3、6 即可，"六三 18"，"六六 36"，压尾档下一位 6 进上来，盘面数为 83 224。

（4）被乘数倒数第三位 2 乘以乘数 3、6、2 即可，"二三 06"、"二六 12"、"二二 04"，压尾档下一位数 4 舍去，盘面数为 83 096。

（5）被乘数倒数第四位 3 乘以乘数 3、6、2、8 即可，"三三 09"、"三六 18"、"三二 06"，"三八 24"，压尾档下一位 4 舍去，盘面数为 81 184。

（6）被乘数首位 8 乘以乘数 3、6、2、8、5 即可，"八三 24"、"八六 48"、"八二 16"、"八八 64"、"八五 40"，得积数为 30 212，最后得数为 30.21。

**（二）因数交换法**

在乘法中，被乘数和乘数的位置相互交换所得的乘积不变，叫做"乘法交换律"。根据这条定律，凡是两个数相乘，其中任何一个数都可以作为被乘数或乘数，乘数和被乘数都叫做乘积的因数。在珠算操作时，为了运算方便，可以把两个因数交换位置，叫"因数交换法"。因数交换，可按下列情况确定：

（1）把中间带 0 的因数作为被乘数，计算时不用计算，超过一位即可，较为简捷；反之，如果把它作为乘数，必须跳位计算，容易串位出差错。

（2）以有效数字少的因数作为被乘数，计算时连贯性强，用后乘法则可减少加积次数和减少拨去被乘数的次数，较为简捷。

（3）以一个包含 1 或 9 的因素作为被乘数，因为 1 或 9 可分别用简捷法的"定身乘"和"补数乘"，使运算方便。

（4）以一个适于应用简捷法计算的因数作为被乘数。如选择含有相同数字的因数作被乘数，可用"跟踪乘"，使运算方便。

➤ **模拟演练**

**（一）积的定位练习**

1. 指出下列各数的位数。

369（　　）　　　　25 801（　　）　　　7 482（　　）　　24 000（　　）　　0.749（　　）
0.0875（　　）　　　1.00624（　　）　　　　30.004（　　）　　　　7 364.02（　　）
0.00258（　　）

2. 根据括号内指出的位数，确定各数的数值。

3 456（三位）　　7 865（负二位）　　　743（0 位）　　7 925（负一位）　　2（负六位）
9 375（二位）　　8（四位）　　　　　6 543（负三位）　　72（八位）

3. 把下列各题用移档定位法定出积的个位档，并用公式定位法定出积的位数。

13 579 × 300　　　294 × 0.06　　　　0.008 45 × 0.07　　　　　264 × 700
3 749.25 × 4 000　　83.2 × 0.4　　　2 368 × 500　　　　　0.071 × 8 000

**（二）破头乘、隔位乘练习题**

（1）3 750 × 2　　　　　　（2）7 438 × 0.3　　　　　　（3）47 800 × 0.04
（4）9 562.5 × 0.005　　　（5）37 008 × 600　　　　　（6）0.004 93 × 7 000
（7）864 × 15　　　　　　　（8）8 765 × 180　　　　　　（9）9 685 × 135

（10）2 483×158　　　　（11）3 728×107　　　　（12）2 019×144

（13）3 572×1 004　　　（14）8 422×169　　　　（15）2 356×135

**（三）按"省略乘法"计算下列各题（精确到 0.01）**

（1）563.9407×3.817　　　　　（2）80.2640×4.507

（3）43.152×2.613　　　　　　（4）73.926×74.518

（5）58.3209×5.7614　　　　　（6）31.502×0.7648

（7）65.4908×7.2137　　　　　（8）79.08123×5.7062

（9）78.1365×0.08642　　　　　（10）45.6908×712.349

**（四）乘算趣味练习**

1. 一条龙。可先在算盘上拨 123 456 789 作为被乘数；

123 456 789×9 = 1 111 111 101

123 456 789×18 = 2 222 222 202

123 456 789×27 = 3 333 333 303

123 456 789×36 = 4 444 444 404

123 456 789×45 = 5 555 555 505

123 456 789×54 = 6 666 666 606

123 456 789×63 = 7 777 777 707

123 456 789×72 = 8 888 888 808

123 456 789×81 = 9 999 999 909

2. 金香炉。

555 555×957 = 531 666 135 （盘面形状）

3. 空香炉。

555×957 = 531 135 （盘面形状）

4. 狮子滚绣球。

以 1 953 125 为被乘数，分别用 512 和它的倍数（即 1 024、1 536、2 048、2 560、3 072、3 584、4 096、4 608）去乘，乘积的有效数字依次是 1、2、3、4、5、6、7、8、9。

5. 九连环。

12 345 679×17 = 209 876 543

12 345 679×26 = 320 987 654

12 345 679×35 = 432 098 765

12 345 679×44 = 543 209 876

12 345 679×53 = 654 320 987

12 345 679×62 = 765 432 098

12 345 679×71 = 876 543 209

12 345 679×80 = 987 654 320

# 任务4　珠算除法学习

【任务描述】本任务旨在通过学习使学生了解珠算除法的背景知识，掌握珠算商除法和珠算简捷除法的计算方法。

## 活动1　珠算除法的背景知识

➤ **活动目标**

了解珠算除法的背景知识。

➤ **基本知识**

已知两数之积和其中一个因数，求另一个因数的运算叫除法。除法是把一个数平均分成几份，求出每份是多少，或求一个数是另一个数的几倍的方法。实际上也是同一个数连续相减的简便算法。

除法的算式是：被除数÷除数＝商……余数

如果一个数被另一个数来分，还剩下几个分不完，这剩下来的数叫"余数"。例如：$37 \div 7 = 5 \cdots\cdots 2$，其中 37 叫被除数，7 叫除数，5 叫商数，2 叫余数。

珠算术语中将被除数叫做实数，除数叫做法数。

珠算除法，应该遵守下面三个基本规则：

（1）用除数去除被除数时，应从左到右，先从被除数的最高位除起，依次除到最低位。

（2）珠算除法是用大九九口诀乘积递位叠减，是乘法的逆运算（逆位叠减就是每乘一位将乘积退一位减去）。

（3）被除数和除数不能交换位置。

除法分基本除法和简捷除法。而基本除法又可进一步分为商除法（包括隔位与不隔位商除法），扒皮除法和归除法，其中商除法简便易学，普及率较高；简捷除法可进一步分为定身减除法、定身加除法和省略除法等。

➤ **模拟演练**

请上网进一步搜索关于珠算除法的背景知识。

## 活动2　珠算商除法

➤ **活动目标**

掌握珠算商除法的计算方法。

➤ **基本知识**

商除法是一种古老的求商法，它根据笔算除法的原理，结合珠算的特点，容易掌握，运算方便，是现时珠算除法中使用较为普遍的一种。由于立商位置的不同，商除法又可进一步地分为隔位商除法和不隔位商除法。

（一）隔位商除法

1. 布数。为了计算时随时观看除数，作除法时，将除数布于算盘左边，被除数布于算盘右边适当的位置上（一般和除数相隔三、四档以免混淆）。

2. 估商。从被除数的首位或前两位与除数首位的比较中看被除的数含几倍除数就进商数几，这一比较方法用乘法大九九口诀进行，但要遵循"宁小勿大"的估商原则。因为估商不准时，估大了要退商，估小了要补商，补商容易，而中途退商就很麻烦。

3. 置商。被除数与除数同位数相比，大于或等于除数（够除），隔位立商，即在被除数首位数的前二档置商，而当被除的数同位比除数小时（不够除），则挨位置商，即在被除数首位数的前一档置商。归纳起来，立商法则是：够除隔位商，不够除挨位商。

4. 运算顺序。被除数从首位开始，依次除到末位或所要求的准确度的档位为止。

5. 减积。商与除数首位数相乘的积，其积数位数从商的右一档减起，个位从右二档减起，除数位次每右移一档，其减积档次也右移一档，除数是第几位，与商的乘积十位数就从商的右边第几档减去，上次减积的个位就是本次减积的十位，依次运算下去。减积过程中注意"指不离档"，以免发生错档。

6. 补商与退商。在除数位数较多时，想一次确商是不容易的，有时估商过小，有时估商过大。这时就需要对原商进行调整。其处理方法有以下两种：

（1）补商。估商过小，把它改大叫"补商"。当减去估商与除数的乘积后，余数仍大于或等于除数，这说明估商偏小了，应予补商。补商的方法是："在原商数上补加1，同时在余数中减去一倍除数"。如果余数仍大于或等于除数时，就再补商一次。直至余数小于除数为止，补商的方法可以概括为："原商补加1，隔位减一倍除数"。

［例］ 491.52÷384=1.28

（2）退商。估商大了，而余数小不够减时，将商退下一珠叫"退商"。当被除数在减去估商与除数的乘积时不够减，这说明估商偏大了，应予退商。退商的方法是："在原商数上减1，同时在余数中，隔位加上已与商乘减过的除数，再用调整过的新商数去乘减除数里未除过的数"。有时会遇到退两次商，不论退几次商，退一次商就要加一次乘减过的除数。退商的方法可以概括为："原商减去1，隔位加除数"。

［例］ 19 474÷26=749

（二）不隔位商除法

不隔位除法，够除时挨位立商，不够除时，将被除数首位数直接改为商数，所以又叫改商除法。它和隔位商除法的运算步骤、方法基本一致，只是在置商、减积和调商时，档次向右移了一位，因而能减少拨珠次数，也利于简便运算。

1. 不隔位商除法的要领。不隔位商除法在运算过程中，除了立商位置与隔位商除法错一位以外，其他如布数、估商、减积、退商与补商等方法都基本相同。

2. 不隔位商除法的立商原则。被除数与除数同位数相比，大于或等于除数（够除），挨位立商，即在被除数首位数的前一档置商，而当被除的数同位比除数小时（不够除），则将被除数首位数改为商。

归纳起来，其立商原则是：够除挨位商，不够除本位改商。

［例］ 2 116÷4=529

➢ **模拟演练**

**（一）除法定位练习**

下列各题的计算结果在算盘上都足 75，按公式定位法，确定它们的商。

（1）17 925 ÷ 239　　　　　　　　（2）17.925 ÷ 239

（3）17 925 ÷ 0.239　　　　　　　（4）1.7925 ÷ 239

（5）17 925 ÷ 2.39　　　　　　　（6）1 792.5 ÷ 23.9

（7）0.17925 ÷ 23.9　　　　　　　（8）179.25 ÷ 0.0239

（9）1 792.5 ÷ 0.00239　　　　　　（10）1.7925 ÷ 239

（11）17 925 ÷ 23 900　　　　　　（12）0.017925 ÷ 0.239

（13）179.25 ÷ 2 390　　　　　　　（14）1.7925 ÷ 2.39

（15）1.7925 ÷ 0.0239

**（二）商除法练习（除不尽时请保留两位小数）**

（1）798.5 ÷ 5　　　　　（2）3.621 ÷ 3　　　　　（3）6 097 ÷ 0.7

（4）2 024 ÷ 8　　　　　（5）10.98 ÷ 2　　　　　（6）1 896 ÷ 4

（7）325.8 ÷ 0.6　　　　（8）7 686 ÷ 9　　　　　（9）4 304 ÷ 8

（10）5 460 ÷ 13　　　　（11）16 308 ÷ 27　　　　（12）12 194 ÷ 56

（13）6 072 ÷ 9.6　　　　（14）27 664 ÷ 38　　　　（15）3 792 ÷ 4.8

（16）977.4 ÷ 5.4　　　　（17）23 058 ÷ 63　　　　（18）21 520 ÷ 64

（19）4 255 ÷ 115　　　　（20）403 656 ÷ 968　　　（21）135 888 ÷ 596

（22）306 204 ÷ 228　　　（23）3 645.36 ÷ 122　　　（24）330 330 ÷ 273

（25）12 604 ÷ 13.7　　　（26）63 992 ÷ 842　　　　（27）11 739 ÷ 903

（28）57 635 ÷ 55　　　　（29）39 758 ÷ 38　　　　（30）15 888 ÷ 99.6

（31）356 404 ÷ 328　　　（32）6 612.36 ÷ 252　　　（33）778 632 ÷ 865

（34）82 619 ÷ 63　　　　（35）23 972 ÷ 852　　　　（36）44 769 ÷ 423

## 活动3　珠算简捷除法

➢ **活动目标**

掌握珠算简捷除法的计算方法。

➢ **基本知识**

**（一）省略除法**

在除法运算中，有时会遇到被除数与除数的位数很多，而要求商数的位数却不多，一般只取三四位小数。从多位数除法的运算过程中可以发现，影响商数大小的数主要是被除数和除数的前几位数，位数越多，后几位数对商的影响也就越小。因此，根据要求可把被除数和除数的后几位数适当截去一部分，使计算简化。

［实训步骤］

（1）确定被除数的位数。一般采用公式法：m − n + v + 2（其中，m 表示被除数的位数；n 表示除数的位数；v 表示所要求的小数位数；2 为保险系数，即为保障要求的精确度准确无误多取的两位数）。

（2）确定截止档。被除数入盘后最后一档的下一档，称为截止档。

（3）截取的被除数和除数，它们末位数的下一位，都按四舍五入处理。

（4）采用商除法运算。

（5）在减商与除数相乘之积时，凡部分积落在截止档上的数字，都按四舍五入处理。

（6）商数求到要求的位数为止。若截止档的前二档数（余数）大于或等于除数的前二位数字的一半时，商数的末位再加上1，否则舍去不计。

　　[例]　32.4130854÷6.92187＝4.68（保留两位小数）

**（二）以乘代除法**

凡某数除以5、25、125、625、3,125、15,625、…、5的N次幂等数时可分别乘以2、4、8、16、32、64、…、2的N次幂等数再除以10的N次幂，以乘代除。

它们的算式是：

某数÷5＝某数×2÷10

某数÷25＝某数×4÷100

某数÷125＝某数×8÷1 000

某数÷625＝某数×16÷10 000

某数÷3 125＝某数×32÷100 000

➤ **模拟演练**

**（一）省略除法练习题（保留两位小数）**

（1）34.58289÷9.62477　　　　（2）5.29586÷0.564198

（3）0.573465÷0.325699　　　　（4）399.1569÷74.1593

（5）2.754704÷87.23954　　　　（6）47.4912÷925.3687

（7）598.7408÷125.396　　　　（8）7.24252÷6.28594

（9）1.52962÷91.325　　　　（10）41.1588÷19.2599

（11）0.527744÷9.68925　　　　（12）0.359828÷1.25994

**（二）传统除法练习**

1.用123 456 789，先乘9的倍数（即18、27、36、45、54、63、72、81）后，再除原乘数（即9的倍数），或用123 456 789，先乘任意的两位数（如19、28、37、46、55、64、73、82、91等），再除以原乘数。先乘后除或先除后乘反复计算，对熟练除法运算是极有帮助的。

2.狮子滚绣球。乘法中是将1 953 125乘512及其倍数（如1 024、15 361、2 048），再用除法还原；反复计算，颇有趣味。因为1 953 125×512＝1 000 000 000，把1 953 125这个数拨在算盘上很像一头狮子，与512相乘之后，得数为1 000 000 000。这个得数在算盘上只有一个算珠靠梁，人们形象地称它为"绣球"。还可以利用逆运算关系，1 000 000 000除以512，得商为1 953 125。这样，又练习了除法。

🖥 **项目小结**

1.珠算技术虽然不作为必备的计算技术，但是也是金融财会从业人员不可或缺的一项技能。对于高职金融类专业学生只要求其掌握基础的计算方法。

2.加法是最基本的计算方法，把两个数或几个数合并成一个数的计算方法叫做"加法"。加法的计算法则：加法交换律；加法结合律。

基本减法是加减法中的常规运算方法。减法是从一个数中减去另一个或几个数，求出它们的差是多少的计算方法。减法的算式是：被减数 − 减数 = 差。珠算减法也有不同的类别，按计算时是否使用口诀分"口诀减法"和"无口诀减法"，在运算形式中又分为"退位减法"和"不退位减法"等等。

3. 求一个数的若干倍是多少的方法叫乘法。乘法也是求几个相同加数之和的简便算法。乘法有以下几个性质：乘法交换律、乘法结合律、乘法分配律、"公式定位法"、"前乘法"和"后乘法"。

4. 已知两数之积和其中一个因数，求另一个因数的运算叫除法。商除法是一种古老的求商法，它根据笔算除法的原理，结合珠算的特点，容易掌握，运算方便，是现时珠算除法中使用较为普遍的一种。由于立商位置的不同，商除法又可进一步地分为隔位商除法和不隔位商除法。简捷除法包括省略除法和以乘代除法。

### 知识考核

1. 珠算的概念及功能有哪些？
2. 怎样正确使用算盘？
3. 珠算加、减、乘、除法的计算方法有哪些？

### 技能训练

1. 按要求完成以下试题：

#### 全国珠算等级五级考试试题（样卷）

## 一、加减算

| 一 | 二 | 三 | 四 | 五 |
|---|---|---|---|---|
| 231 094 | 6 509 | 3 405 | 586 | 521 |
| 3 904 | 942 | 36 508 | 5 601 | 55 106 |
| 785 | 1 078 | 297 | 70 924 | 90 378 |
| 50 162 | 706 385 | 741 | − 483 | − 824 |
| 678 | 204 317 | 60 281 | 173 | 679 |
| 9 034 | 5 021 | 907 652 | 924 | 617 |
| 4 086 | 20 143 | 362 | 651 | − 10 567 |
| 715 | 679 | 1 804 | − 7 308 | 439 028 |
| 52 309 | 589 | 9 705 | 9 204 | − 3 408 |
| 876 | 348 | 143 897 | − 1 607 | 4 905 |
| 1 584 | 456 | 971 | 3 286 | 513 284 |
| 927 863 | 138 | 8 534 | − 471 | − 7 469 |
| 2 154 | 6 729 | 261 | 302 895 | 328 |
| 723 | 73 218 | 283 | 93 457 | − 7 593 |

| | | | | |
|---|---|---|---|---|
| 691 | 4 956 | 5 649 | −286 195 | 162 |
| 1 286 658 | 1 031 508 | 1 180 350 | 191 637 | 1 075 147 |
| 六 | 七 | 八 | 九 | 十 |
| 871 | 7 058 | 514 | 1 307 | 368 |
| 9 403 | 214 | 8 029 | −529 | −325 |
| 625 | 963 | 763 | 4 068 | 7 104 |
| 298 | 495 | 3 074 | 634 | 2 516 |
| 3 076 | 8 102 | 198 | −587 | −309 |
| 561 | 736 | 625 | 219 | 847 |
| 234 | 1 029 | 2 095 | 9 805 | −293 |
| 4 081 | 648 | 437 | 763 | 7 051 |
| 759 | 375 | 681 | −1 042 | 648 |
| 183 | 417 | 8 507 | −276 | 165 |
| 5 209 | 9 035 | 316 | 435 | −4 608 |
| 647 | 826 | 942 | −819 | 937 |
| 308 | 957 | 6 104 | 1 204 | −162 |
| 146 | 708 | 189 | 938 | 7 089 |
| 9 728 | 2 346 | 352 | 572 | 345 |
| 36 129 | 33 909 | 32 826 | 16 692 | 21 373 |

## 二、乘算（限时 5 分保留两位小数）

（1）$906 \times 32 = 28\ 992$

（2）$61 \times 281 = 17\ 141$

（3）$0.523 \times 4.05 = 2.11815$

（4）$84 \times 703 = 59\ 052$

（5）$598 \times 94 = 56\ 212$

（6）$0.7504 \times 0.76 = 0.570304$

（7）$47 \times 679 = 31\ 913$

（8）$273 \times 59 = 16\ 107$

（9）$302 \times 168 = 50\ 736$

（10）$19 \times 8\ 045 = 152\ 855$

## 三、除算（限时 5 分保留两位小数）

（1）$580.04 \div 96 = 6.042$

（2）$3\ 572 \div 47 = 76$

（3）285 ÷ 19 = 15

（4）3 655 ÷ 85 = 43

（5）6 887 ÷ 71 = 97

（6）2. 9626 ÷ 0. 58 = 5. 108

（7）4 650 ÷ 62 = 75

（8）24 016 ÷ 304 = 79

（9）5 075 ÷ 203 = 25

（10）57 892 ÷ 70 = 827. 028

请对照《全国珠算技术等级鉴定达标练习册》进行练习。

# 项目七

# 证券分析软件基本应用能力训练

| 项目描述 | 本项目旨在培养拟从事证券经纪业务与证券投资咨询业务的证券从业人员及证券投资者使用证券分析软件进行证券投资分析的能力。由于此类软件很多，本教材选用大智慧软件来进行讲解。具体包括大智慧软件的下载与安装、大智慧软件的基本使用方法、利用大智慧软件进行证券投资基本分析及利用大智慧软件进行证券投资技术分析等业务技能。 | |
|---|---|---|
| 项目目标 | 知识目标 | ◇ 熟悉大智慧软件的基本使用方法<br>◇ 熟悉证券投资基本分析的基本理论<br>◇ 熟悉证券投资技术分析的基本理论 |
| | 技能目标 | ◇ 能熟练下载、安装大智慧软件，掌握大智慧软件的基本操作<br>◇ 能熟练利用大智慧软件进行证券投资基本分析<br>◇ 能熟练利用大智慧软件进行证券投资技术分析 |
| 项目任务 | **任务1　大智慧软件的基本操作**<br>　　活动1　大智慧软件的下载与安装<br>　　活动2　熟悉大智慧软件的基本界面操作<br>　　活动3　大智慧软件的基本快捷键操作<br>**任务2　利用大智慧软件进行证券投资分析**<br>　　活动1　利用大智慧软件获取大盘资讯<br>　　活动2　利用大智慧软件进行个股动态技术分析<br>　　活动3　利用大智慧软件进行证券投资基本分析 | |
| 建议学时 | 10 学时 | |

# 任务1　大智慧软件的基本操作

【**任务描述**】本任务是掌握大智慧软件的下载与安装、熟悉大智慧软件的基本操作界面以及掌握大智慧软件的基本键盘操作等。

## *活动1　大智慧软件的下载与安装*

➤ **活动目标**

能独立下载并安装大智慧软件。

➤ **基本步骤**

**步骤1：下载大智慧软件**

方法1：进入大智慧官方网站下载，免费下载大智慧经典版，下载地址：http：//tg. gw. com. cn/tzjsp/download_classic. html。

方法2：在百度等搜索引擎中输入"大智慧软件"，选择合适的链接进入下载地址。

方法3：进入各证券公司网站，进入下载专栏下载大智慧软件。

**步骤2：安装大智慧软件（以国泰君安大智慧为例）**

下载完成后，双击安装文件：（1）进入大智慧安装界面点击"下一步"。（2）单击浏览选择安装路径（默认安装路径 c：\ dzh5）然后点击"下一步"。（3）安装完成后，点击"完成"结束安装。

**步骤3：运行大智慧软件**

（1）双击桌面图标国泰君安大智慧  ，或从"开始"菜单中选择进入"国泰君安大智慧"（见图7-1-1）。

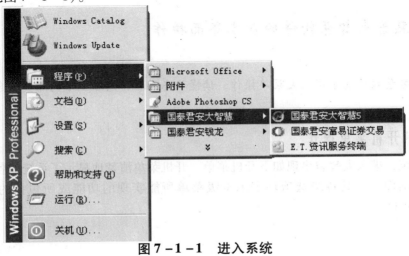

**图7-1-1　进入系统**

（2）登录验证。初次登录会要求认证，认证可以把交易客户和非交易客户，高价值和普通客户进行区分，普通投资者点击跳过认证即可（见图7-1-2）。

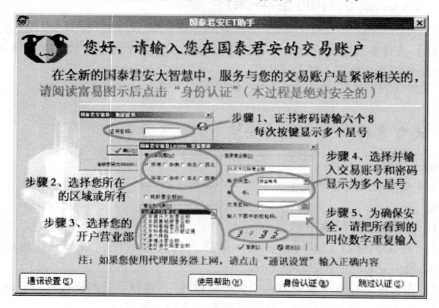

**图7-1-2　登录验证**

（3）登录大智慧。打开"大智慧"后会出现提示自动选择最快的行情主站（建议选择），系统会列出最适合您登录的主站，点击"登录"就可以使用大智慧了。

**提示：** 大智慧软件使用的硬件环境建议采用 CPU 主频 500，64MB 内存，800×600 以上分辨率，1G 硬盘剩余空间，33.6KBp 以上网络接入。操作系统建议 WINDOWS95/98/2000/2003/ME/NT/XP

➤ **模拟演练**

任意选择一种方法下载大智慧软件并安装在计算机的指定位置，然后运行大智慧软件。

## 活动2　熟悉大智慧软件的基本界面操作

➤ **活动目标**

熟悉大智慧软件的常用三大菜单操作，读懂状态栏和信息栏显示的相关信息数据。

➤ **操作方法**

### 一、大智慧开机菜单操作

启动系统，进入大智慧出现如下开机菜单，开机菜单清楚地显示了系统的各项功能。在任一菜单的画面中，其各级选项均表示本级菜单所能实现的功能或所包括的所有可选项（见图7-1-3）。

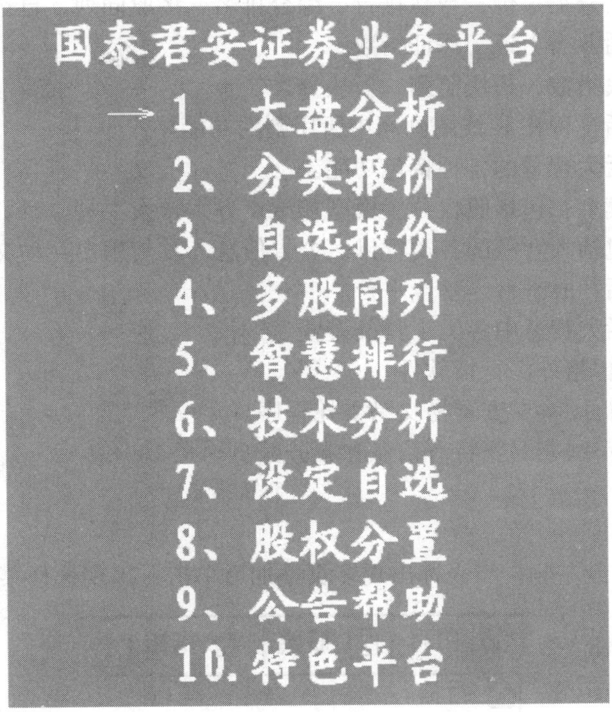

**图 7 - 1 - 3　大智慧开机菜单操作**

操作：

1. 用【↑】、【↓】选择菜单中的某项功能。

2. 确定菜单选项后，按【Enter】键确认并执行所指定选项的操作，按【Esc】键回到上一级菜单。

（1）大盘分析：包括各类上证、深证指数。

（2）分类报价：包括各类上证、深证、基金行情显示牌行情。

（3）自选报价：包括各个自选板块中个股行情显示牌行情。

（4）多股同列：可同时分类显示 4、6、9 个个股同列行情。

（5）智慧排行：按不同排行显示各类行情显示牌行情。

（6）技术分析：罗列了几个常用技术指标。

（7）设定自选：添加、删除自选股设定。

（8）股权分置：进入股权分置模型和试点方案转换工具。

（9）公告帮助：包括公告信息及相关帮助。

（10）特色平台：包括大智慧特色资讯和各类平台。

## 二、大智慧顶部下拉菜单

行情　指数　板块　分析　功能　股权分置　大智慧　平台　工具　外汇　委托　国泰君安　　大智慧　路演

（1）行情：包括分类报价、智慧排行、综合排名、多股同列、自选报价几个子菜单。

（2）指数：包括各类上证、深证指数。

（3）板块：板块指数、板块监测、板块分类。

（4）分析：包括各种在K线图画面中所用到的功能操作。

（5）功能：包括大智慧的各种特色功能。

（6）股权分置模型：包括股权分置模型和试点方案转换工具。

（7）大智慧：包括大智慧的各类资讯、公告信息，及与用户互动交流的各个平台。

（8）平台：包括荐股平台、基金平台。

（9）工具：包括大智慧中各类工具及设置。

（10）外汇：大智慧外汇行情软件。

（11）委托：运行国泰君安富易交易委托程序。

（12）国泰君安：国泰君安特有信息和服务区。

## 三、左边隐藏菜单

鼠标移动至软件最左侧，当光标出现多页叠加后单击，出现选择菜单（见图7-1-4）。

**图7-1-4　左边隐藏菜单**

（1）功能：菜单中内容同大智慧顶部菜单，包括：行情、指数、板块、分析、功能、股权分置、大智慧、平台、工具、外汇、委托、国泰君安。

（2）股票：按类别，存放了各类行情报价。包括：上海证交所、深圳证交所、中小企业板、板块行情、国泰君安组合宝。

（3）指标：存放了大智慧中所有技术指标，按分类可快速打开。包括：技术指标、条件选股、交易系统、五彩K线、个股诊断。

## 四、综合信息栏与状态栏

综合信息栏包括三块区域，从左至右依次为：上证信息、深证信息、中小企业板、短线精灵（见图7－1－5）。

**图7－1－5　综合信息栏与状态栏**

上证信息包括：上证指数、涨跌、成交金额。

深证信息包括：深证指数、涨跌、成交金额。

中小企业板包括：中小板指数、涨跌、成交金额。

短线精灵：短线精灵实时监控沪深A股的涨跌、成交、盘口、资金流动及板块热点，迅速给出异动信息。

状态栏包括五项，从左至右依次为：大智慧商标、跑马灯、网络连接状况、市场红绿军、当前时间。

跑马灯：利用跑马灯发布各类订阅活动、通知等消息。

网络连接状况：网络连接正常通讯时，显示蓝色状态条。

网络断开连接时，显示红色状态条。

红绿军：买气（红）、卖气（绿）的强弱表示。红色箭头表示现在正处于领先指标红色的区域，绿色箭头表示现在正处于领先指标绿色的区域。如果箭头向上，表示领先治标与之同色的柱状线正在变长；如果箭头向下，表示领先指标与之同色的柱状线正在变短。

➢ **模拟演练**

运行大智慧软件，进入界面显示的各个菜单中进行学习。

## 活动3　大智慧软件的基本快捷键操作

➢ **活动目标**

熟练使用大智慧软件的基本快捷键。

➢ **基础知识**

## 一、大智慧功能热键清单

〖Enter〗：k线，分时走势，排行报价画面快速切换

〖Esc〗：退回上页

〖F1〗：个股成交明细表　　　　〖F2〗：个股分价表

〖F3〗：上证领先　　　　　　　〖F4〗：深证领先

〖F5〗：实时走势图/K线分析图切换　〖F6〗：查看［自选一］个股

〖F7〗：k线画面下指标参数设定　〖F8〗：分析周期切换

〖F9〗：k线画面下划线工具　　　〖F10〗：个股概况（个股F10）

〖F12〗：自助委托

〖0＋Enter〗：系统功能菜单

〖01＋Enter〗／〖F1〗：分时图中个股成交明细表

〖01＋Enter〗／〖F1〗：K线图中查看个股历史行情报表

〖02＋Enter〗／〖F2〗：分时/K 线图中查看个股分价成交明细

〖1＋Enter〗：上证 A 股行情　　　　　　〖2＋Enter〗：上证 B 股行情

〖3＋Enter〗：深证 A 股行情　　　　　　〖4＋Enter〗：深证 B 股行情

〖5＋Enter〗：上证国债行情　　　　　　〖6＋Enter〗：深证国债行情

〖7＋Enter〗：上证基金行情　　　　　　〖8＋Enter〗：深证基金行情

〖9＋Enter〗：中小板块行情　　　　　　〖10＋Enter〗：个股概况（个股 F10）

〖11＋Enter〗：涨幅排行　　　　　　　〖12＋Enter〗：振幅排行

〖13＋Enter〗：成交量排行　　　　　　〖14＋Enter〗：现手排行

〖15＋Enter〗：量比排行　　　　　　　〖16＋Enter〗：资金流向排行

〖17＋Enter〗：委比排行　　　　　　　〖18＋Enter〗：换手率排行

〖19＋Enter〗：市盈率排行　　　　　　〖20＋Enter〗：股价排行

〖21＋Enter〗：总市值排行　　　　　　〖22＋Enter〗：流通市值排行

〖23＋Enter〗：信息地雷排行　　　　　〖30＋Enter〗：板块指数行情

〖31＋Enter〗：板块指数涨幅排名　　　〖41＋Enter〗：开放式基金行情

〖42＋Enter〗：LOF 基金行情　　　　　〖43＋Enter〗：ETF 基金行情

〖49＋Enter〗：大智慧全流通　　　　　〖51…58＋Enter〗：切换至自选板块（1－8）

〖59＋Enter〗：实时解盘　　　　　　　〖60＋Enter〗：全部 A 股涨幅排名

〖61＋Enter〗：上证 A 股涨幅排行　　　〖62＋Enter〗：上证 B 股涨幅排行

〖63＋Enter〗：深证 A 股涨幅排行　　　〖64＋Enter〗：深证 B 股涨幅排行

〖65＋Enter〗：上证国债涨幅排行　　　〖66＋Enter〗：深证国债涨幅排行

〖69＋Enter〗：中小板块涨幅排行　　　〖70＋Enter〗：荐股擂台

〖71＋Enter〗：上交所公告　　　　　　〖72＋Enter〗：深交所公告

〖74＋Enter〗：财经新闻　　　　　　　〖79＋Enter〗：高手追踪

〖80＋Enter〗：全部 A 股综合排名　　　〖81＋Enter〗：上证 A 股综合排名

〖82＋Enter〗：上证 B 股综合排名　　　〖83＋Enter〗：深证 A 股综合排名

〖84＋Enter〗：深证 B 股综合排名　　　〖85＋Enter〗：上证国债综合排名

〖86＋Enter〗：深证国债综合排名　　　〖89＋Enter〗：中小板块综合排名

〖777＋Enter〗：路演平台　　　　　　〖888〗：智慧投票箱

〖Alt＋D〗：除权标记　　　　　　　　〖Alt＋H〗：当前帮助

〖Alt＋I〗：信息地雷标记　　　　　　〖Alt＋M〗：最高/最低标记

〖Alt＋Q〗：退出大智慧　　　　　　　〖Alt＋X〗：自选设定

〖Alt＋Z〗：选择自选　　　　　　　　〖Alt＋F1〗：个股概况

〖Alt＋F2〗：板块监测　　　　　　　　〖Alt＋F5〗：静态分析

〖Alt＋F7〗：自定义指标参数　　　　　〖Alt＋F9〗：画线工具选择

〖Alt＋F12〗：自助委托　　　　　　　〖Ctrl＋D〗：清除画线

〖Ctrl＋F〗：手动复权　　　　　　　　〖Ctrl＋Q〗：区间统计

〖Ctrl＋P〗：开启/暂停自动翻页　　　〖Ctrl＋R〗：向前复权

〖Ctrl＋T〗：向后复权　　　　　　　　〖Ctrl＋2－－8〗：画面组合切换

〖/〗：切换指标　　　　　　　　　　　〖Shift＋Tab〗：画面坐标变换

## 二、指标快捷键清单

| | |
|---|---|
| 〖110〗：MA 移动平均线 | 〖112〗：CHANNELS 通道线 |
| 〖114〗：主力成本 | 〖115〗：TDX 天地线 |
| 〖116〗：SAR 抛物转向 | 〖117〗：XS 薛氏通道 |
| 〖118〗：PBX 瀑布线 | 〖120〗：ROC 变动速率 |
| 〖121〗：MTM 动力指标 | 〖123〗：DMI 趋向指标 |
| 〖125〗：RSI 相对强弱指标 | 〖126〗：主力轨迹 |
| 〖128〗：DMA 平均离差 | 〖130〗：DPO 区间震荡线 |
| 〖132〗：MACD 指数平滑异同平均线 | 〖133〗：KDJ 随机指标 |
| 〖134〗：CCI 顺势指标 | 〖139〗：PSY 心理线 |
| 〖140〗：BIAS 乖离率 | 〖141〗：W&R 威廉指标 |
| 〖142〗：%B 布林极限 | 〖143〗：CR 能量指标 |
| 〖144〗：BRAR 人气意愿指标 | 〖148〗：TRIX 三重指数平滑平均数 |
| 〖149〗：ASI 振动升降指标 | 〖150〗：OBV 能量潮 |
| 〖151〗：主力进出 | 〖154〗：MFI 资金流量指标 |
| 〖155〗：PVI 正量指标 | 〖156〗：NVI 负量指标 |
| 〖157〗：VMACD 指数平滑异同平均线 | 〖158〗：VR 容量比率 |
| 〖161〗：WVAD 威廉变异离散量 | 〖163〗：EMV 简易波动指标 |
| 〖164〗：拉升在即 | 〖165〗：底部构成 |
| 〖166〗：主力买卖 | 〖170〗：MIKE 麦克指标 |
| 〖171〗：CDP 逆势操作 | 〖180〗：ADL 藤落指数 |
| 〖181〗：ADR 涨落比率 | 〖182〗：ABI 指标 |
| 〖183〗：STIX 指数平滑广量指标 | 〖187〗：EXPMA 平滑移动平均线 |
| 〖188〗：散户线 | 〖189〗：KCX 控筹线 |
| 〖190〗：成交笔数 | 〖191〗：每笔手数 |
| 〖AD〗：AD 集散量、A/D 上涨家数比 | 〖ABI〗：ABI 指标 |
| 〖ACD〗：ACD 收集派发 | 〖ADL〗：ADL 藤落指数 |
| 〖ADR〗：ADR 涨落比率 | 〖ALF〗：ALF 过滤指标 |
| 〖ASI〗：ASI 振动升降指标 | 〖ASR〗：ASR 浮筹比例 |
| 〖ATR〗：ATR 真实波幅 | 〖AMOUNT〗：AMOUNT 成交额 |
| 〖ADTM〗：ADTM 动态买卖气指 | 〖B〗：%B 布林极限 |
| 〖BBI〗：BBI 多空指数 | 〖BTI〗：BTI 广量冲力指标 |
| 〖BFTD〗：VB 波幅通道 | 〖BIAS〗：BIAS 乖离率 |
| 〖BOLL〗：BOLL 布林线 | 〖BRAR〗：BRAR 人气意愿指标 |
| 〖B3612〗：B3612 三减六日乖离 | 〖BWIDTH〗：BWIDTH 布林极限宽 |
| 〖BBIBOLL〗：BBIBOLL 多空布林线 | 〖CD〗：CD 相对强度 |
| 〖CHAIKIN〗：CHAIKIN 佳庆线 | 〖CR〗：CR 能量指标 |
| 〖CCI〗：CCI 顺势指标 | 〖CDP〗：CDP 逆势操作 |

〖CHO〗：CHO 济坚指数

〖CYC〗：CYC 指南针成本均线

〖CYS〗：CYS 市场盈亏

〖CYW〗：CYW 主力控盘

〖CYQKL〗：CYQKL 指南针博弈 K 线长度

〖DDI〗：DDI 方向标准离差指数

〖DKX〗：DKX 多空线

〖DMA〗：DMA 平均离差

〖DMI〗：DMI 趋向指标

〖DMIQL〗DMI－QL 趋向指标（钱龙）

〖DPO〗：DPO 区间震荡线

〖DBCD〗：DBCD 异同离差乖离率

〖DBGC〗：DBGC 底部构成

〖DPTB〗：DPTB 大盘同步指标

〖EMV〗：EMV 简易波动指标

〖ENV〗：ENV 轨道线

〖EOM〗：EOM 活动能力

〖EXPMA〗：EXPMA 平滑移动平均线

〖FASTKD〗：FASTKD 随机快步

〖GLZB〗：ALF 过滤指标

〖HDNL〗：EOM 活动能力

〖II〗：II 当日成交密度

〖JDQS〗：JDQS 阶段强势指标

〖JJZB〗：CHO 济坚指数

〖JEZF〗：江恩正方

〖KD〗：KD 随机指标

〖KDJ〗：KDJ 随机指标

〖KST〗：KST 完定指标

〖LFS〗：LFS 锁定因子

〖LWR〗：LW&R 威廉指标

〖LJX〗：量价线

〖LJQS〗：VPT 量价趋势

〖LSZJ〗：LSZJ 拉升在即

〖M1〗：M1 移动平均线

〖MA〗：移动平均线

〖MI〗：MI 动量指标

〖MFI〗：MFI 资金流量指标

〖MJR〗：MJR

〖MTM〗：MTM 动力指标

〖MACD〗：MACD 指数平滑异同平均线

〖MASS〗：MASS 重量指数

〖MICD〗：MICD 异同离差动力指数

〖MIKE〗：MIKE 麦克指标

〖NDB〗：NDB 脑电波

〖NVI〗：NVI 负量指标

〖NORVOL〗：NORVOL 标准化成交量

〖OX〗：OX 图

〖OBV〗：OBV 能量潮

〖OSC〗：OSC 震荡量

〖OBOS〗：OBOS 超买超卖

〖OLAL〗：OLAL 叠加线

〖PR〗：PR 穿透率

〖PBX〗：PBX 瀑布线

〖PSY〗：PSY 心理线

〖PVI〗：PVI 正量指标

〖PVT〗：PVT 价/量 趋势

〖PRICE〗：PRICE 价位线

〖PRICEOSC〗：PRICEOSC 指数震荡

〖QLCX〗：钱龙长线

〖QLDX〗：钱龙短线

〖QLZB〗：钱龙指标

〖QRSI〗：QRSI 量 RSI

〖QHLSR〗：QHLSR 阻力指标

〖RC〗：RC 变化率指数

〖RS〗：RS 相对强弱比

〖RMI〗：RMI

〖ROC〗：ROC 变动速率

〖RSI〗：RSI 相对强弱指标

〖RCCD〗：RCCD 异同离差变化率指数

〖SP〗：SP 低点搜寻交易系统

〖SAR〗：SAR 抛物转向

〖SCR〗：SCR 筹码集中度

〖SMI〗：SMI

〖SJKB〗：FASTKD 随机快步

〖SJPF〗：ACD 收集派发

〖SOBV〗：SOBV 能量潮

〖SRMI〗：SRMI MI 修正指标

〖STIX〗：STIX 指数平滑广量指标

〖SLOWKD〗：SLOWKD 慢速 KD　　　　〖SDKJ〗：四度空间

〖TBR〗：TBR 新三价率　　　　〖TDX〗：TDX 天地线

〖TDZS〗：CCI－4.0 通道指数　　　　〖TRIX〗：TRIX 三重指数平滑平均数

〖TRIX40〗：TRIX－4.0 TRIX 趋向指标　　　　〖UOS〗：UOS 终极指标

〖VB〗：VB 波幅通道　　　　〖VR〗：VR 容量比率

〖VMA〗：VMA 成交量指标　　　　〖VOL〗：VOL 成交量

〖VPT〗：VPT 量价趋势　　　　〖VOSC〗：VOSC 成交量震荡

〖VSTD〗：VSTD 成交量标准差　　　　〖VMACD〗：VMACD 指数平滑异同平均线

〖WR〗：W&R 威廉指标　　　　〖WDZB〗：KST 完定指标

〖WLLD〗：威力雷达　　　　〖WVAD〗：WVAD 威廉变异离散量

〖XS〗：XS 薛氏通道　　　　〖XDT〗：XDT 心电图

〖ZIG〗：ZIG ZIG ZAG 之字转向　　　　〖ZDZB〗：ZDZB 筑底指标

〖ZHPS〗：ZHPS 智慧判势　　　　〖ZHSL〗：ZHSL 换手率

〖ZLGJ〗：ZLGJ 主力轨迹　　　　〖ZLJC〗：ZLJC 主力进出

〖ZLMM〗：ZLMM 主力买卖　　　　〖ZUPR〗：ZUPR 阶段涨幅

〖ZVOL〗：ZVOL 阶段总成交量　　　　〖ZLCB〗：主力成本

〖ZAMOUNT〗：ZAMOUNT 阶段总成交额　〖CCI40〗：CCI－4.0 通道指数

〖STOCKRSI〗：STOCKRSI　　　　〖SHX〗：散户线

➤ **模拟演练**

　　运行大智慧软件，练习使用各个快捷键。

# 任务2　利用大智慧软件进行证券投资分析

【**任务描述**】 大智慧软件是一套用来接收证券行情和证券信息，进行基本分析和技术分析的超级证券信息平台，该软件把行情和资讯完美结合，与时俱进的提供众多深入市场而又简单有效的分析功能，是证券界的标准软件。本次学习任务是学会利用大智慧软件提供的资讯进行基本面分析和技术面分析。

## 活动1　利用大智慧软件获取大盘资讯

➤ **活动目标**

　　学会利用大智慧软件进行大盘分析。

➤ **操作方法**

　　大盘当日动态走势的主要内容包括当日指数、成交总额、成交手数、委买/卖手数、委比、上涨/下跌股票总数、平盘股票总数等。另有指标曲线图窗口，可显示多空指标，量比等指标曲线图。

## 一、进入大盘分析

1. 从开机菜单中选择"大盘分析",单击鼠标左键或按【Enter】键进入子菜单,确定选项后按【Enter】键确认并执行操作,按【Esc】键退出当前菜单。

2. 从下拉菜单上选择"指数",确定选项后,单击鼠标左键或按【Enter】键确认并执行操作。

3. 鼠标移动至软件最左侧,当光标出现多页叠加后单击,出现选择菜单,选择"指数"确定选项后,双击鼠标左键执行操作。

4. 快捷键:〖F3〗上证领先　　〖F4〗深证领先

## 二、大盘分析画面说明 (见图 7 − 2 − 1)

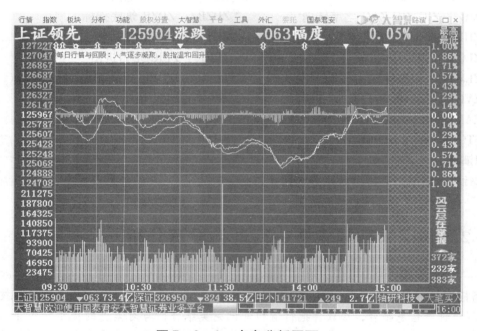

**图 7 − 2 − 1　大盘分析画面**

黄线:黄线代表小盘股的走势。

白线:白线代表大盘股的走势。

当指数上涨时:黄线在白线上面表示小盘股涨幅更大、反之表示大盘股涨幅更大。

当指数下跌时:黄线在白线下面表示小盘股跌幅更大、反之表示大盘股跌幅更大。

红柱状线代表上涨的强弱度,绿柱状线代表下跌的强弱度。

红/绿柱状线渐长,表示上涨/下跌的力量渐渐增强。

红/绿柱状线渐短,表示上涨/下跌的力量渐渐减弱。

黄色柱状线:表示成交量。

涨跌家数:红色表示当前上涨家数、白色表示当前平盘家数、绿色表示当前下跌家数。

明细小窗口:明细小窗口在画面的左上方,记录游标所在位置那一分钟的信息。按

【←、→】键或鼠标点击移动。

在大盘的即时明细小窗口中，可以看到：时间、指数、均价、涨跌、成交量、总成交。

信息窗口在画面的右方，拿上证指数举例，显示了当天上证指数、上证涨跌、上证 A 股、上 A 涨跌、上证 B 股、上 B 涨跌、成交金额、成交手数、委买手数、委卖手数、委比、上证换手、上指开盘、上指最高、上指最低、上涨家数、平盘家数、下跌家数等数据（见图 7 - 2 - 2）。

**上证指数000001**

| 上证指数 | 109045 |
|---|---|
| 上指涨跌 | ▲215 |
| A 股指数 | 114614 |
| 上 A 涨跌 | ▲221 |
| B 股指数 | 6089 |
| 上 B 涨跌 | ▲033 |
| 成交总额 | 495460 |
| 成交手数 | 14137605 |
| 委买手数 | 1367805 |
| 委卖手数 | 1596072 |
| 委比　228267 | -7.70% |
| 上指开盘 | 108569 |
| 上指最高 | 109431 |
| 上指最低 | 107858 |
| 上涨家数 | 600 |
| 平盘家数 | 122 |
| 下跌家数 | 242 |

指数／大单

图 7 - 2 - 2　信息窗口

## 三、大盘分析操作

1.【Enter】键切换到大盘 K 线图画面。

2.【PageUp】查看上一个类别指数，【PageDown】查看下一个类别指数。

3. 【01 + Enter】或【F1】，查看分时成交明细，【02 + Enter】或【F2】，查看分价成交明细；【10 + Enter】或【F10】，查看当天的咨讯信息。

4. 【／】切换走势图的类型，并调用各个大盘分析指标。

5. 进入大盘的分时图或者日线图后，您可以发现在右下角这里新增了"大单"这项功能，按小键盘的【＋】号键就能切换到大单揭示页面。它在沪深大盘分时走势页面提供了个股大单买卖的数据。用鼠标双击某一个股名称，可以切换到该股票的分时图界面。

➤ **模拟演练**

运行大智慧软件，进入大盘分析，学习研读各项指标数据，并练习键盘操作。

## 活动2 利用大智慧软件进行个股动态技术分析

➤ **活动目标**

学会使用大智慧软件进行获取个股行情，并对个股进行动态技术分析。

➤ **操作方法**

### 一、进入个股行情浏览

主要进入方式：

1. 直接输入个股代码或个股名称拼音首字母，屏幕自动弹出智慧键盘宝，然后按【Enter】键确认并执行操作，如"浦发银行"输入"600000"或"pfyh"即可。按【Esc】键退出（见图7-2-3）。

智慧键盘宝600000.bmp

智慧键盘宝pfyh.bmp

**图7-2-3 个股行情进入方式**

2. 从各类行情报价显示牌中选定个股，然后【Enter】键循环切换个股分时走势、K线图、行情列表画面。

3. 在行情报价显示牌画面最下方有6栏选择，按▼可选择不同分类，从中选定个股，然后按【Enter】键确认并执行操作。按【Esc】键退出。

4. 在行情报价显示牌画面中右击鼠标，会出现选择列表，可按列表选择不同分类，从中选定个股，然后按【Enter】键确认并执行操作。按【Esc】键退出。

5. 鼠标移动至软件顶部菜单后，会在菜单下出现隐藏菜单，点击"分时"进入分时走势图。

## 二、个股行情画面说明（见图 7 - 2 - 4）

**图 7 - 2 - 4 个股行情画面**

白线：分时走势线，每分钟内最后一笔成交的价格构成的曲线。

黄线：均价线，均价构成的曲线。

注：总笔、每笔只有深证个股才有该数值。

内盘/外盘：内盘/外盘的数据用来揭示在已经达成的交易中，哪些更反映买方的意愿，哪些更反映卖方的意愿。

换手率：判别是否属于最近热门股的有效指标是换手率。换手率高，说明近期有大量的资金进出该股。流通性良好。

量比：量比数值大（小）于1，说明当日每分钟的平均成交量大（小）于过去5个交易日的平均数值，成交放大（萎缩）。

## 三、个股行情浏览操作

1. 通过【Enter】键（或【F5】键）循环切换个股 K 线图、行情列表、分时走势画面。

2. 【PageUp】查看上一个股动态分时走势，【PageDown】查看下一个股动态分时走势（如果鼠标有滚轮也可滚动滚轮来切换查看上下个股动态分时走势）。

3. 【 - 】键用于改变盘口显示方式，【 + 】键循环切换右下角特色基本面窗口。通过【 + 】键切换至特色基本面窗口，可以浏览竞买竞卖指标、大单比率、五日换手、市盈率、每股收益、每股净资产、总股本等基本面数据。同时，大智慧还提供流通股本、流通市值、公司上市日期、概念板块等重要数据参考。让用户可以在短时间内大致了解上市公司（见图 7 - 2 - 5）。

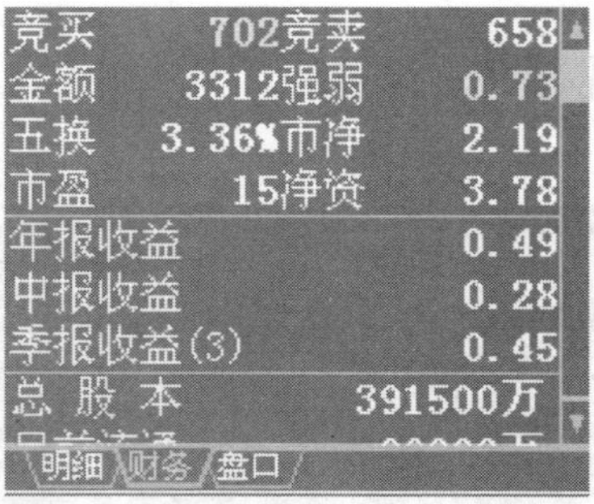


**图 7-2-5 特色基本面窗口**

注：竞买、竞卖指标是判断市场资金流向的指标，当外盘/竞买大于内盘/竞卖时，表明场外有资金介入；反之就表明场内有资金在外逃。

4.【01+Enter】或【F1】，查看个股分时成交明细；【02+Enter】或【F2】，查看个股分价成交明细，【10+Enter】或【F10】查看个股基本面资料，按【Esc】键退出（见图7-2-6）。

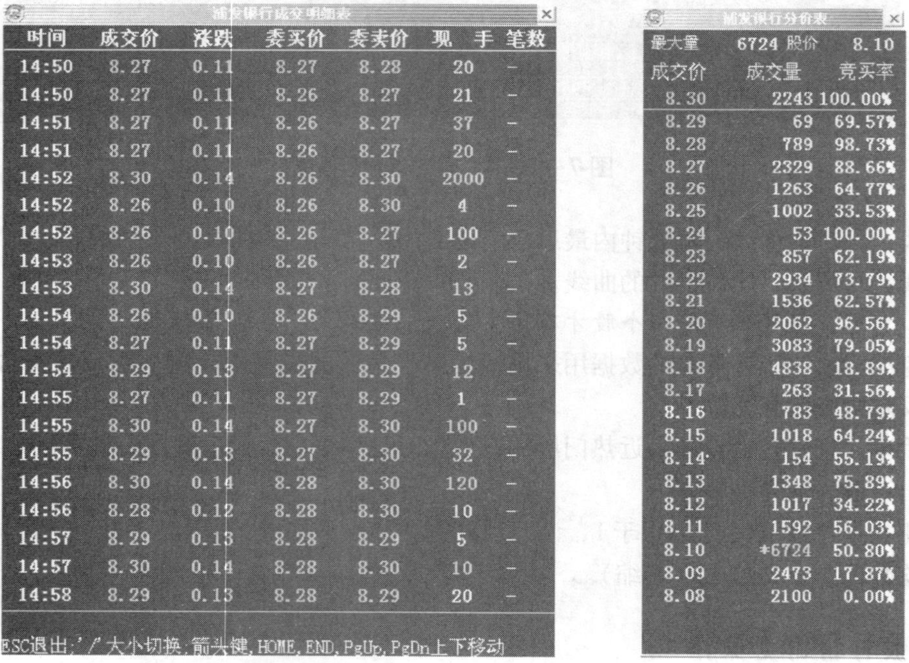

浦发银行成交明细表

| 时间 | 成交价 | 涨跌 | 委买价 | 委卖价 | 现 手 | 笔数 |
|---|---|---|---|---|---|---|
| 14:50 | 8.27 | 0.11 | 8.27 | 8.28 | 20 | - |
| 14:50 | 8.27 | 0.11 | 8.26 | 8.27 | 21 | - |
| 14:51 | 8.27 | 0.11 | 8.26 | 8.27 | 37 | - |
| 14:51 | 8.27 | 0.11 | 8.26 | 8.27 | 20 | - |
| 14:52 | 8.30 | 0.14 | 8.26 | 8.30 | 2000 | - |
| 14:52 | 8.26 | 0.10 | 8.26 | 8.30 | 4 | - |
| 14:52 | 8.26 | 0.10 | 8.26 | 8.27 | 100 | - |
| 14:53 | 8.26 | 0.10 | 8.26 | 8.27 | 2 | - |
| 14:53 | 8.30 | 0.14 | 8.27 | 8.28 | 13 | - |
| 14:54 | 8.26 | 0.10 | 8.26 | 8.29 | 5 | - |
| 14:54 | 8.27 | 0.11 | 8.27 | 8.29 | 5 | - |
| 14:54 | 8.29 | 0.13 | 8.27 | 8.29 | 12 | - |
| 14:55 | 8.27 | 0.11 | 8.27 | 8.29 | 1 | - |
| 14:55 | 8.30 | 0.14 | 8.27 | 8.30 | 100 | - |
| 14:55 | 8.29 | 0.13 | 8.27 | 8.30 | 32 | - |
| 14:56 | 8.30 | 0.14 | 8.28 | 8.30 | 120 | - |
| 14:56 | 8.28 | 0.12 | 8.28 | 8.30 | 10 | - |
| 14:57 | 8.29 | 0.13 | 8.28 | 8.29 | 5 | - |
| 14:57 | 8.30 | 0.14 | 8.28 | 8.30 | 10 | - |
| 14:58 | 8.29 | 0.13 | 8.28 | 8.29 | 20 | - |

ESC退出;'/'大小切换;箭头键,HOME,END,PgUp,PgDn上下移动

浦发银行分价表

最大量 6724 股价 8.10

| 成交价 | 成交量 | 竞买率 |
|---|---|---|
| 8.30 | 2243 | 100.00% |
| 8.29 | 69 | 69.57% |
| 8.28 | 789 | 98.73% |
| 8.27 | 2329 | 88.66% |
| 8.26 | 1263 | 64.77% |
| 8.25 | 1002 | 33.53% |
| 8.24 | 53 | 100.00% |
| 8.23 | 857 | 62.19% |
| 8.22 | 2934 | 73.79% |
| 8.21 | 1536 | 62.57% |
| 8.20 | 2062 | 96.56% |
| 8.19 | 3083 | 79.05% |
| 8.18 | 4838 | 18.89% |
| 8.17 | 263 | 31.56% |
| 8.16 | 783 | 48.79% |
| 8.15 | 1018 | 64.24% |
| 8.14 | 154 | 55.19% |
| 8.13 | 1348 | 75.89% |
| 8.12 | 1017 | 34.22% |
| 8.11 | 1592 | 56.03% |
| 8.10 | *6724 | 50.80% |
| 8.09 | 2473 | 17.87% |
| 8.08 | 2100 | 0.00% |

**图 7-2-6 个股分价成交明细**

5.【/】快速切换分析指标。

6. 在分时图中鼠标右击选择菜单中“输出 EXCEL 数据文件”则可以把该股当日成交数据以 EXCEL 文件导出。

（注：不同股票输出文件名统一，输出后请及时把文件改名，以免被下一个输出文件替换。）

## 四、进入个股动态 K 线图

个股动态 K 线图分为主图和副图。主图主要用于显示 K 线和主图叠加指标，副图主要用于显示技术指标，如 KDJ、RSI 等。

1. 直接输入个股代码或个股名称拼音首字母（如"浦发银行"输入"600000"或"pfyh"），然后按【Enter】键进入分时走势后，按【Enter】键进入个股动态技术分析。

2. 从各类行情报价显示牌中选定个股，然后鼠标双击，进入个股动态 K 线图。

3. 鼠标移动至软件顶部菜单后，会在菜单下出现隐藏菜单，点击"日线"进入日 K 线走势图（见图 7 - 2 - 7）。

**图 7 - 2 - 7　个股动态 K 线图**

K 线说明：从 K 线的形状，能够清楚地表明一个交易期间的开盘、最高、最低、收盘价之间的大小关系。K 线从形态上分可分为阳线（空心红色）、阴线（实心蓝色）和同价线（红十字）3 种类型。阳线是指收盘价高于开盘价的 K 线，阴线是指收盘价低于开盘价的 K 线。同价线是指收盘价等于开盘价，两者处于同一个价位的一种特殊形式的 K 线（见图 7 - 2 - 8）。

成交量说明：成交量是指个股和大盘的成交总手，在形态上用一根立式的柱子来表示。左面的坐标值与柱子的横向对应处，就是当日当时的成交总手。如当天收盘价高于当天均价，成交柱呈红色；反之，成交柱呈绿色。

## 五、个股动态 K 线图操作

主要操作：

1. 按【Enter】键循环切换个股分时走势和个股 K 线图以及行情列表。

2. 个股 K 线图画面中直接输入指标名称可更换原有的指标，如："KDJ"、"ZLJC"（主

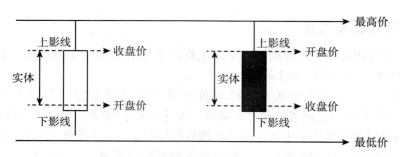

图7-2-8　K线

力进出）等（见图7-2-9）。

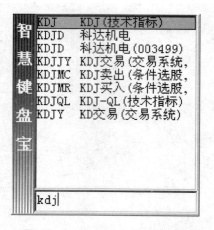

图7-2-9　输入指标名称

3. 【/】或【*】快速切换分析指标。

4. 个股K线图画面中【↑】、【↓】放大缩小图形。

5. 双击某根K线的实体，可以查看该K线的历史走势（见图7-2-10）。

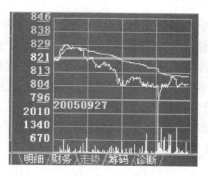

图7-2-10　K线的历史走势

6. 在个股日线界面，反复按小键盘的【+】号键，可以在"明细、财务、走势、筹码、诊断"的页面间切换。"诊断"页可以显示该股的个股点评。

7. 按【F8】或【\】实现分析周期的循环切换。也可在主图空白处单击鼠标右键，从菜单中选择周期（见图7-2-11）。

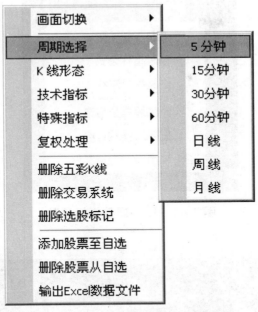

**图7-2-11  分析周期的循环切换**

8. 【01+Enter】或【F1】，查看个股历史行情报表；【02+Enter】或【F2】，查看个股分价成交明细，按【F10】或【10+Enter】进入个股基本面资料。

9. 【F7】可自由设置技术分析参数，【F9】进入画线状态。

10. 【Alt+F5】直接进入静态分析，按【F5】键退回动态分析界面。

11. 【Ctrl+Q】对选定个股进行区间统计；【Ctrl+F8】进入24项基本面资料的排行；对选定个股可进行不同类别的复权。【Ctrl+F】：手动复权，在送股数、分红数、配股数和配股价填入相应数字，并且您可以根据自己的需要选择是否要保留复权信息。【Ctrl+R】：向前复权【Ctrl+T】：向后复权。

12. 在任意的指标K线图下，只要先在某一指标的指标线上单击鼠标的右键，就能够改变先前的指标设置，包括调整指标参数、修改指标公式等（见图7-2-12）。

13. 在指标线过多的情况下，如果想去掉它，可以在任意一条指标线上点击鼠标左键再按【Delelte】键，即可去掉这些指标线。您也可以在空白处点击鼠标右键，选择"技术指标"中"技术指标"一栏，顶端有"隐藏所有指标"，也可达到同样的效果。相反如果要显示指标，只要按照以上同样的步骤，在最顶端选择"显示所有指标"即可。

14. 系统默认为3个指标画面，若要显示多个指标画面，可按【Ctrl+2，3，4，5，6，7，8】分别显示2~8个指标画面，也可在软件顶部菜单"分析"中"画面组合"中选择（如图7-2-13为5窗口画面显示）。

15. 在K线图中鼠标右击选择菜单中"添加股票至自选"或按【Alt+F11】把该股选入自选股功能。

16. 在K线图中鼠标右击选择菜单中"输出EXCEL数据文件"则可以把该股历史数据以EXCEL文件导出。

**图 7 – 2 – 12　　调整指标参数**

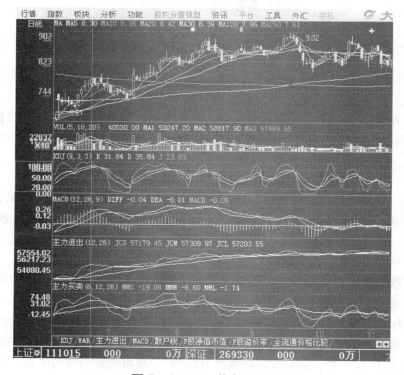

**图 7 – 2 – 13　　指标画面**

## 六、复权处理

大部分套牢出现在除权后，大智慧精确复权功能可消除除权后股价失真和技术指标走样的情况，从而避免主力利用"除权"、"填权"等概念引诱投资者高位接货，长期被套。

1. 用鼠标在主菜单中选择"技术分析"中的"复权处理"后，选择合适的除权方式即可。

2. 在 K 线图中，按热键【Ctrl + T】、【Ctrl + R】、【Ctrl + F】。

3. 在 K 线图下点击鼠标右键，在弹出菜单中选择"复权处理"。

4. 鼠标移动至软件最左侧，当光标出现多页叠加后单击，出现选择菜单，选择"功能"栏"分析"中"复权处理"选择合适的除权方式即可。

5. 在 K 线图中，鼠标移动至软件顶部菜单后，会在菜单下出现隐藏菜单，点击"复权"。

6. 激活"复权处理"，可选择性地对画面中各个除权缺口进行复权。

7. 热键【Ctrl + T】，将画面上所有的除权缺口进行复权处理（见图 7 - 2 - 14）。

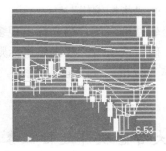

图 7 - 2 - 14　复权处理

8. 热键【Ctrl + R】，将图形以目前价位为原始价向前复权处理。

9. 热键【Ctrl + F】，系统将弹出一个菜单，你可以进行手动向前、向后填权（见图 7 - 2 - 15）。

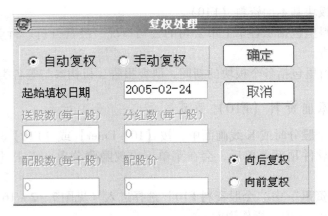

图 7 - 2 - 15　复权处理

10. 周线也可进行复权处理。

11. 再次【Ctrl + T】后，取消复权，还原画面。

注：1. 前复权，顾名思义，是指向前复权。即以现在的股价为基准，将前面股价进行复权处理。

2. 后复权，指以复权前的股价为基准，把之后的股价进行复权处理的方法。

## 七、技术指标切换

1. 在 K 线图中鼠标右击主图或副图空白处，选择弹出菜单中"技术指标"点击指标，会副图中显示所选指标，其中选择"主图指标"中指标则会在主图中显示。

2. 鼠标单击主图或副图按【/】和【*】键，快速切换主图或副图上显示指标。

3. K 线图画面中直接输入指标名称或指标名称拼音首字母，可更换原有的指标，如"KDJ"、"ZLJC"（主力进出）等。

4. 点击 K 线图画面副图指标下方指标快捷键，快速切换该指标（指标快捷键在"指标编辑"中添加，详见"指标编辑"）。

5. 鼠标移动至软件最左侧，当光标出现多页叠加后单击，出现选择菜单，选择"指标"栏中"技术指标"确定选项后，双击该指标则会在 K 线图中显示。

6. 在顶部菜单"分析"中"技术指标"选择指数，确定选项后，会在 K 线图中显示所选指标。

## 活动 3　利用大智慧软件进行证券投资基本分析

### ➤ 活动目标

学会利用大智慧软件获取大盘及个股基本面信息，并利用该信息进行证券投资的基本分析。

### ➤ 操作方法

个股、大盘、板块基本面资料（F10）。

个股基本面资料里包括了各个上市公司的公司概况、经营分析、行业产品、财务分析、股东情况等各类报告。

板块基本面资料里包括各个板块的新闻、研究报告、机构参与等各类报告。

## 一、进入个股基本面资料（F10）方式

1. 快捷键：在个股分时或 K 线画面中，按【10＋Enter】或【F10】进入个股基本面。

2. 鼠标移动至软件顶部菜单后，会在菜单下出现隐藏菜单，点击【F10】进入个股基本面。

3. 顶部菜单"资讯"中"个股资料 F10"选择进入（见图 7－2－16）。

个股基本面资料（F10）操作说明：

（1）按【←】【→】或鼠标点击，来选择栏目。按【↓】【↑】或鼠标拖动滚动条来浏览内容，【PageUp】【PageDown】快速翻页浏览。

（2）点击股票代码旁【▲】【▼】来切换股票。

（3）直接输入个股代码或个股名称拼音首字母，屏幕自动弹出智慧键盘宝，然后按【Enter】键确认来切换股票。

（4）按【Ctrl＋C】能把正在浏览的栏目内容复制到"大智慧剪贴板"中。

栏目说明：

操盘必读：包括最新股本资料、最新的公告消息、控股情况、概念题材。

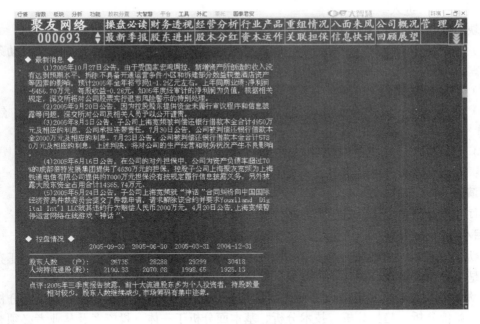

**图 7 – 2 – 16　个股基本面资料**

财务透视：包括最新的财务信息、资产负债情况、现金流量。

经营分析：主营业务收入。

行业产品：收录各类资讯中对该股行业产品的报告。

重组情况：收录了该股重组情况，包括：重组时间、重组方案、重组进展。

八面来风：收录各类资讯中对该股的各类分析信息。

公司概况：介绍了公司的概况、发展史。

管理层：介绍了公司管理层的人员资料。

最新季报：最新的季度财务状况。

股东进出：最新的十大股东流通情况。

股本分红：介绍了股本结构及分红扩股。

资本运作：介绍了募集资金情况、募集资金使用情况，非募集资金项目情况。

关联担保：介绍了重大担保，关联债权债务来往。

信息快讯：最新的公司信息公告。

回顾展望：历史的半年报告。

## 二、进入大盘、板块基本面资料（F10）

进入大盘、板块基本面资料（F10）方式：

1. 在板块指数行情报价牌、板块分时、板块 K 线画面中，按【10 + Enter】或【F10】。

2. 在板块指数行情报价牌、板块分时、板块 K 线画面中，鼠标移动至软件顶部菜单后，会在菜单下出现隐藏菜单，点击【F10】进入基本面。

3. 在板块指数行情报价牌、板块分时、板块 K 线画面中，选择顶部菜单"资讯"中

"个股资料 F10"进入。

板块基本面资料（F10）操作：

（1）按【←】【→】或鼠标点击，来选择栏目。按【↓】【↑】或鼠标拖动滚动条来浏览内容，【PageUp】【PageDown】快速翻页浏览。

（2）点击板块代码旁【▲】【▼】来切换板块。

（3）直接输入板块代码或板块名称拼音首字母，屏幕自动弹出智慧键盘宝，然后按【Enter】键确认来切换板块。

（4）按【Ctrl＋C】能把正在浏览的栏目内容复制到"大智慧剪贴板"中。

注：大盘 F10 信息都是当日最新各类信息公告及荐股。

➤ 模拟演练

运行大智慧软件，进入任一个股界面后按【F10】键进行相关操作。

🔧 项目小结

1. 大智慧软件是一套集证券行情显示、行情分析并同时进行信息即时接收的证券信息平台，是证券投资者及证券从业者获取证券行情信息必须掌握的基本工具。

2. 大智慧软件包括了目前大部分证券投资分析工具的实用功能。整合了行情分析、盘口分析、竞价分析、趋势分析、技术分析、基本面分析于一体。投资者及从业者必须充分利用大智慧软件的功能，更好地进行证券投资分析。

🔧 知识考核

1. 大盘分析画面中的黄线代表什么？

2. 大盘分析画面中的白线代表什么？

3. 个股行情画面中的内盘外盘哪个更能反映买方的意愿？

4. 为什么要对个股进行复权分析？

5. 什么是证券投资基本分析？

6. 什么是证券投资技术分析？

🔧 技能训练

1. 请将大智慧软件的快捷键逐一使用，并记熟基本的快捷键。

2. 某只股票当天开盘价为 8 元，收盘价为 8.3 元，最高价 8.6 元，最低价 7.6 元，画出该股当日的日 K 线图。

# 附　　录

## 附录 1

### 关于国家职业资格鉴定《银行柜员》（四级/中级）鉴定的有关规定

一、职业概况

1. 职业名称：银行柜员。

2. 职业定义：银行柜员是指能利用金融业务知识和技能从事银行柜面和后台账务处理的操作人员。

3. 职业等级：本职业目前不设五级（初级），直接从四级（中级）开始鉴定，共设银行柜员（四级/中级）、银行柜员（三级/高级）、银行柜员（二级/技师级）。

4. 职业环境条件：室内；常温；备有计算机。

5. 职业能力特征：应具备一定的金融会计知识，并熟悉国家有关金融法规、方针、政策、规章制度，以及业务操作过程中业务审核、分析及操作动手能力等。

6. 基本文化程度：具有中专（或高中）及以上的学历。

二、《银行柜员》鉴定要求

1. 适用对象：适合从事银行柜面和后台账务处理的操作人员。

2. 申报条件：

《银行柜员》（四级/中级）：具有中专（或高中）及以上的学历，且从事银行柜员工作一年及以上者。

《银行柜员》（三级/高级）：获得四级银行柜员资格，且具有大专（含）以上的学历，从事银行柜员工作 2 年以上；或具有中专（或高中）学历，从事银行柜员工作 3 年以上者。

《银行柜员》（二级/技师级）：获得三级银行柜员资格，且具有大专（含）以上的学历，从事 3 年以上银行柜员工作经历的；或具有中专（或高中）学历，从事银行柜员工作 5 年以上者。

三、《银行柜员》（四级/中级）鉴定模式

鉴定分理论知识、操作技能两部分。

1. 理论知识：

鉴定方式：机考

鉴定时间：60 分钟

题型：判断题、单选题、多选题（其中实务题约占 20%）

2. 操作技能：

（1）鉴定项目：专业技能鉴定分为必考项目和选考项目。每个柜员必须测试三个项目，其中二个为必考项目（即中文账户信息录入，小写传票微机录入和小写传票珠算翻打二选一），一个为选考项目（选考项目有二组，二选一；一组是点钞，另一组是大写传票录入和大写传票珠算翻打，二选一。两组只需选其中一项）。据此，考生选择技能考核项目可以有四个组合，分别为：

《银行柜员》（录入点钞）：必考"中文账户信息录入"和"小写传票微机录入"，选考"点钞"；

《银行柜员》（翻打点钞）：必考"中文账户信息录入"和"小写传票珠算翻打"，选考"点钞"；

《银行柜员》（录入大写）：必考"中文账户信息录入"和"小写传票微机录入"，选考"大写传票微机录入"；

《银行柜员》（翻打大写）：必考"中文账户信息录入"和"小写传票珠算翻打"，选考"大写传票珠算翻打"；

考生在鉴定申报时则需选定技能考核项目组合，即确定报考的职业代码。

（2）鉴定方式和鉴定时间：

鉴定时间：理论知识机考，60分钟；技能鉴定根据不同组合的实际规定时间。

鉴定方式：机考为主，微机录入（账户信息、传票）项目鉴定是机考，珠算鉴定（翻打达、小写传票）采取机考和手工操作相结合，点钞鉴定是手工操作。

珠算鉴定由电脑控制鉴定的开始与结束时间，鉴定结束前考生需将答案输入电脑。珠算鉴定采用"限量不限时"，"限量"指只需翻打100张，"不限时"指所用时间仅规定最长时限，鼓励提前完成。在规定的最长时限内，考生将答案输入电脑，或规定的最长时限到，则鉴定结束。电脑依据答案输入及实际所用时间评分并记录考核结果。

点钞鉴定采用"限时不限量"，鉴定时间为5分钟。主考按秒表控制鉴定的开始及结束时间，并以口令告诉考生。鉴定成绩人工评判，并由专人统一输入电脑。

各技能项目鉴定方式和鉴定时间：

① 中文账户信息输入：机考，限时不限量，限时10分钟；考前准备2分钟，鉴定时间10分钟。

② 银行单证录入（小写）：机考，限时不限量，限时2分钟；准备时间2分钟，鉴定时间2分钟；本项目考生需考二次，第二次准备时间1分钟；二次试题不同；鉴定系统自动选取其中较好的一次作为本项目鉴定成绩。

③ 银行单证录入（大写）：机考，限量不限时，限量100张；考前准备2分钟，鉴定时间设最长时限为6分钟。

④ 银行单证翻打（小写）：珠算翻打，限量不限时，限量100张；考前准备2分钟，鉴定时间设最长时限为5分钟30秒；微机选题，须在鉴定结束前将翻打结果即答案输入微机，鉴定结束后输入答案无效；微机控制并记录鉴定时间；本项目考生需考二遍；第二遍准备1分钟，二次试题不同；鉴定系统自动选取其中较好的一次作为本项目鉴定成绩。

⑤ 银行单证翻打（大写）：珠算翻打，限量不限时，限量100张；考前准备2分钟，鉴定时间设最长时限为6分钟30秒；微机选题，并在鉴定结束前将答案输入微机，鉴定结束

后输入答案无效；微机控制并记录鉴定时间。

⑥ 点钞：手持式单指单张清点整把钞券：考前准备 5 分钟，鉴定时间 5 分钟，限时不限量；鉴定完毕后考评员评判鉴定结果，考评员与考生分别在评分表上签名确认，考生离场。

四、鉴定过程

1. 点钞项目的鉴定不在机房内进行。考生根据准考证上规定的鉴定时间，先参加机考后参加点钞鉴定或先参加点钞鉴定后参加机考。

2. 机考时，先完成技能鉴定，接着直接进入理论知识鉴定，中途不得离开考场。

五、《银行柜员》（四级/中级）鉴定合格标准（试行）

1. 鉴定总成绩是理论知识鉴定成绩和操作技能鉴定成绩的综合，即理论知识和操作技能成绩分别合格，鉴定总成绩合格。鉴定总成绩合格即为达到《银行柜员》（四级/中级）鉴定标准。

理论知识和操作技能两项中，只要有一项成绩不合格的，则鉴定总成绩为不合格。

2. 评分标准。

（1）理论知识（总分 100 分）。理论知识鉴定分为理论题、实务题两个部分，其中理论题占比 80%，实务题占比 20%。理论知识鉴定成绩 60 分及以上为合格；60 分以下的为不合格。

（2）专业技能（总分 100 分）。专业技能鉴定分为必考项目和选考项目。每个柜员必须参加三个项目的鉴定，其中二个为必考项目，一个为选考项目。必考项目成绩分别占专业技能鉴定成绩总分的 35%，选考项目成绩分别占专业技能鉴定成绩总分的 30%。单项成绩达到 50 分及以上可按上述比例计入专业技能鉴定总成绩，单项成绩低于 50 分不计入专业技能鉴定总成绩。

① 中文账户信息资料录入（必考项目之一，成绩占技能总成绩 35%）（测试时间 10 分钟）

差错率超过 7 字/每千字或差错率虽不超过 7 字/每千字但每分钟录入有效汉字（有效汉字含标点符号和空格）少于 40 字的为 0 分；

差错率不超过 7 字/每千字，且每分钟录入有效汉字 40 字，得 50 分；

差错率不超过 7 字/每千字，每分钟录入有效汉字超过 40（含）字不超过 50 字，每增加 1 字，加 1 分；

差错率不超过 7 字/每千字，每分钟录入有效汉字超过 50（含）字，每增加 2 字加 1 分；此项最多加 20 分。

② 银行单证金额（小写）录入（必考项目第二组之一，占技能总成绩 35%）（测试时间 2 分钟）

要求在规定时间内依据指定的范围依次、逐张、对应录入传票。

录入不正确或录入传票少于 50 张，得 0 分；

录入正确，且录入传票 50 张，得 50 分；

录入正确，录入传票超过 50 张，每增加 1 张加 1 分；此项最多加 10 分；即录入正确，录入传票 60 张，得 60 分；

录入正确，录入传票超过 60 张，每增加 2 张加 1 分；此项最多加 20 分。

本项目操作二遍，考试系统自动选取其中较好的成绩计入技能总成绩。

③银行单证金额（小写）珠算翻打（必考项目第二组之二，占技能总成绩35%）（测试最长时限为5分30秒）

要求翻打传票100张且答案正确。

在最长时限5分钟30秒内，翻打指定的传票不到100张或答案不正确或答案未输入电脑，得0分；

翻打指定的传票100张且答案正确的，按实际使用时间计算成绩：

实际使用时间5分钟30秒（含）的得50分；每提前3秒，加1分，此项最多加10分，即实际使用时间5分钟的得60分；

实际使用时间少于5分钟的，每提前4秒，加1分，此项最多可加20分；

本项目操作二遍，考试系统自动选取其中较好的成绩计入技能总成绩。

④银行单证金额（大写）录入（选考项目第二组之一，占技能总成绩30%）（测试最长时限为6分钟）

要求在最长时限内依据传票依次、逐张、对应录入传票100张。

在最长时限内录入传票少于100张，或录入不正确，得0分；

在最长时限内完成全部100张传票录入且录入正确的，按实际使用时间计算成绩：

实际使用时间6分钟（含）的，得50分；每提前3秒，加1分，此项最多加10分，即实际使用时间5分30秒的，得60分；

实际使用时间少于5分30秒的，每提前4秒，加1分，此项最多加10分。

⑤银行单证金额（大写）珠算翻打（选考项目第二组之二，占技能总成绩30%）（测试最长时限为6分30秒）

在最长时限内翻打传票少于100张或答案不正确的，得0分。

在最长时限内完成全部100张传票翻打且答案正确的，按实际使用时间计算成绩：

实际使用时间6分30秒（含）的，得50分，每提前3秒，加计1分，最高加10分，即实际使用时间6分钟的，得60分；

实际使用时间少于6分钟的，其中每提前4秒，加1分，此项最多加10分。

⑥手持式单指单张整把点钞（选考项目第一组，占技能总成绩30%）（测试时间5分钟）

在规定的时间内，若非单指单张点钞，或点数不准确（尾数点错或错把点错），或把数不到6把（包括扎把不符合标准所扣减的张数），或不止一次违反考试规则得0分；

在规定时间内手持式单指单张整点钞券，点数准确，完成6把及以上按实际折算张数计算成绩：

折算后完成6把，得50分；超过6把，每增加10张加1分；此项最多加10分，即折算后完成7把（含），得60分；

超过7把，每增加30张加1分；此项最多加10分。

点钞鉴定评判扣分及扣减张数标准：

点钞过程中，违反规则，考评员警告后再犯，此项目得0分；

未在错把的原腰条上注明相差张数，视同未点出差错，此项目得0分；

扎把松，能抽张，每把扣减10张；

未扎把或扎把松、散把，每把扣减 50 张；

扎把不整齐，凸出部分超过 5 毫米，每把扣减 10 张。

六、注意事项

1. 参加鉴定当天，考生必须携带身份证（或社保卡）、准考证；不允许带复习资料、计算器（鉴定系统有计算器显示，可以进行计算）；技能鉴定时考生如需要用蘸水缸的请自备，参加珠算鉴定的考生自备算盘；参加点钞鉴定的考生自备书写笔，允许自带扎钞纸（腰条）。

2. 注意鉴定开始时间，并请提前 15 分钟到达考点候考，迟到 15 分钟不得参加鉴定。

3. 进入考点后，考生先到候考室候考，根据考场工作人员安排，进入指定的考场。参加点钞鉴定的考生需按准考证规定的时间分别到机房或点钞考场参加鉴定。

4. 考生必须遵守考场纪律，违反考场纪律或鉴定规则，将受到必要的处理。

请注意阅读附件中的几个文件。

七、成绩查询

鉴定结束 10 个工作日后，考生登录上海职业培训指导服务网站首页，凭报名时填写的证件号码进行查询。

八、证书发放

鉴定结束 25 个工作日后，各报名单位领取证书并向考生发放。

国家职业资格鉴定《银行柜员》等级鉴定工作小组

2009 年 2 月 25 日

# 附录 2

## 中华人民共和国人民币管理条例

### 第一章  总则

**第一条**  为了加强对人民币的管理，维护人民币的信誉，稳定金融秩序，根据《中华人民共和国中国人民银行法》，制定本条例。

**第二条**  本条例所称人民币，是指中国人民银行依法发行的货币，包括纸币和硬币。

从事人民币的设计、印制、发行、流通和回收等活动，应当遵守本条例。

**第三条**  中华人民共和国的法定货币是人民币。以人民币支付中华人民共和国境内的一切公共的和私人的债务，任何单位和个人不得拒收。

**第四条**  人民币的单位为元，人民币辅币单位为角、分。1 元等于 10 角，1 角等于 10 分。

人民币依其面额支付。

**第五条**  中国人民银行是国家管理人民币的主管机关，负责本条例的组织实施。

**第六条**  任何单位和个人都应当爱护人民币。禁止损害人民币和妨碍人民币流通。

### 第二章  设计和印制

**第七条**  新版人民币由中国人民银行组织设计，报国务院批准。

**第八条**  人民币由中国人民银行指定的专门企业印制。

**第九条**  印制人民币的企业应当按照中国人民银行制定的人民币质量标准和印制计划印制人民币。

**第十条**  印制人民币的企业应当将合格的人民币产品全部解缴中国人民银行人民币发行库，将不合格的人民币产品按照中国人民银行的规定全部销毁。

**第十一条**  印制人民币的原版、原模使用完毕后，由中国人民银行封存。

**第十二条**  印制人民币的特殊材料、技术、工艺、专用设备等重要事项属于国家秘密。印制人民币的企业和有关人员应当保守国家秘密；未经中国人民银行批准，任何单位和个人不得对外提供。

**第十三条**  未经中国人民银行批准，任何单位和个人不得研制、仿制、引进、销售、购买和使用印制人民币所特有的防伪材料、防伪技术、防伪工艺和专用设备。

**第十四条**  人民币样币是检验人民币印制质量和鉴别人民币真伪的标准样本，由印制人民币的企业按照中国人民银行的规定印制。人民币样币上应当加印"样币"字样。

## 第三章　发行和回收

**第十五条**　人民币由中国人民银行统一发行。

**第十六条**　中国人民银行发行新版人民币，应当报国务院批准。

中国人民银行应当将新版人民币的发行时间、面额、图案、式样、规格、主色调、主要特征等予以公告。

中国人民银行不得在新版人民币发行公告发布前将新版人民币支付给金融机构。

**第十七条**　因防伪或者其他原因，需要改变人民币的印制材料、技术或者工艺的，由中国人民银行决定。

中国人民银行应当将改版后的人民币的发行时间、面额、主要特征等予以公告。

中国人民银行不得在改版人民币发行公告发布前将改版人民币支付给金融机构。

**第十八条**　中国人民银行可以根据需要发行纪念币。

纪念币是具有特定主题的限量发行的人民币，包括普通纪念币和贵金属纪念币。

**第十九条**　纪念币的主题、面额、图案、材质、式样、规格、发行数量、发行时间等由中国人民银行确定；但是，纪念币的主题涉及重大政治、历史题材的，应当报国务院批准。

中国人民银行应当将纪念币的主题、面额、图案、材质、式样、规格、发行数量、发行时间等予以公告。

中国人民银行不得在纪念币发行公告发布前将纪念币支付给金融机构。

**第二十条**　中国人民银行设立人民币发行库，在其分支机构设立分支库，负责保管人民币发行基金。各级人民币发行库主任由同级中国人民银行行长担任。

人民币发行基金是中国人民银行人民币发行库保存的未进入流通的人民币。

人民币发行基金的调拨，应当按照中国人民银行的规定办理。任何单位和个人不得违反规定动用人民币发行基金，不得干扰、阻碍人民币发行基金的调拨。

**第二十一条**　特定版别的人民币的停止流通，应当报国务院批准，并由中国人民银行公告。

办理人民币存取款业务的金融机构应当按照中国人民银行的规定，收兑停止流通的人民币，并将其交存当地中国人民银行。

中国人民银行不得将停止流通的人民币支付给金融机构，金融机构不得将停止流通的人民币对外支付。

**第二十二条**　办理人民币存取款业务的金融机构应当按照中国人民银行的规定，无偿为公众兑换残缺、污损的人民币，挑剔残缺、污损的人民币，并将其交存当地中国人民银行。

中国人民银行不得将残缺、污损的人民币支付给金融机构，金融机构不得将残缺、污损的人民币对外支付。

**第二十三条**　停止流通的人民币和残缺、污损的人民币，由中国人民银行负责回收、销毁。具体办法由中国人民银行制定。

## 第四章　流通和保护

**第二十四条**　办理人民币存取款业务的金融机构应当根据合理需要的原则，办理人民币券别调剂业务。

**第二十五条**　禁止非法买卖流通人民币。

纪念币的买卖，应当遵守中国人民银行的有关规定。

**第二十六条**　装帧流通人民币和经营流通人民币，应当经中国人民银行批准。

**第二十七条**　禁止下列损害人民币的行为：

（一）故意毁损人民币；

（二）制作、仿制、买卖人民币图样；

（三）未经中国人民银行批准，在宣传品、出版物或者其他商品上使用人民币图样；

（四）中国人民银行规定的其他损害人民币的行为。

前款人民币图样包括放大、缩小和同样大小的人民币图样。

**第二十八条**　人民币样币禁止流通。

人民币样币的管理办法，由中国人民银行制定。

**第二十九条**　任何单位和个人不得印制、发售代币票券，以代替人民币在市场上流通。

**第三十条**　中国公民出入境、外国人入出境携带人民币实行限额管理制度，具体限额由中国人民银行规定。

**第三十一条**　禁止伪造、变造人民币。禁止出售、购买伪造、变造的人民币。禁止走私、运输、持有、使用伪造、变造的人民币。

**第三十二条**　单位和个人持有伪造、变造的人民币的，应当及时上交中国人民银行、公安机关或者办理人民币存取款业务的金融机构；发现他人持有伪造、变造的人民币的，应当立即向公安机关报告。

**第三十三条**　中国人民银行、公安机关发现伪造、变造的人民币，应当予以没收，加盖"假币"字样的戳记，并登记造册；持有人对公安机关没收的人民币的真伪有异议的，可以向中国人民银行申请鉴定。

公安机关应当将没收的伪造、变造的人民币解缴当地中国人民银行。

**第三十四条**　办理人民币存取款业务的金融机构发现伪造、变造的人民币，数量较多、有新版的伪造人民币或者有其他制造贩卖伪造、变造的人民币线索的，应当立即报告公安机关；数量较少的，由该金融机构两名以上工作人员当面予以收缴，加盖"假币"字样的戳记，登记造册，向持有人出具中国人民银行统一印制的收缴凭证，并告知持有人可以向中国人民银行或者向中国人民银行授权的国有独资商业银行的业务机构申请鉴定。对伪造、变造的人民币收缴及鉴定的具体办法，由中国人民银行制定。

办理人民币存取款业务的金融机构应当将收缴的伪造、变造的人民币解缴当地中国人民银行。

**第三十五条**　中国人民银行和中国人民银行授权的国有独资商业银行的业务机构应当无偿提供鉴定人民币真伪的服务。

对盖有"假币"字样戳记的人民币，经鉴定为真币的，由中国人民银行或者中国人民银行授权的国有独资商业银行的业务机构按照面额予以兑换；经鉴定为假币的，由中国人民银行或者中国人民银行授权的国有独资商业银行的业务机构予以没收。

中国人民银行授权的国有独资商业银行的业务机构应当将没收的伪造、变造的人民币解缴当地中国人民银行。

第三十六条　办理人民币存取款业务的金融机构应当采取有效措施，防止以伪造、变造的人民币对外支付。

办理人民币存取款业务的金融机构应当在营业场所无偿提供鉴别人民币真伪的服务。

第三十七条　伪造、变造的人民币由中国人民银行统一销毁。

第三十八条　人民币反假鉴别仪应当按照国家规定标准生产。

人民币反假鉴别仪国家标准，由中国人民银行会同有关部门制定，并协助组织实施。

第三十九条　人民币有下列情形之一的，不得流通：

（一）不能兑换的残缺、污损的人民币；

（二）停止流通的人民币。

# 第五章　罚则

第四十条　印制人民币的企业和有关人员有下列情形之一的，由中国人民银行给予警告，没收违法所得，并处违法所得 1 倍以上 3 倍以下的罚款，没有违法所得的，处 1 万元以上 10 万元以下的罚款；对直接负责的主管人员和其他直接责任人员，依法给予纪律处分：

（一）未按照中国人民银行制定的人民币质量标准和印制计划印制人民币的；

（二）未将合格的人民币产品全部解缴中国人民银行人民币发行库的；

（三）未按照中国人民银行的规定将不合格的人民币产品全部销毁的；

（四）未经中国人民银行批准，擅自对外提供印制人民币的特殊材料、技术、工艺或者专用设备等国家秘密的。

第四十一条　违反本条例第十三条规定的，由工商行政管理机关和其他有关行政执法机关给予警告，没收违法所得和非法财物，并处违法所得 1 倍以上 3 倍以下的罚款；没有违法所得的，处 2 万元以上 20 万元以下的罚款。

第四十二条　办理人民币存取款业务的金融机构违反本条例第二十一条第二款、第三款和第二十二条规定的，由中国人民银行给予警告，并处 1 000 元以上 5 000 元以下的罚款；对直接负责的主管人员和其他直接责任人员，依法给予纪律处分。

第四十三条　故意毁损人民币的，由公安机关给予警告，并处 1 万元以下的罚款。

第四十四条　违反本条例第二十五条、第二十六条、第二十七条第一款第二项和第四项规定的，由工商行政管理机关和其他有关行政执法机关给予警告，没收违法所得和非法财物，并处违法所得 1 倍以上 3 倍以下的罚款；没有违法所得的，处 1 000 元以上 5 万元以下的罚款。工商行政管理机关和其他有关行政执法机关应当销毁非法使用的人民币图样。

第四十五条　办理人民币存取款业务的金融机构、中国人民银行授权的国有独资商业银行的业务机构违反本条例第三十四条、第三十五条和第三十六条规定的，由中国人民银行给予警告，并处 1 000 元以上 5 万元以下的罚款；对直接负责的主管人员和其他直接责任人员，依法给予纪律处分。

第四十六条　中国人民银行、公安机关、工商行政管理机关及其工作人员违反本条例有关规定的，对直接负责的主管人员和其他直接责任人员，依法给予行政处分。

第四十七条　违反本条例第二十条第三款、第二十七条第一款第三项、第二十九条和第三十一条规定的，依照《中华人民共和国中国人民银行法》的有关规定予以处罚；其中，违反本条例第三十一条规定，构成犯罪的，依法追究刑事责任。

## 第六章　附则

**第四十八条**　本条例自 2000 年 5 月 1 日起施行。

# 附录 3

## 人民币图样使用管理办法

中国人民银行令〔2005〕第 4 号

**第一条**　为加强人民币图样使用的管理，维护人民币信誉，根据《中华人民共和国中国人民银行法》和《中华人民共和国人民币管理条例》等法律法规，制定本办法。

**第二条**　本办法所称人民币图样是指中国人民银行发行的货币（贵金属纪念币除外）的完整图案或主景图案。

**第三条**　本办法所称使用人民币图样是指通过各种手段在宣传品、出版物、网络或者其他商品上使用放大、缩小和同样大小人民币图样的行为。

**第四条**　人民币图样的使用实行一事一批的审批制度。中国人民银行是使用人民币图样的审批机关，中国人民银行各分支机构是使用人民币图样申请的受理机构。

**第五条**　在中华人民共和国境内依法设立的法人可以申请使用人民币图样，但应符合以下条件：

（一）弘扬民族优秀文化和反映国内外新的科学文化成果；

（二）宣传人民币防伪知识，展示人民币生产工艺和设计艺术，促进钱币文化健康发展。

**第六条**　申请使用人民币图样的申请人，应向中国人民银行当地分支机构提出申请，并提交申请报告。报告中应包含使用单位名称、目的、图案式样、材质、数量、制作方式、制作厂家及出版单位等有关内容。

**第七条**　中国人民银行当地分支机构应按照本办法有关规定对申请人提交的申请报告进行初审，并在规定时间内将初审意见报总行。对符合本办法规定的申请人，中国人民银行应向其核发人民币图样使用的批准文件。

**第八条**　使用人民币纸币（含塑料钞）图样，应遵循以下原则：

（一）使用与人民币同样大小的人民币图样，必须加盖"图样禁止流通"的非隐形文字字样，字样大小应覆盖图样幅面的 1/3 以上。

（二）使用放大和缩小的人民币图样，放大和缩小的比例必须不低于 25%。

**第九条**　获得使用人民币图样许可的法人，应将使用人民币图样样品报中国人民银行当地分支机构备案。

**第十条**　违反本办法规定，在宣传品、出版物、网络或者其他商品上使用人民币图样的，依照《中华人民共和国中国人民银行法》第四十四条进行处罚。

**第十一条**　本办法由中国人民银行负责解释。

**第十二条**　本办法自 2005 年 10 月 10 日起施行。

# 附录4

## 经营、装帧流通人民币管理办法

中国人民银行令〔2005〕第 4 号

**第一条**　为规范流通人民币经营、装帧行为，维护人民币法定货币地位和信誉，根据《中华人民共和国中国人民银行法》、《中华人民共和国人民币管理条例》等法律法规，制定本办法。

**第二条**　中华人民共和国境内流通人民币经营、装帧活动适用本办法。法律、法规另有规定的除外。

**第三条**　本办法所称流通人民币是指中国人民银行发行、正在中华人民共和国境内流通的货币。

**第四条**　本办法所称经营流通人民币是指以营利为目的的，买卖流通人民币的行为。装帧流通人民币是指将流通人民币进行外部包装或采取其他方式进行装饰的行为。

**第五条**　经营流通人民币实行许可证管理制度。中国人民银行各分支机构是经营流通人民币申请的受理机构，中国人民银行各分行、营业管理部、省会（首府）城市中心支行、深圳市中心支行是经营流通人民币的审批机关。

**第六条**　装帧流通人民币实行一事一批的审批制度。中国人民银行各分支机构是装帧流通人民币申请的受理机构，中国人民银行是装帧流通人民币的审批机关。

中国人民银行按照总量控制、限量装帧的原则，根据流通人民币发行量和流通形势，确定单一行政许可的流通人民币装帧数量限额。

**第七条**　申请经营流通人民币的申请人，应具备下列条件：

（一）在中华人民共和国境内依法设立的企业法人；

（二）注册资本金不得低于 50 万元人民币。

**第八条**　申请经营流通人民币的申请人，应向中国人民银行当地分支机构提出申请，并提交下列文件、证件：

（一）企业决策层的决议；

（二）企业法人营业执照或企业名称核准通知书；

（三）企业法定代表人的身份证明；

（四）资金信用证明、验资证明或者资金担保。

**第九条**　在中华人民共和国境内依法设立的法人可以申请装帧流通人民币，但应符合以下条件：

（一）宣传国家政策；

（二）进行爱国主义教育；

（三）弘扬民族优秀文化和反映国内外新的科学文化成果。

申请装帧流通人民币 1 万枚（套）以上的法人，还应具备以下条件：

（一）获得经营流通人民币许可，并连续经营三年以上；

（二）注册资本金不得低于 500 万元人民币。

**第十条**　申请装帧流通人民币的申请人，应向中国人民银行当地分支机构提出申请，并提交申请报告。报告中应说明装帧流通人民币的用途、目的、数量、品种、样式、制作单位和装帧单位名称等内容。

申请装帧流通人民币 1 万枚（套）以上的法人，还应提交以下文件、证件：

（一）经营流通人民币许可证；

（二）企业决策层的决议；

（三）企业法人营业执照或企业名称核准通知书；

（四）企业法定代表人的身份证明；

（五）资金信用证明、验资证明或者资金担保。

**第十一条**　中国人民银行当地分支机构应按照本办法有关规定对申请人提交的申请材料进行初审。

对符合本办法规定申请经营流通人民币的申请人，审批机关应依法为其核发经营许可证。

对符合本办法规定的申请装帧流通人民币的申请人，审批机关应依法为其核发装帧批准文件。两个或两个以上申请人的申请均符合本办法规定的，审批机关应当根据受理行政许可申请的先后顺序作出准予行政许可的决定。

**第十二条**　获得经营流通人民币许可的法人，应将经营流通人民币许可证在营业场所公示。

**第十三条**　获得装帧流通人民币许可的法人，应将装帧样品报中国人民银行备案。

**第十四条**　获得经营流通人民币许可的法人申请变更行政许可事项的，应按照《中华人民共和国行政许可法》和《中国人民银行行政许可实施办法》中的有关规定向核发经营许可证的审批机关提出变更经营流通人民币许可的书面申请。对符合条件的申请人，审批机关应依法为其办理变更手续。对不符合条件的申请人，审批机关应撤回其经营流通人民币许可，收回经营流通人民币许可证。

**第十五条**　获得经营流通人民币许可的法人依法终止的，审批机关应注销其经营流通人民币的行政许可，并收回经营流通人民币许可证。

**第十六条**　获得经营、装帧流通人民币许可的法人，未按本办法规定经营、装帧流通人民币的，属非经营活动的，由中国人民银行给予警告，并处 1 000 元以下罚款；属经营活动的，由中国人民银行给予警告，并处违法所得 1 倍以上 3 倍以下金额的罚款，最高不得超过30 000 元，没有违法所得的，处 1 000 元以上 10 000 元以下罚款。

**第十七条**　未经中国人民银行批准，擅自经营、装帧流通人民币的，依照《中华人民共和国人民币管理条例》第四十四条进行处罚。

**第十八条**　本办法由中国人民银行负责解释。

**第十九条**　本办法自 2005 年 10 月 10 日起施行。

# 附录 5

## 中国人民银行残缺污损人民币兑换办法

中国人民银行令 〔2003〕第 7 号

**第一条** 为维护人民币信誉，保护国家财产安全和人民币持有人的合法权益，确保人民币正常流通，根据《中华人民共和国中国人民银行法》和《中华人民共和国人民币管理条例》，制定本办法。

**第二条** 本办法所称残缺、污损人民币是指票面撕裂、损缺，或因自然磨损、侵蚀，外观、质地受损，颜色变化，图案不清晰，防伪特征受损，不宜再继续流通使用的人民币。

**第三条** 凡办理人民币存取款业务的金融机构（以下简称金融机构）应无偿为公众兑换残缺、污损人民币，不得拒绝兑换。

**第四条** 残缺、污损人民币兑换分"全额"、"半额"两种情况。

（一）能辨别面额，票面剩余四分之三（含四分之三）以上，其图案、文字能按原样连接的残缺、污损人民币，金融机构应向持有人按原面额全额兑换。

（二）能辨别面额，票面剩余二分之一（含二分之一）至四分之三以下，其图案、文字能按原样连接的残缺、污损人民币，金融机构应向持有人按原面额的一半兑换。

纸币呈正十字形缺少四分之一的，按原面额的一半兑换。

**第五条** 兑付额不足一分的，不予兑换；五分按半额兑换的，兑付二分。

**第六条** 金融机构在办理残缺、污损人民币兑换业务时，应向残缺、污损人民币持有人说明认定的兑换结果。不予兑换的残缺、污损人民币，应退回原持有人。

**第七条** 残缺、污损人民币持有人同意金融机构认定结果的，对兑换的残缺、污损人民币纸币，金融机构应当面将带有本行行名的"全额"或"半额"戳记加盖在票面上；对兑换的残缺、污损人民币硬币，金融机构应当面使用专用袋密封保管，并在袋外封签上加盖"兑换"戳记。

**第八条** 残缺、污损人民币持有人对金融机构认定的兑换结果有异议的，经持有人要求，金融机构应出具认定证明并退回该残缺、污损人民币。

持有人可凭认定证明到中国人民银行分支机构申请鉴定，中国人民银行应自申请日起 5 个工作日内做出鉴定并出具鉴定书。持有人可持中国人民银行的鉴定书及可兑换的残缺、污损人民币到金融机构进行兑换。

**第九条** 金融机构应按照中国人民银行的有关规定，将兑换的残缺、污损人民币交存当地中国人民银行分支机构。

**第十条** 中国人民银行依照本办法对残缺、污损人民币的兑换工作实施监督管理。

**第十一条** 违反本办法第三条规定的金融机构，由中国人民银行根据《中华人民共和国人民币管理条例》第四十二条规定，依法进行处罚。

**第十二条** 本办法自 2004 年 2 月 1 日起施行。1955 年 5 月 8 日中国人民银行发布的《残缺人民币兑换办法》同时废止。

# 附录 6

## 中国人民银行假币收缴、鉴定管理办法

### 第一章　总　则

**第一条**　为规范对假币的收缴、鉴定行为，保护货币持有人的合法权益，根据《全国人民代表大会常务委员会关于惩治破坏金融秩序犯罪的决定》和《中华人民共和国人民币管理条例》制定本办法。

**第二条**　办理货币存取款和外币兑换业务的金融机构收缴假币、中国人民银行及其授权的鉴定机构鉴定货币真伪适用本办法。

**第三条**　本办法所称货币是指人民币和外币。人民币是指中国人民银行依法发行的货币，包括纸币和硬币；外币是指在我国境内（香港特别行政区、澳门特别行政区及台湾地区除外）可收兑的其他国家或地区的法定货币。

本办法所称假币是指伪造、变造的货币。

伪造的货币是指仿照真币的图案、形状、色彩等，采用各种手段制作的假币。

变造的货币是指在真币的基础上，利用挖补、揭层、涂改、拼凑、移位、重印等多种方法制作，改变真币原形态的假币。

本办法所称办理货币存取款和外币兑换业务的金融机构（以下简称"金融机构"）是指商业银行、城乡信用社、邮政储蓄的业务机构。

本办法所称中国人民银行授权的鉴定机构，是指具有货币真伪鉴定技术与条件，并经中国人民银行授权的商业银行业务机构。

**第四条**　金融机构收缴的假币，每季末解缴中国人民银行当地分支行，由中国人民银行统一销毁，任何部门不得自行处理。

**第五条**　中国人民银行及其分支机构依照本办法对假币收缴、鉴定实施监督管理。

### 第二章　假币的收缴

**第六条**　金融机构在办理业务时发现假币，由该金融机构两名以上业务人员当面予以收缴。对假人民币纸币，应当面加盖"假币"字样的戳记；对假外币纸币及各种假硬币，应当面以统一格式的专用袋加封，封口处加盖"假币"字样戳记，并在专用袋上标明币种、券别、面额、张（枚）数、冠字号码、收缴人、复核人名章等细项。收缴假币的金融机构（以下简称"收缴单位"）向持有人出具中国人民银行统一印制的《假币收缴凭证》，并告知持有人如对被收缴的货币真伪有异议，可向中国人民银行当地分支机构或中国人民银行授权的当地鉴定机构申请鉴定。收缴的假币，不得再交予持有人。

**第七条**　金融机构在收缴假币过程中有下列情形之一的，应当立即报告当地公安机关，

提供有关线索：

（一）一次性发现假人民币20张（枚）（含20张、枚）以上、假外币10张（含10张、枚）以上的；

（二）属于利用新的造假手段制造假币的；

（三）有制造贩卖假币线索的；

（四）持有人不配合金融机构收缴行为的。

**第八条**　办理假币收缴业务的人员，应当取得《反假货币上岗资格证书》。《反假货币上岗资格证书》由中国人民银行印制。中国人民银行各分行、营业管理部、省会（首府）城市中心支行负责对所在省（自治区、直辖市）金融机构有关业务人员进行培训、考试和颁发《反假货币上岗资格证书》。

**第九条**　金融机构对收缴的假币实物进行单独管理，并建立假币收缴代保管登记簿。

## 第三章　假币的鉴定

**第十条**　持有人对被收缴货币的真伪有异议，可以自收缴之日起3个工作日内，持《假币收缴凭证》直接或通过收缴单位向中国人民银行当地分支机构或中国人民银行授权的当地鉴定机构提出书面鉴定申请。

中国人民银行分支机构和中国人民银行授权的鉴定机构应当无偿提供鉴定货币真伪的服务，鉴定后应出具中国人民银行统一印制的《货币真伪鉴定书》，并加盖货币鉴定专用章和鉴定人名章。

中国人民银行授权的鉴定机构，应当在营业场所公示授权证书。

**第十一条**　中国人民银行分支机构和中国人民银行授权的鉴定机构应当自收到鉴定申请之日起2个工作日内，通知收缴单位报送需要鉴定的货币。

收缴单位应当自收到鉴定单位通知之日起2个工作日内，将需要鉴定的货币送达鉴定单位。

**第十二条**　中国人民银行分支机构和中国人民银行授权的鉴定机构应当自受理鉴定之日起15个工作日内，出具《货币真伪鉴定书》。因情况复杂不能在规定期限内完成的，可延长至30个工作日，但必须以书面形式向申请人或申请单位说明原因。

**第十三条**　对盖有"假币"字样戳记的人民币纸币，经鉴定为真币的，由鉴定单位交收缴单位按照面额兑换完整券退还持有人，收回持有人的《假币收缴凭证》，盖有"假币"戳记的人民币按损伤人民币处理；经鉴定为假币的，由鉴定单位予以没收，并向收缴单位和持有人开具《货币真伪鉴定书》和《假币没收收据》。对收缴的外币纸币和各种硬币，经鉴定为真币的，由鉴定单位交收缴单位退还持有人，并收回《假币收缴凭证》；经鉴定为假币的，由鉴定单位将假币退回收缴单位依法收缴，并向收缴单位和持有人出具《货币真伪鉴定书》。

**第十四条**　中国人民银行分支机构和中国人民银行授权的鉴定机构鉴定货币真伪时，应当至少有两名鉴定人员同时参与，并做出鉴定结论。

**第十五条**　中国人民银行各分支机构在复点清分金融机构解缴的回笼款时发现假人民币，应经鉴定后予以没收，向解缴单位开具《假币没收收据》，并要求其补足等额人民币回笼款。

**第十六条**　持有人对金融机构作出的有关收缴或鉴定假币的具体行政行为有异议，可在收到《假币收缴凭证》或《货币真伪鉴定书》之日起 60 个工作日内向直接监管该金融机构的中国人民银行分支机构申请行政复议，或依法提起行政诉讼。

持有人对中国人民银行分支机构作出的有关鉴定假币的具体行政行为有异议，可在收到《货币真伪鉴定书》之日起 60 个工作日内向其上一级机构申请行政复议，或依法提起行政诉讼。

## 第四章　罚　则

**第十七条**　金融机构有下列行为之一，但尚未构成犯罪的，由中国人民银行给予警告、罚款，同时，责成金融机构对相关主管人员和其他直接责任人给予相应纪律处分：

（一）发现假币而不收缴的；

（二）未按照本办法规定程序收缴假币的；

（三）应向人民银行和公安机关报告而不报告的；

（四）截留或私自处理收缴的假币，或使已收缴的假币重新流入市场的。

上述行为涉及假人民币的，对金融机构处以 1 000 元以上 5 万元以下罚款；涉及假外币的，对金融机构处以 1 000 元以下的罚款。

**第十八条**　中国人民银行授权的鉴定机构有下列行为之一，但尚未构成犯罪的，由中国人民银行给予警告、罚款，同时责成金融机构对相关主管人员和其他直接责任人给予相应纪律处分：

（一）拒绝受理持有人、金融机构提出的货币真伪鉴定申请的；

（二）未按照本办法规定程序鉴定假币的；

（三）截留或私自处理鉴定、收缴的假币，或使已收缴、没收的假币重新流入市场的。

上述行为涉及假人民币的，对授权的鉴定机构处以 1 000 元以上 5 万元以下罚款；涉及假外币的，对授权的鉴定机构处以 1 000 元以下的罚款。

**第十九条**　中国人民银行工作人员有下列行为之一，但尚未构成犯罪的，对直接负责的主管人员和其他直接责任人员，依法给予行政处分：

（一）未按照本办法规定程序鉴定假币的；

（二）拒绝受理持有人、金融机构、授权的鉴定机构提出的货币真伪鉴定或再鉴定申请的；

（三）截留或私自处理鉴定、收缴、没收的假币，或使已收缴、没收的假币重新流入市场的。

## 第五章　附　则

**第二十条**　本办法自 2003 年 7 月 1 日起施行。

**第二十一条**　本办法由中国人民银行负责解释。

# 附录7

## 百家姓五笔码

| 赵 | 钱 | 孙 | 李 | 周 | 吴 | 郑 | 王 | 冯 | 陈 | 诸 | 卫 | 蒋 | 沈 | 韩 | 杨 |
|---|---|---|---|---|---|---|---|---|---|---|---|---|---|---|---|
| fhq | qg | Bi | sb | mfk | kgd | udb | ggg | uc | ba | yft | bg | auq | ipq | fjfh | sn |
| 朱 | 秦 | 尤 | 许 | 何 | 吕 | 施 | 张 | 孔 | 曹 | 严 | 华 | 金 | 魏 | 陶 | 姜 |
| ri | dwt | Dnv | ytf | wsk | kk | ytb | xt | bnn | gma | god | wxf | qqqq | tvr | bqr | ugv |
| 戚 | 谢 | 邹 | 喻 | 柏 | 水 | 窦 | 章 | 云 | 苏 | 潘 | 葛 | 奚 | 范 | 彭 | 郎 |
| dhi | ytm | Qvb | kwgj | srg | ii | pwfd | ujj | fcu | alw | itol | ajq | exd | aib | fkue | yvcb |
| 鲁 | 韦 | 昌 | 马 | 苗 | 凤 | 花 | 方 | 俞 | 任 | 袁 | 柳 | 酆 | 鲍 | 史 | 唐 |
| qgj | fnh | Jj | cn | alf | mc | awx | yy | wgej | wtf | fke | sqt | dhdb | qgq | kq | yvh |
| 费 | 廉 | 岑 | 薛 | 雷 | 贺 | 倪 | 汤 | 滕 | 殷 | 罗 | 毕 | 郝 | 邬 | 安 | 常 |
| xjm | yuvo | Mwyn | awnu | flf | lkm | wvq | inr | eudi | rvn | lq | xxf | fob | qngb | pv | ipkh |
| 乐 | 于 | 时 | 傅 | 皮 | 卡 | 齐 | 康 | 伍 | 余 | 元 | 卜 | 顾 | 孟 | 平 | 黄 |
| qi | gf | Jf | wge | hc | hhu | yjj | yvi | wgg | wtu | fqb | hhy | db | blf | gu | amw |
| 和 | 穆 | 萧 | 尹 | 姚 | 邵 | 堪 | 汪 | 祁 | 毛 | 禹 | 狄 | 米 | 贝 | 明 | 臧 |
| t | tri | Avi | vte | viq | vkb | fad | ig | pyb | tfn | tkm | qtoy | oy | mhny | je | dnd |
| 计 | 伏 | 成 | 戴 | 谈 | 宋 | 茅 | 庞 | 熊 | 纪 | 舒 | 屈 | 项 | 祝 | 董 | 梁 |
| yf | wdy | Dn | falw | yoo | psu | acbt | ydx | cexo | xn | wfkb | nbm | adm | pyk | atg | ivwo |
| 杜 | 阮 | 蓝 | 闵 | 席 | 季 | 麻 | 强 | 贾 | 路 | 娄 | 危 | 江 | 童 | 颜 | 郭 |
| sfg | bfq | Ajt | uyi | yam | tb | yss | xk | smu | kht | ov | qdb | ia | ujff | utem | ybb |
| 梅 | 盛 | 林 | 刁 | 钟 | 徐 | 邱 | 骆 | 高 | 夏 | 蔡 | 田 | 樊 | 胡 | 凌 | 霍 |
| stx | dnnl | Ss | ngd | qkhh | twt | rgb | ctk | ym | dht | awf | lll | sqqd | de | ufw | fwyf |
| 虞 | 万 | 支 | 柯 | 咎 | 管 | 卢 | 莫 | 经 | 房 | 裘 | 缪 | 干 | 解 | 应 | 宗 |
| hak | dnv | Fc | ssk | thk | tp | hn | ajd | x | yny | fiye | xnw | fggh | qev | yid | pfi |
| 丁 | 宣 | 贲 | 邓 | 郁 | 单 | 杭 | 洪 | 包 | 诸 | 左 | 石 | 崔 | 吉 | 钮 | 龚 |
| sgh | pgj | Fam | cb | deb | ujfj | sym | iaw | qn | yft | da | dgtg | mwy | fk | qnf | dxa |
| 程 | 嵇 | 邢 | 滑 | 裴 | 陆 | 荣 | 翁 | 荀 | 羊 | 於 | 惠 | 甄 | 魏 | 家 | 封 |
| tkgg | tdnm | Gab | ime | djde | bfm | aps | wcn | aqj | udj | gf | gjh | sfgn | tvr | pe | fffy |
| 芮 | 羿 | 储 | 靳 | 汲 | 邴 | 糜 | 松 | 井 | 段 | 富 | 巫 | 乌 | 焦 | 巴 | 弓 |

续表

| amwu | naj | Wyf | afr | iey | gmwb | ysso | swc | fjk | wdm | pgk | aww | qng | wyo | cnh | xng |
|---|---|---|---|---|---|---|---|---|---|---|---|---|---|---|---|
| 牧 | 隗 | 山 | 谷 | 车 | 侯 | 宓 | 蓬 | 全 | 郗 | 班 | 仰 | 秋 | 仲 | 伊 | 宫 |
| trt | brq | Mmm | wwk | lg | wnt | pntr | atdp | wg | qdmb | gyt | wqbh | to | wkhh | wvt | pk |
| 宁 | 仇 | 栾 | 暴 | 甘 | 钭 | 厉 | 戎 | 祖 | 武 | 符 | 刘 | 景 | 詹 | 束 | 龙 |
| ps | wvn | Yos | jaw | afd | quf | ddn | ade | pye | gah | twf | yj | jy | qdw | gki | dx |
| 叶 | 幸 | 司 | 韶 | 郜 | 黎 | 蓟 | 薄 | 印 | 宿 | 白 | 怀 | 蒲 | 台 | 从 | 鄂 |
| kf | fuf | Ngk | ujv | tfkb | tqt | aqgj | aig | qgb | pwdj | rrr | ng | aigy | ck | ww | kkfb |
| 索 | 咸 | 籍 | 赖 | 卓 | 蔺 | 屠 | 蒙 | 池 | 乔 | 阴 | 郁 | 胥 | 能 | 苍 | 双 |
| fpx | dgk | Tdij | gkim | hjj | auw | nft | apg | ib | tdj | be | deb | nhe | ce | awb | cc |
| 闻 | 莘 | 党 | 翟 | 谭 | 贡 | 劳 | 逢 | 姬 | 申 | 扶 | 堵 | 冉 | 宰 | 郦 | 雍 |
| ub | auj | Ipk | nwyf | ysj | am | apl | tah | vah | jhk | rfw | fft | mfd | puj | gmyb | yxt |
| 郤 | 璩 | 桑 | 桂 | 濮 | 牛 | 寿 | 通 | 边 | 扈 | 燕 | 冀 | 郏 | 浦 | 尚 | 农 |
| fcb | ghae | Cccs | sff | iwo | rhk | dtf | cep | lp | ynkc | au | uxl | guwb | igey | imkf | pei |
| 温 | 别 | 庄 | 晏 | 柴 | 瞿 | 阎 | 充 | 慕 | 连 | 茹 | 习 | 宦 | 艾 | 鱼 | 容 |
| ijl | klj | Yfd | jpv | hxs | nwyf | uqvd | yc | ajdn | lpk | avk | nu | pah | aqu | qgf | pww |
| 向 | 古 | 易 | 慎 | 戈 | 廖 | 庚 | 终 | 暨 | 居 | 衡 | 步 | 都 | 耿 | 满 | 弘 |
| tm | dgh | Jqr | nfh | agnt | ynw | yvw | xtu | vcag | nd | tqdh | hi | ftjb | bo | iagw | xcy |
| 匡 | 国 | 文 | 寇 | 广 | 禄 | 阙 | 东 | 殴 | 殳 | 沃 | 利 | 蔚 | 越 | 夔 | 隆 |
| agd | l | Yygy | pfqc | yygt | pyv | uub | ai | aqm | mcu | itdy | tjh | anf | fha | uht | btg |
| 师 | 巩 | 库 | 聂 | 晁 | 勾 | 敖 | 融 | 冷 | 訾 | 辛 | 阚 | 那 | 简 | 饶 | 空 |
| jgm | amy | Dlk | bcc | jiqb | qci | gqty | gkm | uwyc | hxy | uygh | unb | vfb | tuj | qna | pw |
| 曾 | 毋 | 沙 | 乜 | 养 | 鞠 | 须 | 丰 | 巢 | 关 | 蒯 | 相 | 查 | 后 | 荆 | 红 |
| ul | xde | Iit | nnv | udyj | afq | ed | dh | vjs | ud | aeej | sh | sj | rg | aga | xa |
| 游 | 竺 | 权 | 逯 | 盖 | 後 | 桓 | 公 | 万 | 俟 | 司 | 马 | 上 | 官 | 欧 | 阳 |
| iytb | tff | Sc | vipi | ugl | rg | sgjg | wc | dnv | wct | ngk | cn | h | pn | aqq | bj |
| 夏 | 侯 | 诸 | 葛 | 闻 | 人 | 东 | 方 | 赫 | 连 | 皇 | 甫 | 尉 | 迟 | 公 | 羊 |
| dht | wnt | Yft | ajq | ub | w | ai | yy | fof | lpk | rgf | geh | nfif | nyp | wc | udj |
| 澹 | 台 | 公 | 冶 | 宗 | 政 | 濮 | 阳 | 淳 | 于 | 单 | 于 | 太 | 叔 | 申 | 屠 |
| iqdy | ck | Wc | uck | pfi | ght | iwo | bj | iyb | gf | ujfj | gf | dy | hic | jhk | nft |
| 公 | 孙 | 仲 | 孙 | 轩 | 辕 | 令 | 狐 | 钟 | 离 | 宇 | 文 | 长 | 孙 | 慕 | 容 |
| wc | bi | Wkhh | bi | lf | lfk | wyc | qtr | qkhh | yb | pgf | yygy | ta | bi | ajdn | pww |
| 鲜 | 于 | 闾 | 丘 | 司 | 徒 | 司 | 空 | 亓 | 官 | 司 | 寇 | 仉 | 督 | 子 | 车 |

续表

| qgu | gf | Ukkd | rgd | ngk | tfhy | ngk | pw | fjj | pn | ngk | pfqc | wmn | hich | bb | lg |
|---|---|---|---|---|---|---|---|---|---|---|---|---|---|---|---|
| 颛 | 孙 | 端 | 木 | 巫 | 马 | 公 | 西 | 漆 | 雕 | 乐 | 正 | 壤 | 驷 | 公 | 良 |
| mdmm | bi | Umd | ssss | aww | cn | wc | sghg | isw | mfky | qi | ghd | fyk | clg | wc | yv |
| 拓 | 拔 | 夹 | 谷 | 宰 | 父 | 谷 | 梁 | 晋 | 楚 | 闫 | 法 | 汝 | 鄢 | 涂 | 钦 |
| rd | rdc | Guw | wwk | puj | wqu | wwk | ivwo | gogj | ssn | udd | if | ivg | ghgb | iwt | qqw |
| 段 | 干 | 百 | 里 | 东 | 郭 | 南 | 门 | 呼 | 延 | 归 | 海 | 羊 | 舌 | 微 | 生 |
| wdm | fggh | Dj | jfd | ai | ybb | fm | uyh | kt | thp | jv | itx | udj | tdd | tmg | tg |
| 岳 | 帅 | 缑 | 亢 | 况 | 后 | 有 | 琴 | 梁 | 丘 | 左 | 丘 | 东 | 门 | 西 | 门 |
| rgm | jmh | Xwn | ymb | ukq | rg | e | ggw | ivw | rgd | da | rgd | ai | uyh | sghg | uyh |
| 商 | 牟 | 佘 | 佴 | 伯 | 赏 | 南 | 宫 | 墨 | 哈 | 谯 | 笪 | 年 | 爱 | 阳 | 佟 |
| um | cr | Wfil | wbg | wr | ipkm | fm | pk | lfof | kwg | ywyo | tjgf | rh | ep | bj | wtuy |
| 第 | 五 | 言 | 福 | 百 | 家 | 姓 | 终 | | | | | | | | |

# 附录8

## 世界珠算心算联合会珠心算等级鉴定标准

| 项　目 | | | 一级 | 二级 | 三级 | 四级 | 五级 | 六级 | 七级 | 八级 | 九级 | 十级 |
|---|---|---|---|---|---|---|---|---|---|---|---|---|
| 题数 | | | 10 | 10 | 10 | 10 | 10 | 10 | 10 | 10 | 10 | 10 |
| 每题行数 | | | 10 | 10 | 8 | 8 | 7 | 7 | 6 | 5 | 4 | 3 |
| 每题字数 | | | 30 | 25 | 20 | 18 | 14 | 12 | 10 | 7 | 5 | 3 |
| 加减算 | 题型 | 整数题数 | 5 | 5 | 5 | 5 | 5 | 10 | 10 | 10 | 10 | 10 |
| | | 带两位小数题数 | 5 | 5 | 5 | 5 | 5 | | | | | |
| | | 纯加法题数 | 6 | 6 | 6 | 6 | 6 | 6 | 6 | 6 | 6 | 6 |
| | | 加减混合题数 | 4 | 4 | 4 | 4 | 4 | 4 | 4 | 4 | 4 | 4 |
| | | 每题减号行数 | 3 | 3 | 3 | 3 | 3 | 3 | 2 | 2 | 1 | 1 |
| | | 每题各种位数所占行数 4位数 | 3 | 2 | 2 | 1 | | | | | | |
| | | 3位数 | 4 | 3 | 2 | 2 | 2 | 1 | 1 | | | |
| | | 2位数 | 3 | 3 | 2 | 3 | 3 | 3 | 2 | 2 | 1 | |
| | | 1位数 | | 2 | 2 | 2 | 2 | 3 | 3 | 3 | 3 | 3 |
| 要求合格题数 | | | 8 | 8 | 8 | 8 | 8 | 8 | 8 | 8 | 8 | 8 |
| 乘算 | 题数 | | 10 | 10 | 10 | 10 | 10 | 10 | | | | |
| | 乘数和被乘数位数合计 | | 48 | 44 | 40 | 36 | 32 | 25 | | | | |
| | 总计算量 | | 56 | 46 | 34 | 32 | 24 | 15 | | | | |
| | 题型 | 整数题数 | 8 | 8 | 8 | 8 | 10 | 10 | | | | |
| | | 带小数两位题数 | 2 | 2 | 2 | 2 | | | | | | |
| | | 四舍题数 | 1 | 1 | 1 | 1 | | | | | | |
| | | 五入题数 | 1 | 1 | 1 | 1 | | | | | | |
| | | 3位×2位 | 4 | 2 | | | | | | | | |
| | | 2位×3位 | 4 | 2 | | | | | | | | |
| | | 3位×1位 | 0 | 1 | 3 | | | | | | | |
| | | 1位×3位 | 0 | 1 | 3 | | | | | | | |
| | | 2位×2位 | 2 | 4 | 4 | 6 | 2 | | | | | |
| | | 2位×1位 | | | | 2 | 4 | 2 | | | | |
| | | 1位×2位 | | | | 2 | 4 | 3 | | | | |
| | | 1位×1位 | | | | | | 5 | | | | |
| | 要求合格题数 | | 8 | 8 | 8 | 8 | 8 | 8 | | | | |

续表

| 项　目 | | 一级 | 二级 | 三级 | 四级 | 五级 | 六级 | 七级 | 八级 | 九级 | 十级 |
|---|---|---|---|---|---|---|---|---|---|---|---|
| 除算 | 题数 | 10 | 10 | 10 | 10 | 10 | 10 | | | | |
| | 除数和商数位数合计 | 46 | 40 | 36 | 34 | 32 | 24 | | | | |
| | 总计算量 | 52 | 36 | 26 | 24 | 22 | 14 | | | | |
| | 题型　除尽题数 | 8 | 8 | 8 | 8 | 10 | 10 | | | | |
| | 除不尽题数 | 2 | 2 | 2 | 2 | | | | | | |
| | 四舍题数 | 1 | 1 | 1 | 1 | | | | | | |
| | 五入题数 | 1 | 1 | 1 | 1 | | | | | | |
| | 除数和商数位数合计各占题数　÷3位=2位 | 3 | | | | | | | | | |
| | ÷2位=3位 | 3 | | | | | | | | | |
| | ÷2位=2位 | 4 | 6 | | | | | | | | |
| | ÷1位=3位 | | 2 | 3 | 2 | 1 | | | | | |
| | ÷3位=1位 | | 2 | 3 | 2 | 1 | | | | | |
| | ÷1位=2位 | | | 2 | 3 | 4 | 2 | | | | |
| | ÷2位=1位 | | | 2 | 3 | 4 | 2 | | | | |
| | ÷1位=1位 | | | | | | 6 | | | | |
| | 要求合格题数 | 8 | 8 | 8 | 8 | 8 | 8 | | | | |
| 说明 | 1. 综合卷1-6级鉴定限时10分钟。单项卷除7~10级限时5分钟外，均限时3分钟；<br>2. 每个级别各单项均达到"要求合格题数"标准者为合格。 | | | | | | | | | | |

# 参 考 书 目

[1] 蔡宝兰. 财经基本技能 [M]. 电子工业出版社，2011.

[2] 方秀丽. 商业银行柜面操作技能 [M]. 浙江大学出版社，2004.

[3] 韩笑蓉. 点钞技术与反假货币知识 [M]. 国防工业出版社，2010.

[4] 田家斌. 五笔字型简明教材及编码速查 [M]. 国防工业出版社，2003.

[5] 王玉玲. 点钞与账表算 [M]. 高等教育出版社，2009.

[6] 熊永念. 银行计算技术 [M]. 中国人民银行科教司，1982.

[7] 中国工商银行. 货币现钞鉴别. [M]. 中国工商银行编印，2008.

[8] 中国工商银行. 人民币防伪鉴别手册. [M]. 中国工商银行编印，2010.

[9] 大智慧官方软件. http：//www.gw.com.cn/.